资源整合的协同演化研究

——物流企业并购的视角

Research of Synergetic Evolution for Integrating Resource Based on M&A of Logistics Enterprise

林晓伟 著

经济管理出版社
ECONOMY & MANAGEMENT PUBLISHING HOUSE

图书在版编目（CIP）数据

资源整合的协同演化研究：物流企业并购的视角/林晓伟著. —北京：经济管理出版社，2014.10
ISBN 978-7-5096-3358-8

Ⅰ.①资… Ⅱ.①林… Ⅲ.①物资企业—企业管理—研究 Ⅳ.①F253

中国版本图书馆 CIP 数据核字（2014）第 211176 号

组稿编辑：申桂萍
责任编辑：刘　宏
责任印制：黄章平
责任校对：陈　颖

出版发行：经济管理出版社
　　　　　（北京市海淀区北蜂窝 8 号中雅大厦 A 座 11 层　100038）
网　　址：www.E-mp.com.cn
电　　话：（010）51915602
印　　刷：三河市延风印装厂
经　　销：新华书店
开　　本：720mm×1000mm/16
印　　张：14
字　　数：235 千字
版　　次：2014 年 10 月第 1 版　2014 年 10 月第 1 次印刷
书　　号：ISBN 978-7-5096-3358-8
定　　价：48.00 元

·版权所有　翻印必究·
凡购本社图书，如有印装错误，由本社读者服务部负责调换。
联系地址：北京阜外月坛北小街 2 号
电话：（010）68022974　　邮编：100836

前 言

当经济全球化、信息化、知本化的革新浪潮席卷世界的时候，被普遍认为是除降低企业能耗和物耗、提高劳动生产率之外的"第三利润源泉"——现代物流也在世界范围内发生着一场深刻的变革。从物流服务需求上看，客户越来越希望得到"一体化"、"一站式"和"单点接触"的物流服务；从物流服务内容上看，现代物流已经从传统意义上单纯的运输、仓储、装卸、配送等服务扩展到以现代科技、管理、信息技术为支持的集成化物流服务；从物流服务范围上看，现代物流逐渐从简单分散的区域性、外协式物流服务向全球化、全方位、多功能物流服务延伸。经过30多年的迅猛发展，现代物流的内涵不断扩展，技术和管理水平不断提升，服务功能不断完善，正向一个完全新型的集成化、协同化、全球化的多功能物流服务体系发展。如美国联邦快递公司（FedEx）、美国联合包裹公司（UPS）、德国敦豪航空货运公司（DHL）、荷兰荷皇天地公司（TNT）等跨国物流巨头在20世纪80年代不约而同地选择了并购、合营、联盟等方式对企业内外部物流资源进行整合，进军多种运输业务，巩固或者占领新的市场，并把目光瞄向与物流相关的行业或者新领域的企业，使之迅速成为全球超级集成化物流服务商，并在全球范围内掀起现代物流企业并购整合的浪潮。

目前，这些跨国物流巨头们正凭借雄厚的资本、先进的物流理念、管理技术和人才优势加快了在中国物流市场的布局。从1984年4月FedEx与中国物流代办商在中国开展快递业务开始，全球诸多知名跨国物流企业纷纷看准机会抢滩中国市场。如FedEx、UPS、TNT、DHL、美国总统轮船公司（APL）、德国全球货运有限公司（SCHENKER）、丹麦马士基航运公司（Maersk）、英国英运（EXEL）、瑞士泛亚班拿集团（Panalpina）、日本大和运输公司（宅急便）等已分别在快递、航运物流、汽车物流、服装物流等领域占据了中国物流业的高端市场，其中

FedEx、UPS、DHL 和 TNT 等已经抢占了超过 80% 的中国国际物流快递市场的份额。同时，它们也加快了并购中国本土新兴物流企业的步伐。2007 年，国际快递巨头 TNT 全资收购华宇物流；2008 年，美国头号货运公司耶路全球（YRC Worldwide）收购佳宇物流；2010 年，亚洲第二大物流巨头拓领集团（Toll Group）收购国内第三方物流企业新科安达。

这股外资抢滩中国物流市场和并购整合中国本土物流企业的浪潮对起步较晚的中国本土物流企业来说无疑是一次严峻的挑战。从宏观角度分析，我国物流业的总体水平与发达国家相比仍然偏低，还存在一些相当突出的问题：一是全社会整体物流运行效率偏低，社会物流总成本费用与 GDP 的比率高出西方发达国家 1 倍左右；二是社会化物流需求不足和专业化、个性化物流供给能力不足的问题同时存在，"大而全"、"小而全"的物流运作模式还相当普遍；三是物流基础设施能力不足且不完善，尚未建立布局合理、衔接顺畅、能力充分、高效便捷的综合交通运输体系，物流园区、物流技术装备等能力有待加强；四是地方封锁和行业垄断对资源整合和一体化运作形成障碍和壁垒，物流市场还不够规范；五是物流技术、物流人才和物流标准还不能完全满足需要，物流服务的组织化和集约化程度一般。① 从微观角度分析，中国本土物流企业自身发展也存在诸多弊端，还没有足够的实力依靠自身的力量与跨国物流巨头相抗衡：一是企业规模或市值偏小，据统计，中国物流上市企业有 60 家左右，从其股票的市值来说其规模比跨国物流巨头如 DHL 要小得多；二是物流企业数量庞大且分布过于零散，未形成较完善的物流服务供应链体系；三是物流服务功能单一，大部分都集中在传统运输、仓储服务传统物流服务上，缺乏物流增值服务等集成化物流服务功能，而且大部分物流企业的经营都不是以物流为主而是以客运或者其他服务为主；四是物流思想和经营理念落后，物流技术、管理水平、人员素质普遍偏低。

因此，中国本土物流企业在自身条件先天不足的情况下面对空前强大的竞争压力，唯有将分散的物流资源加以整合、改造和提升，增强服务功能，形成具有国际竞争力的企业或企业联合体才能积极应对。

但并购整合本身就是一把"双刃剑"，现实既有成功的范例，也不乏失败的

---

① 《物流业调整和振兴规划》国发〔2009〕8 号。

惨重教训。因此,对于新兴的中国本土物流企业来说,在物流资源整合过程中如何把握物流发展趋势,如何确定并购整合目标,如何认清、识别和防范风险,如何选择合适的并购整合模式,如何对并购整合的物流资源进行有效的协同管理,是中国本土物流企业进行资源并购整合时应重点考虑的问题。

目 录

第一章 绪论 …………………………………………………………… 1

第一节 研究背景 ……………………………………………………… 1
一、全球物流市场的发展趋势和基本特征 …………………………… 2
二、全球物流市场并购整合的现状分析 ……………………………… 4
三、中国物流市场的发展历程和问题分析 …………………………… 7

第二节 中国物流市场并购整合的发展趋势 ………………………… 11
一、中国物流企业实现跨越式发展的条件已成熟 …………………… 11
二、中国物流市场并购整合的特征和趋势 …………………………… 12
三、外资并购整合中国本土物流企业的特征和趋势 ………………… 17

第三节 研究的目的和意义 …………………………………………… 19
一、研究对象 …………………………………………………………… 19
二、研究范围 …………………………………………………………… 20
三、相关概念的界定 …………………………………………………… 20
四、研究的目的和意义 ………………………………………………… 21

第四节 研究的主要内容及思路 ……………………………………… 22
一、主要内容 …………………………………………………………… 22
二、研究的框架和思路 ………………………………………………… 23

第五节 研究方法与创新点 …………………………………………… 24
一、研究方法 …………………………………………………………… 24
二、本书创新点 ………………………………………………………… 25

本章小结 ………………………………………………………………… 26

第二章 理论基础与研究回顾 …… 28

第一节 系统理论 …… 28
一、系统理论趋势特点 …… 29
二、系统理论的思想方法 …… 29
三、系统的定义和分类 …… 30
四、系统的特征 …… 32
五、系统理论的基本规律和原理 …… 34
六、"老三论"和"新三论" …… 36

第二节 协同学理论 …… 38
一、协同学的产生 …… 39
二、协同学的基本概念 …… 40
三、协同学的基本方法 …… 42

第三节 企业并购理论 …… 43
一、企业并购的类型 …… 44
二、企业资源并购整合的模式 …… 47

第四节 粗糙集理论 …… 54
一、粗糙集基本概念 …… 54
二、粗糙集理论的研究方法及其应用 …… 56
三、定性数据的粗糙集描述 …… 57
四、定性数据的粗糙集运算方法 …… 58

第五节 国内外相关研究综述 …… 60
一、企业资源研究综述 …… 60
二、企业并购整合研究综述 …… 73
三、物流与供应链协同管理研究综述 …… 80

本章小结 …… 87

第三章 物流企业资源系统的自组织属性分析 …… 89

第一节 物流企业资源的内涵及分类 …… 89
一、物流企业资源内涵 …… 89

二、物流企业资源的分类 …………………………………………… 100

第二节　物流企业资源系统并购整合的内涵及分类 ………………… 101

　　一、物流企业资源系统并购整合的内涵 ………………………… 101

　　二、物流企业资源系统并购整合的分类 ………………………… 103

第三节　物流企业资源系统的自组织属性 …………………………… 104

　　一、物流企业资源系统的自组织特征 …………………………… 104

　　二、物流企业资源系统的自组织内涵 …………………………… 107

本章小结 …………………………………………………………………… 111

第四章　协同演化模型分析 …………………………………………… 113

第一节　协同演化模型构建的原则 …………………………………… 113

　　一、简化原则 ……………………………………………………… 113

　　二、可推导原则 …………………………………………………… 113

　　三、反映性原则 …………………………………………………… 113

　　四、真实完整原则 ………………………………………………… 114

　　五、简明实用原则 ………………………………………………… 114

第二节　协同演化一般模型分析 ……………………………………… 114

　　一、协同演化一般模型 …………………………………………… 114

　　二、协同演化一般模型改进思路 ………………………………… 116

第三节　基于粗糙集的协同演化模型 ………………………………… 117

　　一、序参量的识别与选取 ………………………………………… 117

　　二、自组织模型的构建与分析 …………………………………… 119

　　三、基于粗糙集的协同演化模型的适用性分析 ………………… 124

本章小结 …………………………………………………………………… 125

第五章　物流企业资源系统生命周期的协同演化分析 ……………… 126

第一节　物流企业资源系统生命周期分析 …………………………… 126

　　一、生命周期阶段分析 …………………………………………… 126

　　二、生命周期的阶段特征 ………………………………………… 127

第二节　物流企业资源系统生命周期的协同演化模型 ……………… 128

  一、生命周期序参量的识别与选取 …………………………………… 128
  二、生命周期的自组织模型 …………………………………………… 131
  三、模型的求解 ………………………………………………………… 131
 第三节 物流企业资源系统生命周期协同演化模型分析 ………………… 132
  一、生命周期协同演化的特征分析 …………………………………… 132
  二、生命周期协同演化的阶段和相变分析 …………………………… 133
 第四节 生命周期各阶段并购动因和模式分析 …………………………… 136
  一、并购动因分析 ……………………………………………………… 137
  二、并购模式分析 ……………………………………………………… 140
  三、发展方向分析 ……………………………………………………… 142
 本章小结 …………………………………………………………………… 143

第六章 物流企业资源系统并购整合过程的协同演化分析 ………… 145

 第一节 物流企业资源系统并购整合过程的协同演化模型 …………… 145
  一、并购整合过程序参量的识别与选取 ……………………………… 145
  二、并购整合过程的自组织模型 ……………………………………… 147
 第二节 物流企业资源系统并购整合过程的协同演化模型分析 ……… 148
  一、并购整合过程协同演化的特征分析 ……………………………… 149
  二、并购整合过程协同演化的阶段与相变分析 ……………………… 150
  三、企业文化的主导作用分析 ………………………………………… 154
 第三节 物流企业资源系统并购整合过程的协同管理分析 …………… 156
  一、并购整合过程的协同管理内涵 …………………………………… 156
  二、并购整合过程协同管理的核心内容 ……………………………… 158
 第四节 物流企业资源系统并购整合过程的协同管理框架 …………… 161
  一、并购整合过程协同管理的层次 …………………………………… 161
  二、并购整合过程协同管理机制 ……………………………………… 163
  三、并购整合过程相变的协同管理 …………………………………… 167
 本章小结 …………………………………………………………………… 169

第七章 案例研究 …… 171

第一节 现阶段中国本土物流企业并购整合主要模式分析 …… 171
一、中国物流市场中本土并购主体 …… 171
二、物流企业资源并购的阶段分析 …… 172
三、现阶段中国本土企业物流资源并购整合的主要模式 …… 172

第二节 中国物流市场典型并购整合案例研究 …… 173
一、海航集团：在并购中实现跨越式发展的国有跨国物流企业 …… 173
二、顺丰速运：首次股权融资，打通OTO物流服务供应链 …… 176

第三节 UPS案例分析 …… 180
一、UPS简介 …… 180
二、UPS生命周期的协同演化分析 …… 184
三、UPS生命周期各阶段的并购动因和并购模式分析 …… 185
四、UPS物流资源并购整合过程的协同演化分析 …… 187
五、UPS物流企业资源系统并购整合过程的协同管理分析 …… 188
六、UPS物流企业资源系统并购整合过程的启示 …… 189

本章小结 …… 190

第八章 结论与展望 …… 192

第一节 主要结论 …… 192
第二节 研究的不足之处 …… 194
第三节 展望研究 …… 195
一、物流服务供应链协同管理研究 …… 195
二、供应链协调研究 …… 196
三、结合云经济或云平台研究物流服务供应链协同管理 …… 196

参考文献 …… 197

后 记 …… 208

第一章 绪 论

20世纪80年代以来，随着经济全球化和信息化进程的不断加快，物流业作为具有广阔前景和增值功能的新兴服务业，在全球范围内迅速崛起，掀起"现代物流革命"。这场现代物流变革的关键因素和直接动力无疑是日益增长的个性化、专业化的物流服务需求。在它的推动下，各个国家的物流服务商为能满足物流需求方低成本、高质量、个性化、多功能等物流服务需求，同时也为了达到降低经营成本、扩大经营规模、拓展物流服务供应链、抢占市场的目的，在不断整合优化自身物流资源的同时，也开始有计划地并购整合物流服务供应链上其他节点企业和外部配套辅助企业的资源，从横向和纵向两个维度拓展物流服务供应链，并将其延伸到世界各个有利可图的市场，形成了具有复杂结构、功能齐全、无处不在的物流服务供应链体系。

第一节 研究背景

21世纪以来，物流的发展已步入全球化物流的新时代，对物流企业而言，不仅是机遇更是挑战，物流企业间的竞争将变得更加激烈。物流企业唯有通过不断的扩张，构成规模效应，更好地为全球化物流或区域化物流服务。实现规模扩张的方式有许多种，最常见的方式是通过物流企业间的收购兼并来实现物流企业间的合作与联盟。因此，通过加强物流企业间的联合与并购，能有效推动国际物流企业的全球化物流的发展，同时随着全球化物流的发展，又必然拉动世界各国物流企业的联合和并购活动。

一、全球物流市场的发展趋势和基本特征

随着经济全球化步伐的逐步加速,各国经济往来与相互依赖的程度不断加深,同时促使物流企业的业务在全球范围内展开,物流企业间的竞争也更加激烈。在全球化背景下,企业要获得竞争优势,就必然要求企业在全球配置资源,这就使跨国公司在世界经济中的地位更为突出。据相关资料显示,全世界跨国公司控制了世界生产的50%,贸易量的60%~70%,对外直接投资的90%。跨国公司利用比较成本优势的经济原则在全球化范围内优化配置资源,获取竞争优势,将各种商品的原料生产采购、半成品生产采购、零部件加工采购、成品组装、包装和发运销售,分别安排在经济成本具有比较优势的世界各个不同的地方进行。跨国公司将企业运作过程中的生产环节、流通环节、分配环节、消费环节交叉结合,改变了传统的生产经营方式,商品间的国际流动更加频繁,这就对物流服务提供商提出了更高的要求,即物流服务提供商也要能提供多样化的国际化服务。此外,随着国际化的电子商务的发展,对物流服务也提出了更高的时效性与准确性的要求,也需要物流服务提供商提供更多的物流服务。

(一) 全球物流市场的发展趋势

1. 物流成为多环节协同的活动

传统的物流企业一般只提供单一的物流业务,一是以水上运输为主的物流企业,只提供与水上运输有关的运输服务,包括提供集装箱、干散货、石油等物资的水上运输,以及与水上运输相关的集货运代理、租船经纪、外轮供应等业务,这类企业包括中远、中海、马士基、总统轮船等。二是航空货运企业,这些企业主要从事货物的空运以及与空运相关的揽货、订舱、仓储、中转、集装箱拼装拆箱、报关、报验、结算运杂费、保险和相关的短途运输等配套服务,各航空公司的货运公司和货运代理公司属于此类。三是储运企业,这些企业主要从事货物陆上运输、仓储、分拣、加工以及质押监管、现货市场等增值服务,这类企业包括中储以及地方各储运公司。四是基于管理的物流企业,这些企业通过自有或租用的方式,为客户提供快递、货物运输等服务,这类企业包括FedEx、UPS、中外运空运、宝供等企业。通过以上分析可知,传统的物流企业在整个物流系统中,基本上只提供单一环节的服务,或涉足的环节较少,这在一定的历史条件下,适应了市场竞争的需求,但是随着竞争的加剧、全球市场的扩张,市场分工更加明

细，大量的制造企业把更多的资源用于增强其自身的核心业务，而要求其物流提供商能够提供有效的一体化综合物流服务。综合物流业务的开展需要实现海陆空等各种运输方式的一体化和各种物流功能的一体化，这就要求物流企业进入物流系统的多个环节和领域，参与物流系统多环节的协同的活动。

2. 物流业的规模效应日趋明显

由于物流业务具有地域跨度大、时间跨度长、动态性强和复杂性的特点，因此，一方面，物流企业需要使用专门的物流设施如运输工具、专业的装卸工具等开展物流业务，利用快速反应的物流信息系统分析物流业务中各环节的进程，但购买这些专业化的物流设施与物流信息系统一般需要很高的资金投入，在总成本中占有很大的比例。为了能够尽快收回成本，物流企业只有不断扩大物流业务规模，形成规模经济性。一定的规模是物流企业生存的必要条件，才能确保价格大于其平均成本，才能降低物流平均成本，才可能赢利。另一方面，物流业务的服务范围可能涉及全国性的甚至国际市场，这就要求物流企业必须拥有一个遍布全国的网络体系，才能顺利完成每一笔业务的收取、存储、分拣、运输和递送工作，而运转这样一个体系所需要的资金、人员、设备等同样也是巨大的，同样要求物流企业要达到一定规模才能维系得起来。

3. 物流企业必须网络化、国际化

现代物流的发展、物流效率的提高，最重要的条件是构建结构合理、布局优化、功能配套、运作高效的现代物流网络体系。物流网络包括物流设施网络、物流信息网络和物流业务经营网络。在物流企业的兼并重组中，物流业务经营网络往往被视为最有效的优势资源。

（二）全球物流市场的基本特征

随着经济全球化，当前全球物流市场呈现重要的特点。一是客户需求个性化、差异化、专业性的趋势更加明显，物流企业必须与客户进行深入沟通，了解并掌握客户在采购、生产、销售等业务中所需的特色物流服务。二是物流企业面临"双重"经营风险。物流企业既要追求优质服务，又要提高时间运作效率，不断降低运作成本和费用，即双重压力增大了物流企业的经营风险系数。三是竞争日益剧烈的全球物流市场。随着资本不断地大规模涌入物流业，全球市场竞争日益复杂激烈，不仅是局部的、国内的竞争，也是全球的、综合的竞争，更是信息化、网络化和标准化的竞争。四是物流增值不断创新。物流企业采用线上线下多样化的物流服务销售方式，改变以往单一的传统物流服务销售方式，配套地要求物流企业能够提高更加快捷、更加优惠的物流服务，同时也要求物流企业能够提供更多的增值服务。五是信息技术不断进步。物流企业要获取并开展更多的物流业务离不开信息流，因此物流企业发展现代物流必然要重点发展信息技术。信息技术是现代物流业的基础之一，是物流企业能够满足客户需求的前提，通过信息技术为客户提供多样化的智能业务、远程业务和全程业务。

通过对全球物流市场特点的分析可知，决定物流企业在当前以及未来开展物流的活动，必然是以能够适应客户需求的多环节活动，提供服务的物流企业也必须达到一定的规模，必须具有网络化、规模化的特征。

二、全球物流市场并购整合的现状分析

目前，物流企业在全球物流市场的并购主要是围绕着以欧美为核心的市场和新兴市场这两个市场展开。欧美核心市场的并购整合与其说是物流巨头的兼并重组，不如说是各物流巨头间业务单位的选择性交换，其目的在于增强核心竞争力、清理和重组企业的不良资产，使企业收益呈线性增长。新兴市场并购整合的核心是市场进入或抢占市场份额。

（一）全球物流市场并购整合高潮迭起

为了能够进一步网罗世界各地物流的优势资源，各大跨国物流企业积极开展并购重组整合活动，一方面积极谋求与各国大型物流企业的并购重组整合合作，形成了国际物流市场强强联合的局面；另一方面毫不犹豫吞并其他中小型物流企业，使跨国物流企业的经营范围进一步扩张，经营实力进一步加强。具体可表现为：增加了物流仓储设施和配送中心数量，实现一体化的物流经营管理服务，实现海运、陆运、空运的多式联运的运输方式，快件包裹传递能够真正实现及时递送，能够提供包括货运代理、货到付款、融通仓等的物流增值服务等。这样，跨国物流企业通过并购重组的方式拓展物流市场规模，并使跨国物流企业的物流服务范围更加广泛，各国物流资源合作朝着纵深方向发展，形成规模经济。

历史上国际物流市场掀起了第一次并购高潮发生在2002年，据统计，当年欧洲物流市场发生的大大小小的并购整合的商业活动共计890宗，成为欧洲有史以来物流企业并购整合活动最活跃的一年，其中以跨国物流企业的并购整合活动占比例最高，达到183宗。

近年来发生的一些比较著名的跨国物流企业并购整合案例有：UPS 以 1.5 亿美元的现金及承担约 1.1 亿美元债务的形式，收购 CNF 公司旗下的万络全球货运代理公司；TNT 以 2.57 亿欧元收购 Nordic Capital 投资公司旗下的全球货运公司 Wilson 物流集团；UPS 全数收购其在日本的美日合资公司——UPS 大和速递；DHL 出资 1.22 亿美元，控股印度最大的国内快递公司蓝标快递。

虽然在欧盟的反对下，始于 2012 年 3 月的 UPS 并购 TNT 于 2013 年 1 月中止，但全球物流企业收购、兼并、重组的趋势十分明显，特别是在全球经济低迷，物流产业面临重新洗牌之际，国际物流巨头们正在迅速调整其全球布局。造成这种物流企业并购重组整合趋势的原因是全球商业市场环境和消费者消费行为发生了巨大变化，并由此引发的市场对物流服务提出的更好更快的物流服务要求，这股物流企业并购整合重组之风正史无前例地、快速而有力地推动全球物流业经历着巨大变化和革新。

（二）全球物流企业并购的主要形式

物流企业进行企业间的兼并重组的方式比较多样，如物流企业可以根据特定的内外部环境采取单一的收购、合资、战略联盟、托管、特许经营等方式展开，也可以综合上述几种手段同时展开，通过剥离被兼并重组的物流企业的非核心资产，理顺其核心业务功能，使兼并重组后的物流企业获得快速发展。这种利用兼并重组的方式是物流企业应对激烈的市场竞争的有效途径。

1. 收购

现代市场经济中，企业采用收购的方式是进行资源整合最重要的手段之一。通过收购不仅可以将各物流企业的优势生产经营要素如精良的物流装备、专业化的物流人才队伍等更加集中，合理调配，而且拥有更加广泛的市场，节省了开拓市场与开发技术的时间，使物流企业的规模迅速扩大，实现物流企业的物流服务与对接企业的购进业务、生产业务与销售业务等方面进行技术、资金与管理的协同管理。美国著名经济学家乔治·斯蒂格勒曾说过："没有一个美国大公司不是通过某种程度、某种方式的兼并而成长起来的，几乎没有一家大公司主要靠内部扩张成长起来的。"事实上，当代世界几大著名跨国公司与财团就是通过在不断收购吞并其他企业的过程中而迅速发展壮大的。对于物流行业，最近这两次较大规模的物流重组活动的，也主要是以收购的方式实现的。

在欧美成熟的市场中，物流企业通过收购的方式与其他物流企业进行有选择的业务单位的交换,并将公司的资产重新重组,增强了物流企业的核心竞争力,使物流行业合并增长呈线性的方式;在新兴市场,物流企业也通过收购的方式,进入新兴市场争取更大的市场份额。以中国为例,近年来我国物流企业的收购重组也不乏其例,如 20 世纪 90 年代中远对上海众城实业的收购重组,2002 年上海实业物流控股有限公司对大通国际运输的收购重组,2004 年中储对北京中储物流以及中远对中外理货的收购重组等,到目前为止,上述诸物流企业收购案例都取得了很好的经济效果。

2. 合资

物流企业可以和不同类型的企业合资开展业务,比较典型的合资方式是物流企业与供应链上、下游合作企业的合资。一方面,上游企业通过合资可以获得稳定而又可靠的客户源;另一方面,下游企业也可以从中获得长久质优的物流服务。如上海汽车工业销售总公司与天地物流控股公司合资组建的安吉天地汽车物流有限公司,主要向上海大众、上海通用在整车物流、零部件入厂以及售后物流等方面提供一体化、网络化的物流管理方案;UPS 与 Pricewaterhouse Coopers、Oracle、EXE Technologies 合资成立公司,UPS 为这些企业的电子商务客户提供各式各样的物流服务,UPS 的经营范围因此也囊括了从物流装备技术咨询、信息技术、物流金融管理到物资投递服务等所有的物流服务。

物流企业还可以采取与其他物流企业合资的方式合作,通过这种合资,物流企业间既可以相互学习,也可以进一步扩张市场规模,共享资源和共享市场。如 TNT 与土耳其科克集团通过合资合作进行资源共享,科克集团利用 TNT 的物流及 IT 经验,加上土耳其本土的客源与物流网络优势,与 TNT 共同开拓土耳其、独联体国家、中东和巴尔干地区的物流市场,科克集团还积极谋求与其他国家进行合资,短短的几年内,科克集团就与英国邮政局及新加坡邮政局合资,成立全球最大的商业邮递机构 SPRING,能为全球绝大多数国家提供跨国邮递业务等。

目前,外国资本进入我国物流市场的也主要是以合资为主要途径。通过合资,外国物流企业能够迅速打开国内市场的局面,与政府、客户建立广泛的联系,而本国企业通过合资,能够从外国物流企业获取更为先进的物流技术和物流管理经验,拉动本国物流企业迅速成长,而且能够拉动本国物流企业整体技术水平、管理能力与专业人才的能力迅速提高,实现本国物流企业的跨越式发展。

3. 战略联盟

物流企业与其他合作伙伴进行战略联盟可以采取非股权参与型的松散合作，也可以采取股权参与型的紧密合作，但股权参与后不能形成独立的法人实体。通过战略联盟的方式，物流企业可以与联盟伙伴实现资源共享，与联盟合作伙伴共同开拓新市场等特定战略目标，还可以与联盟合作伙伴共同分享相互约定的资源和提高各自的能力。这种战略联盟方式所签署的协议在一定范围内具有法律效力，不能随意取消。通过战略结盟的方式，物流企业可以利用伙伴企业的物流服务资源，在没有进一步拓展资本投资的情况下，就可以增加物流服务内容，扩展物流企业服务的地域范围，为客户提供集成化物流服务，提升物流企业物流服务市场份额和提高自身竞争能力。

一般情况下，只有那些具有相同的文化背景，彼此间相互熟悉、相互依赖，能进行积极而有效的信息沟通，在技术上能够互补，在管理上双方管理人员能够共同努力、共同制定企业经营目标，形成具有凝聚力的物流企业战略联盟才可能成功。

在日本，物流企业整合日本国内物流市场，与北美和欧洲的物流一体化运作主要就是通过建立战略联盟的方式来实现的。例如，日本运输公司与辛克公司通过战略联盟，在全球供应链层面上展开合作；近铁快递公司与荷兰邮政集团通过战略联盟，为亚洲和欧洲的客户提供一体化的物流解决方案；伊藤忠商社与美国的GATX物流公司通过战略联盟，在北美和亚洲之间展开物流服务合作，以此作为进入对方物流市场的切入点。

4. 托管

托管是其他企业委托物流企业进行物流资源经营和资产方面的委托管理工作。通过托管，物流企业可以直接把被托管的资源完全纳入物流企业，避免了大规模的投资，也避免其他企业因利益分配不均、涉及商业秘密与技术秘密等问题而影响物流企业对资源的实际控制力。同时，对物流资源托管的企业而言，通过专业化的物流资源的管理，能够获取较托管前更高的收益率。

三、中国物流市场的发展历程和问题分析

物流业的快速发展离不开稳定的政策环境和经济环境。随着我国近年来经济的持续稳定增长，我国物流企业也经历了深化改革，朝着欣欣向荣的发展形势越

来越好,出现了越来越多的专业化的物流企业。

(一) 中国物流市场发展历程

我国最早的物流概念是1978年从日本引进的,30多年来,我国物流行业经历了从无到有,到逐渐繁荣的过程。尽管物流业的起步较晚,基础薄弱,但是中国的现代物流业从"九五"时期开始,特别是进入"十五"时期以后,有了较快的长足发展。与此同时,各级政府部门也越来越重视物流业的发展,连续多年出台扶持物流业发展的政府相关文件,如在2006年3月,政府就将大力发展现代物流业写进《中华人民共和国国民经济和社会发展第十一个五年规划纲要》,成为中国物流业发展的重要里程碑。

2009年,国家为应对国际金融危机对中国实体经济的影响,出台十大产业振兴规划,物流行业作为唯一的生产性服务业入选;同年,国务院出台《物流业调整和振兴规划》,中国物流业从此进入一个全新的时代。物流业的发展也获得空前机遇,与物流业发展相关的公路、铁路、物流园区等物流基础设施也获得不断建设和完善。

纵观我国物流业发展历程和态势,从20世纪70年代末到21世纪初,我国物流市场从政府垄断向市场自由竞争转变的开放过程,也是中国本土物流企业的起步、发展和崛起的阶段,但相对于国际现代物流企业而言,中国本土物流企业整体上处于分散、规模小、利润微薄的状况。从资本市场的角度分析,虽然我国证券市场目前已有58家物流上市公司,并且还有大量优秀物流企业尚未上市。但我们也应该看到,由20世纪80年代初微观经济主体的相对分散,中国本土物流企业最早是从相对独立的纯粹的仓储和运输企业起步,真正优异的具备非常高成长性的投资标的(中国本土物流企业)相对较少。因此,分析中国本土物流企业的投资价值要从行业驱动力和行业未来的发展趋势进行研判,并从中发现具有发展潜力和投资价值的中国本土物流企业,如图1-1所示。

(二) 近年中国物流市场存在的特点

自2009年国家把物流业当做十大产业振兴规划之一后,中国物流业总体规模快速增长,物流服务水平显著提高,物流经营条件和经营环境也有较大改善,奠定了中国物流业坚实基础。具体表现在:

1. 中国物流业发展水平显著提高

传统的物流企业一般只提供单一的物流运营业务,如运输企业只提供运输业

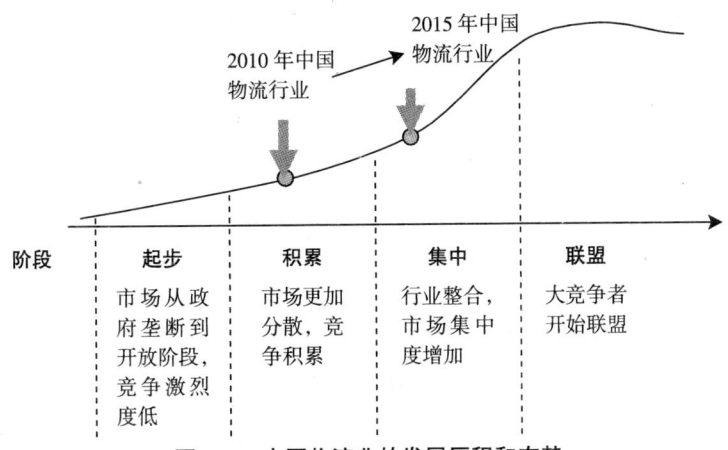

图1-1 中国物流业的发展历程和态势

务、仓储企业只提供仓储保管业务等。现代物流业要求我国物流企业能够积极整合物流资源，运用现代物流的先进管理理念和方法、先进的物流技术实现物流业务的延伸，实现向各个物流需求企业提供多层次、多模式的物流服务。通过一段时间的积极努力，我国已有许多大型的物流企业能够提供个性化的物流服务，实现物流服务的高质量运作，我国物流业发展水平也显著提高。

2. 中国物流基础设施条件逐步完善

随着国家逐步加大在物流行业的投入，公路、铁路与航空机场等物流基础设施规模不断扩大，各省物流园区建设也逐渐落地开花，仓储中心、配送中心的物流配套设施的现代化建设水平逐步提高，物流技术设备加快更新换代，物流信息化建设有了突破性进展，一批区域性物流中心正在形成。

3. 中国物流业发展环境明显好转

在《国民经济和社会发展第十一个五年规划纲要》中明确提出"大力发展现代物流业"，中央和地方政府相继建立了推进现代物流业发展的综合协调机制，出台了支持现代物流业发展的规划和政策。物流行业技术创新和标准化工作，统计核算以及人才培养等行业基础性工作取得明显成效。

4. 专业化物流服务需求已初见端倪

随着买方市场的形成，一些企业逐渐意识到通过物流这个"第三利润源"来降低生产制造成本是切实可行的。这些企业一方面希望通过加强内部物流管理活动，降低自身物流成本，使利润达到合理预期；另一方面迫切地希望有合适的第三方物流企业为本企业"私人定制"物流服务，专业化的物流服务需求已经出现,并且势头迅猛。

目前,我国主要是两大类企业需要专业化物流服务需求。一类是跨国公司,跨国公司在中国从事生产经营活动、销售活动、分拨活动以及采购活动过程中对高效率、专业化物流服务的巨大需求,这是带动我国物流产业发展的一个十分重要的市场基础;另一类是国内优势企业对专业化物流服务的需求。

5. 专业化物流企业开始涌现,多样化物流服务有一定程度发展

近年来,中国逐渐出现了三类专业化的物流企业,这三类物流企业具体包括以下类型:一类是跨国国际物流企业。这类国际物流企业为其老客户即跨国公司提供进入中国市场的延伸的物流服务。此外,国际物流企业还针对跨国企业在中国市场的业务特点,提供专业化的物流服务。二类是国内专业从事传统运输服务、储运服务及批发贸易服务的企业通过转型形成的专业物流企业。这类企业依托原有物流业务的老客户、基本的基础设施、基本的经营网络等优势资源,进一步拓展和延伸相关物流服务,向其他物流服务需求商提供专业物流服务。三类是新兴的专业化物流企业。这类物流企业凭借科学的管理模式、先进的经营理念、多样化的物流服务方式,吸引了市场中潜在客户的关注并获取竞争中的优势地位,这类物流企业在我国物流产业发展中异军突起。

6. 我国物流业总体水平偏低,效率低下

我国物流业总体水平偏低,绝大部分的物流企业在管理体系、资金调配、技术管理与运作上以及物流设备设施的先进性方面还是相当落后。此外,许多的物流基础设备设施基本处于垄断经营状态,无法有效提高这些物流基础设施设备的利用率,严重影响了我国物流业的发展与运作,阻碍了我国物流企业向规模化发展。

我国企业通常不熟悉发达国家的高效物流的手段,如果我们不能及时借鉴发达国家的成熟经验,将会面临原料、信息、运输等一系列的压力和困难,并且我国物流业的总体水平仍然偏低,还存在一些效率低下等突出问题:[①] 一是全社会物流运行效率偏低,社会物流总费用与 GDP 的比率高出发达国家 1 倍左右;二是社会化物流需求不足和专业化物流供给能力不足的问题同时存在,"大而全"、"小而全"的企业物流运作模式还相当普遍;三是物流基础设施能力不足,尚未建立布局合理、衔接顺畅、能力充分、高效便捷的综合交通运输体系,物流园

---

① http://www.gov.cn/zwgk/2009-03/13/content_1259194.htm.

第一章 绪 论

区、物流技术装备等能力有待加强;四是地方封锁和行业垄断对资源整合和一体化运作形成障碍,物流市场还不够规范;五是物流技术、人才培养和物流标准还不能完全满足需要,物流服务的组织化和集约化程度不高。

第二节 中国物流市场并购整合的发展趋势

国际知名的管理咨询公司科尔尼发布的《中国运输物流业发展报告(2010—2015)》指出中国本土物流企业资源并购整合的浪潮已经到来。进入21世纪后,在中国各级政府的鼓励和支持下,中国本土物流企业也开始尝试通过参股、控股、兼并、联合、合资、合作等多种资产重组形式整合现有物流资源,积极向服务水平高、国际竞争力强的大型现代物流企业发展,如中铁行包与中铁快运的合并,中邮速递与中邮物流的合并,宝供与福田物流的重组,海航并购西安民生,海丰航运并购新时代物流,上汽集团、上汽经销公司和天地物流组建合资"安吉天地"物流公司,大田集团与联邦快递合作等,中国本土物流企业就此拉开了物流资源并购整合的序幕。

一、中国物流企业实现跨越式发展的条件已成熟

我国产业结构日益呈现专业化与规模化的态势,信息技术的迅猛发展推动电子商务快速成长,伴随着对成本控制的诉求日益提高,对物流业的要求也提到新的程度。我国物流业从无到有,从无序到有序,整整走过了30多年的风雨之路,并开始进入了资源整合的阶段,各种新的物流运作模式逐步出现,如供应链管理模式、整车零担运输模式等,一些具有很强竞争力和成长力的物流企业也在大量涌现。

(一) 物流业全面对外开放与中国物流市场的快速发展

改革开放以来,我国经济持续快速发展,推动物流业呈现一片欣欣向荣的景象,但是也暴露出物流企业数量众多,规模太小,分布过于分散的问题。这些物流企业缺乏发展现代物流的长远眼光,从事基础性和单一性的物流服务,大部分物流企业处于低层次的粗放经营状态。而那些大型的、有实力的、拥有跨地区甚至全国性网络的物流骨干企业和龙头企业不多,尽管有少部分这类物流企业,但

也是各自为政,并没有优化整合我国物流资源,提高物流设施设备的利用率。

另外,跨国企业被我国良好的外资投资环境吸引,将更多的业务转移到中国市场,同时也希望采用物流外包的方式来降低成本。此外,我国本土企业也同样希望降低物流的成本和提高本企业的利润率,以致我国物流服务的需求量越来越大,物流需求服务呈现线性递增的趋势,这种高增长与高分散性促使了物流产业并购条件日趋成熟。① 由于具有广大的物流市场和物流企业的高成长性和高利润率,不仅吸引了许多有扩张需求的企业,也吸引了社会民营闲置资本的加入,将不同文化、管理理念的企业采取并购的业务模式能够加速物流产业在业务模式的创新和缩小物流服务的空间服务范畴,实现更加专业化的物流运作。

(二) 中国本土物流企业面临新的跨越式发展整合期

随着我国市场对外开放,越来越多的外国物流企业瞄准中国物流市场巨大的利润和发展潜力,纷纷进军中国市场,并在运输、批发和零售等方面开展各类物流业务,拉开跨国物流企业中国物流市场进攻的态势,向全球化的战略目标演进。面对国外物流企业强劲的入驻势头,我国物流企业发展具有天生不足的劣势,仅有少数的几家物流企业实力较强,规模较大,绝大部分的物流企业不仅规模小,服务质量差,竞争力弱,和跨国物流企业也存在巨大的差距。面对跨国物流企业的入驻中国市场,对国内低效率、缺乏竞争力的物流体系造成巨大的冲击,形成我国新的物流格局,我国物流业的发展面临着前所未有的挑战和生存危机。面对危机,并购为我国物流企业提供了一种新的解决方式。采用并购的方法,原有的物流企业与被并购物流企业由于业务范围相近,两物流企业资源能够相对容易整合,并购成功后,还能使原有企业的资源得到有效利用,形成较强的核心竞争力,吸引市场更多的客户的关注与惠顾,开拓市场份额,形成网络优势,扩大企业的品牌影响力和品牌效应,为并购物流企业的进一步扩张奠定基础。

二、中国物流市场并购整合的特征和趋势

根据我国加入WTO时的承诺,2005年12月11日以后,外资物流公司可以在华设立独资分公司,中国物流业敞开大门,直面世界物流业的挑战和竞争。②

---

① 邹翔. 并购——物流业发展趋势 [J]. 中国水运, 2006 (9): 40-41.
② 肖红, 朱艳玲. 我国中小型物流企业发展分析 [J]. 当代财经, 2007 (9): 74-79.

这将严重威胁到我国规模小、物流服务单一的传统中小型物流企业的生存。

（一）中国物流市场竞争特点分析

1. 物流市场竞争格局

按照我国物流市场服务对象和物流供给特点的差异性，可细分为低端的零担业务经营者、中端的中小型物流企业、高端的专业化物流企业三个层次，它们从低到高具有典型的金字塔型的结构特征。①

（1）低端物流市场：零担专线业务经营者。零担专线业务主要是某些小型的货运公司专门以某几条专门的路线为载体，以分布于各地的货运场为依托，向中小型生产企业与商贸流通企业提供零散、低水平的物流服务的物流经营模式。目前我国物流业绝大部分的经营主体从事着零担专线业务，因此零担专线业务经营主体数量庞大，零担专线业务也是我国目前物流市场主导的经营模式。

总体而言，我国的零担专线业务的经营主体数量多、实力弱、管理零散粗放、物流服务质量低下，难以形成集约与网络经营优势，由于物流货源有限，竞争异常激烈。除零担专线业务外，一些以快递业务为主的中小型快递企业也可以认为是低端物流市场的供给主体。

（2）中端物流市场：初具规模的中型物流企业。中端物流市场是由一些初具规模的中型物流企业组成，它们具有一定的规模和网络优势，不仅有零担专线业务，而且还有快递及部分的综合物流业务，服务对象主要是具有一定规模的中型物流需求客户群，其服务水平也介乎专业化物流服务企业和零担专线物流企业之间。这类物流企业目前仍处于成长期，数量有限，市场份额较低，虽然具有一定的集成化水平，但是其物流运输网络布局仅局限于部分区域，规模和实力仍然较弱。由于缺乏现代物流管理理念和现代信息管理技术的支撑，这类物流企业的物流服务效率水平和物流服务质量仍需要较大改进。

（3）高端物流市场：规模化的专业物流企业。高端物流市场中的规模化的专业物流企业，主要是为那些大型生产及商贸企业提供多样化、集成化的物流需求服务的，它们处于金字塔顶端。规模化的专业物流企业其运输网络遍布全国乃至全球各地，能够利用现代信息技术实现对整个运输网络的实时调控和整合优化，

---

① 余兴源，徐丽，谭小平. 外资进入我国物流市场后的格局分析及对策［J］. 综合运输，2009（3）：44-48.

发挥整个运输网络的网络化、集成化和规模化的优势,通过发展物流增值服务进一步拓展物流服务功能,为物流需求客户提供集成化物流管理服务。这类企业在我国数量极为稀少,国外一些著名的物流企业如UPS、TNT则能够提供高端物流市场的相关物流服务,因此我国物流企业应该奋起直追,努力提高自身实力和经营水平,形成规模化专业化的物流企业,从战略的高度积极占领高端物流市场。

2. 高端物流市场的竞争结构

目前,我国的高端物流市场呈现出规模化的民营物流企业、大型国有物流企业和规模化的外资物流企业"三分天下"的格局:[①]

(1)规模化的民营物流企业。我国规模化的民营物流企业较为典型的如顺丰速运、宅急送、佳吉快运、宝供物流,以及已经被外资收购的华宇、佳宇等,它们主要从事快递、零担、综合物流等领域的业务。此类民营物流企业已经具备一定规模的物流运输网络,能够运用现代管理技术和现代信息技术进行物流管理,并已积累了一定规模的稳定的客户源,但由于受到资金限制和政府政策影响,阻碍了这些企业的规模拓展和服务质量提升,其踏入国际物流市场的道路依旧非常艰难。

(2)大型国有物流企业。我国大型国有物流企业包括中国远洋、中铁快运、中国邮政(EMS)等,它们的主要业务是能够提供第三方物流、集成化物流服务。这类企业依靠国家支持,具有较为稳固的发展基础,不仅物流运输网络广,客户资源稳定,而且能得到政府在政策和资金方面的大力扶持,在国内国际市场上具有较大竞争优势,但是这类企业内部管理运行机制不够灵活,缺乏现代物流管理制度。

(3)规模化的外资物流企业。国际上规模化的外资物流企业如四大知名国际物流巨头FedEx、UPS、DHL、TNT等跨国物流企业,这些企业经历了长期的积累,充分运用现代化的管理制度和现代信息技术,其运输网络已经分布到全球绝大部分国家,能够实现规模化、集成化与国际化的经营运作优势。但是外资物流企业进军我国物流市场,其在国内网络规模的拓展不如民营物流企业与国有物流企业那样纵深化。

综上分析可得,我国物流高端市场中的民营物流企业、国有物流企业和规模

---

① 范颖华,黄君发. 商务的未来:鼠标+物流[J]. 深交所,2009(12):52-55.

化的外资物流企业各有优势,也有劣势,在这个"三分天下"的格局下,那些实力雄厚的外资物流企业将会考虑采取并购重组实力相对弱小的民营物流企业的方式进入并逐步主导我国物流市场。

(二) 中国物流市场全面开放后物流企业并购整合的趋势分析

中国物流市场全面开放后,投资主体对于物流服务领域的投资、并购、整合,可以大致分为两个阶段。

第一阶段(2006~2008年),主要是以外资(产业资本)横向并购中国本土物流民营企业为主,外资希望采用并购国内一些具有一定知名度、客户基础、网络规模和运营能力的物流企业,实现以最快的速度进入中国物流市场,进一步扩大在中国物流市场的份额。事实证明,外资在中国物流市场的并购整合之路并没有那么顺利,但并没有打消外资进一步扩张中国物流市场的雄心。①

第二阶段(2012年以后),外资(产业资本)不再是物流市场并购的唯一主角,而是包括国资、中国本土民营或民间资本等在内的主体在中国物流市场的角逐,形式逐步地从横向并购变成风险资本投资并购各种物流实体或来自于电商引领的投资并购,如普洛斯、嘉里、敦豪、阿里、亚马逊、联想、海航、复星、红杉、华平、钟鼎、元禾、中信等境内外风投和产业资本并驾齐驱涌入中国物流市场,在中国物流市场上百家争鸣,如表1-1所示。

表1-1 中国物流市场近期主要投资事件

并购投资方	国别/资本类别	主要物流企业并购投资事件
红杉资本	美国/风险投资	入股郑明现代、申通快递、安能物流等
复星集团	中国/民营资本	入股韵达快递、虹迪快递、菜鸟网络等
钟鼎创投	中国/民营资本	入股德邦世佳、依厂臻智、卡行天下、佛朗斯、汇通天下等
华平投资	美国/私募股权基金	入股益商仓储、安能物流等
中信产业基金	中国/国有资本	入股天地华宇、顺丰快递等
元禾控股	中国/投资基金	入股顺丰快递、钟鼎创投主要LP等
凯辉基金 中法基金	法国/投资基金	入股郑明现代等
力鼎投资 鹏康投资 凤凰投资	中国/投资基金	同时入股全峰快递

---

① 崔刚. 我国中小物流企业所处的市场背景及发展探析 [J]. 黑龙江交通科技, 2010 (12): 116-117.

续表

并购投资方	国别/资本类别	主要物流企业并购投资事件
阿里巴巴	中国/电商资本	星辰急便、百世物流、海尔日日顺、菜鸟网络等
招商局	中国/国有物流资本	投资于港口、码头，第三方物流、危品、冷链，现在又入股了顺丰快递
普洛斯	新加坡/物流资本	本身是最大的物流地产商，入股传化物流
海航系	中国/国有物流资本	一系列境内外港口码头、第三方物流、危品物流、冷链物流、快递等的投资并购整合，但效果不好
联想集团	中国/IT业资本	卖出了在APLL的股份，进军增益速递
嘉里物流	马来西亚/物流资本	入股会成物流
友和通道	中国/民营物流资本	DHL甩卖全一物流股份，友和通道接盘

并购投资主体的多元化也导致了这个阶段的投资方向多样化，但大部分并购投资将主要集中于物流地产、特种物流（冷链、化工危品等）、快递、快运、公路货运（零担&整车）等方向，如表1-2所示。

表1-2 中国物流市场并购投资主体投资方分析

领域	现状分析	进入门槛（进入必要条件）	市场空间
物流地产	两极分化有航母、有小船	高（资金、政府关系资源）	物流地产需求会一直持续，市场空间大，目前普洛斯一家独大
特种运输	比较分散、不规范、技术落后	比较高（资金等）	冷链市场发展空间巨大，目前处于起步阶段
快递	比较容易整合，寡头隐现	高（资金、物流网络等）	1000多亿元的市场规模，但是中国的快递仍然以B2C为主，介入B2B的供应链整体解决方案后的前景值得期待
快运	比较容易整合，空间仍然很大	高（资金、物流网络等）	目前有3000多亿元，市场规模巨大，市场空间仍然很大
公路货运（零担&整车）	分散、混乱	进入容易，但整合难度高，切入点非常重要	万亿元市场规模，空间最大，而且准入空间最大

在这个阶段，快递、快运和公路货运等业务方向无疑是并购投资主体关注的焦点。快递和快运的业务模式——"大企业→小客户"，这种业务模式的市场规模庞大，但市场成熟度、标准化和信息化程度、进入门槛都比较高。公路货运（零担&整车）业务的市场规模最大、最分散、标准化最低、信息化最落后，投资并购的变数大，如中国车辆利用率约为50%左右而美国为25%，优化空间巨大，在中国规模庞大物流市场上，1%的提高都会是一个巨大市场机会。

三、外资并购整合中国本土物流企业的特征和趋势

在国际金融危机背景下,金融资本选择物流市场趋避风险,导致全球物流业并购案频生。① 中国物流行业在自身快速发展的同时面临着跨国物流巨头的巨大竞争压力,鉴于中国物流市场广阔的物流前景,外资积极并购中国本土物流企业。我国本土物流企业面对外国资本的并购,应尽量避免被外资控制和垄断,避免中国物流市场完全被外资蚕食,已成为目前我国物流界一个重中之重的议题。根据网络搜集的已有数据显示,自从 2005 年 12 月 11 日我国物流业全面对外开放以来,外资物流企业开始通过并购和联盟的方式进行扩张,其在华并购案例如表 1-3 所示。

表 1-3 2005 年 12 月中国物流市场开放后有代表性外资物流企业在华并购案例

并购年份	并购公司	被并购公司（目标公司）	物流业务的拓展	并购方式	并购类型
2005	Kerry Logistics（嘉里）	大通集团	中国航空货代业	股权收购（70%的股份）	横向
2006	Fedex（联邦快递）	天津大田	中国快递网络	收购回合资企业股份（50%的股份）	横向
2007	TNT（荷皇天地）	华宇物流	中国货物和包裹陆运输网络	全资收购	横向
2007	Menlo Worldwide（万络环球）	熙可控股	中国第三方物流网络平台	全资收购	横向
2007	Schneider（世能达）	宝运物流	中国第三方物流网络平台	全资收购	横向
2008	YRC（耶路物流）	上海佳宇	公路运输网络	65%股份收购	横向
2008	Agility（亚致力）	百岁物流	中国化工、汽车等行业物流服务	全资收购	横向
2009	DHL（敦豪）	APEX（全一快递）	中国快递网络	全资收购	横向
2009	DHL（敦豪）	金鹰国际货运	中国第三方物流网络平台	购回合资企业股份	横向
2010	Toll 拓领	新科安达	二三线城市合同物流业务	购回合资企业股份	横向

---

① 高江虹. 丹马士收购百昌国际 [N]. 21 世纪经济报道,2012-10-12.

续表

并购年份	并购公司	被并购公司（目标公司）	物流业务的拓展	并购方式	并购类型
2011	Damco（丹马士）	新时代（NTS）	华东区域物流业务	全资收购	横向
2012	Damco（丹马士）	百昌国际	中澳国际空运业务	全资收购	横向
2012	(APL Logistics)美集物流	志勤美集	更全面的供应链解决方案	购回合资企业股份	横向
2012	CEVA基华物流	上海基华	汽车和电子商务物流市场	购回合资企业股份	横向

资料来源：作者通过互联网搜索和相关会议资料整理所得。

外资在华并购整合的特点主要呈现出以下方面：①

1. 系统化、全球化的并购战略

外资物流企业从全球的物流战略眼光对我国以至全球物流市场通过采用并购重组等手段进行全方位系统化的投资，从而实现对分布在中国乃至全球物流市场的各大运营机构的控制和管理，实现对各个物流项目间的协同执行与跟踪管理。

2. 以民营物流企业为主要并购对象

外资物流企业进军中国物流市场并购整合的对象首选民营物流企业，如可以采用中外合资公司、外商在华投资公司的方式开展。由于民营物流企业在国内已形成了一定规模的运输网络，拥有稳定的客户资源等本土化优势，加上民营物流企业经营灵活，外国物流企业通过并购整合后可以在短时间内获取物流客户和民营物流企业前期搭建完成的物流网络资源，为下一步扩张奠定基础。

3. 主要采取资产并购和股权并购方式

外资物流企业采用资产并购主要是因为并购的债务风险相对较小（债权债务由出售资产的境内企业承担）；通过股权转让的主要原因是并购程序简单，税负较轻。

4. 外资物流企业在华仍处战略布点阶段

跨国物流企业具有专业优势，通过并购整合进入我国后，市场空间拓展很快，市场份额不断提高，企业效益显著。由于外资物流企业新进入我国物流市场，还未进行大规模的市场开发，现阶段外资物流企业开拓中国物流市场重要的

---

① 王宇楠. 跨国物流公司在华并购影响研究［J］. 物流工程与管理，2011（1）：10-11，22.

目的是为外商提供高效准时的物流服务,保证外商的商品能够在中国市场顺利流通,提高外商商品的流通效率,从而保证外商在中国市场乃至国际市场的信誉和竞争力,外资物流企业并未完全看好我国物流市场的利润空间和发展机遇。

5. 外资物流企业并购重组控制我国物流资源

外国物流企业通过并购重组我国本土的物流企业后,规模和网络优势进一步体现,经营范围也从单一模式向综合物流业务模式转变,服务区域也从中心大城市向更广的二、三线城市甚至农村覆盖,物流市场份额急剧增加。外资在华并购物流企业能够在短期内提升我国物流产业的运作水平,壮大物流产业,加快经济发展,但是从长期来看,物流资源被外资物流企业扩张,将会对我国本土物流产业的长远发展和我国经济发展造成巨大的冲击,提出更大的挑战。

第三节 研究的目的和意义

本书以中国本土物流企业在发展过程中所存在的诸多问题与面临的挑战为背景,从资源整合的视角出发,以集成化物流为发展方向,根据协同学理论的分析框架和方法体系,针对物流企业在并购整合过程中构建、形成和发展物流企业资源系统的协同管理问题进行研究。在展开研究之前,有必要对所涉及的研究对象及范围做出明确的界定。

一、研究对象

本书的研究对象既包括单个物流企业,也包括已通过股权、产权、资金、技术等经济纽带紧密联系而成的物流企业集团。

必须指出的是,中国本土物流企业或企业集团并购整合的背景不同于西方发达国家的跨国物流巨头,它是中国市场经济转型或在有中国特色市场经济发展过程的特定产物,具有其自身的特点和规律,并不完全是由自由市场竞争而自发产生并购整合的。

二、研究范围

从横向的维度看,本书研究的广度可拓展到由中国本土的物流企业或企业集团、在中国境内从事物流活动的境外物流企业或企业集团等法人或组织进行各种物流企业并购整合活动的边界。从纵向的维度看,本书研究的深度可延伸到物流服务供应链的上下边界,包括物流服务供应链所有节点企业和相关配套服务企业等法人或组织在物流服务供应链的各环节所进行物流企业并购整合活动。

三、相关概念的界定

1. 并购

并购(M&A)是兼并(Merger)、收购(Acquisition)、合并(Consolidation)、混合(Amalgamation)、接管(Take Over)等资本运作行为的简称,它是企业的一种投资行为,表现为企业以现金或股权等来取得另外一家企业的经营控制权和全部或部分资产所有权的行为。

2. 并购整合

并购整合在学术界的定义和解释众多,并购整合也有很多不同的提法,如"并购整合管理"、"并购后整合"、"后资产整合"等。亚历山德拉认为,并购整合是将两个或多个企业合为一体,由共同所有者拥有的具有理论与实践意义的一门艺术。[①] 王长征认为,并购整合是并购双方与组织及其成员之间通过企业能力的保护、转移、扩散和积累创造价值的相互作用的过程。[②]

本书所指的并购整合是并购各方之间通过共享、转移等形式将企业资源要素进行系统性的融合和重构,以此来实现和创造并购价值的行为,即并购整合方获得被并购整合方的资产所有权、股权或经营控制权之后对资产、技术、能力、人力资源等资源进行系统性重构,从而使并购整合后的新主体按照一定的并购整合战略目标、方针和政策组织营运。[③] 更简单地说,并购整合是指调整并购整合各

---

① Alexandra Reed Lajoux. The Art of M&A Integration [M]. New York: Mc Graw-Hill Press, 1998: 11-15.
② 王长征. 企业并购整合基于企业能力论的一个综合性理论分析框架 [M]. 武汉: 武汉大学出版社, 2002: 47-48.
③ 郑海龙, 李树丞. 基于企业并购的整合管理研究 [J]. 中国管理科学, 2002 (4): 65-70.

方的资源组成使其融为一体的行为。但并非所有并购都会产生整合行为，如财务型并购，其目的主要是追求资本回报，一般会保持目标企业的相对独立，无意整合被并购企业的资源、能力或技术。

四、研究的目的和意义

对于中国本土物流企业而言，目前分散的企业优势资源不仅会导致物流资源在竞争过程中内耗浪费，而且会降低中国物流整体系统的运作效率。所以，实现中国本土物流企业优势资源的高效配置与整合非常重要。本书以中国本土物流企业在发展过程中所存在的诸多问题与面临的挑战为背景，从资源整合的视角出发，以发展集成化物流为方向，根据协同学理论的分析框架和方法体系，针对物流企业资源系统的协同演化过程及其并购整合过程的协同演化问题进行研究，具有一定的理论价值和实践意义。

1. 拓宽物流研究的视野

当前，国内外学者针对物流与供应链管理的协同研究很多，内容也很丰富，体系也比较完整，但针对物流企业资源系统的协同演化过程及其并购整合过程的协同演化的研究相对较少。本书采用协同学理论的分析框架和方法体系，把物流企业资源系统与并购整合问题结合起来，通过定量和定性分析方法对物流企业资源系统的协同演化过程及其并购整合过程的协同演化进行研究，进一步拓宽物流研究的视野。

2. 提供政策制定依据

要促进和保障物流业的健康发展，政府就必须正确把握物流业自身的发展规律和特点，制定相应的政策对物流企业进行有效管理。本书通过对物流企业资源系统的协同演化过程及其并购整合过程的协同演化的研究，揭示了物流企业集成化和协同化的必然趋势及其各阶段发展特征，为政府制定相应的方针、政策和措施提供了理论依据。

3. 廓清企业发展思路和方向

为获得竞争优势，任何一个物流企业不仅要充分利用其所拥有的、有限的物流资源，更要吸收整合各种外部相关资源，使之往集成化物流方向发展。本书通过对物流资源系统的协同演化过程及其并购整合过程的协同演化的研究，为企业制定正确的发展战略，更好地把握市场运行趋势和脉络，拓宽企业获取外部资源的有效途径和渠道等提供了理论依据。

4.引导中国本土物流业健康发展

当前,我国物流服务市场正逐步走向成熟和完善,各种相应的物流配套设施和网络建设也取得了举世瞩目的业绩,但物流产业结构不合理、物流资源浪费严重等问题极大制约着中国物流业的发展。本书对物流企业资源系统协同演化过程及其并购整合过程的协同演化的分析和研究将有助于这些问题的发现、分析和解决,更好地促进和保障物流业健康、和谐地发展。

第四节 研究的主要内容及思路

本书以中国本土物流业发展过程中所存在的诸多问题与面临的挑战为背景,根据协同学理论的分析框架和方法体系,运用粗糙集约简算法和 Langevin 方程组等数理工具,构建相应的数学模型,分析物流企业资源系统协同演化过程及其并购整合过程的协同演化,并进行相应的案例分析。

一、主要内容

第一章绪论。主要是针对目前我国物流企业存在的问题,在分析和总结国内外物流市场的发展趋势和特征、国内外物流市场并购整合的现状和趋势的基础上,明确了本书的研究对象、范围以及研究的主要内容、思路和方法,并阐述本书的主要创新点。

第二章理论基础与研究回顾。理论基础部分主要内容包括四个方面:一是系统理论的定义、分类、特征、基本规律和原理;二是协同学理论的内涵和分析方法;三是企业并购理论类型和模式;四是粗糙集的基本概念、定型数据的描述和属性约简运算方法等基本内容。研究回顾主要内容分析和总结国内外企业资源理论、并购理论和物流与供应链的协同管理的研究成果和成功实践经验,为分析物流企业资源系统协同演化过程及其并购整合过程的协同演化提供相应的参考路径和方法。

第三章物流企业资源系统的自组织属性分析。主要内容是在物流企业资源、物流企业资源系统并购整合的基本概念基础上,对物流资源系统的自组织特征和内涵等自组织属性进行分析和归纳。

第四章协同演化模型分析。主要内容是在系统协同演化一般模型的基础上,构建基于粗糙集的协同演化模型,提出系统协同演化过程是一个"四阶段,三相变"的自组织过程。

第五章物流企业资源系统生命周期的协同演化分析。主要内容包括四个方面:一是建立数学模型;二是选取物流企业资源系统协同演化的序变量;三是分析物流企业资源系统协同演化"四阶段,三相变"的自组织过程;四是分析物流资源系统生命周期"四阶段,三相变"的并购动因、并购模式和发展方向。

第六章物流企业资源系统并购整合过程的协同演化分析。主要内容包括四个方面:一是建立数学模型;二是选取物流企业资源系统并购整合过程协同演化的序变量;三是分析物流企业资源系统并购整合过程协同演化"四阶段,三相变"的自组织过程;四是引入协同管理对模型进行分析。

第七章案例研究。剖析顺丰快递、海南航空、京东商城、菜鸟网络发展等相关国内物流企业资源系统的协同演化过程或并购整合过程的协同演化,并比对UPS物流企业资源系统协同演化的自组织过程、在不同发展阶段的并购动因和并购模式、在具体并购整合过程的并购整合模式和协同管理实施策略。

第八章结论与展望。总结全书的基本结论和创新之处,并针对全书所做的分析和研究内容的不足之处,展望后续研究的方向和前景,提出相应的研究方法与建议。

二、研究的框架和思路

研究的组织路线如图 1-2 所示。

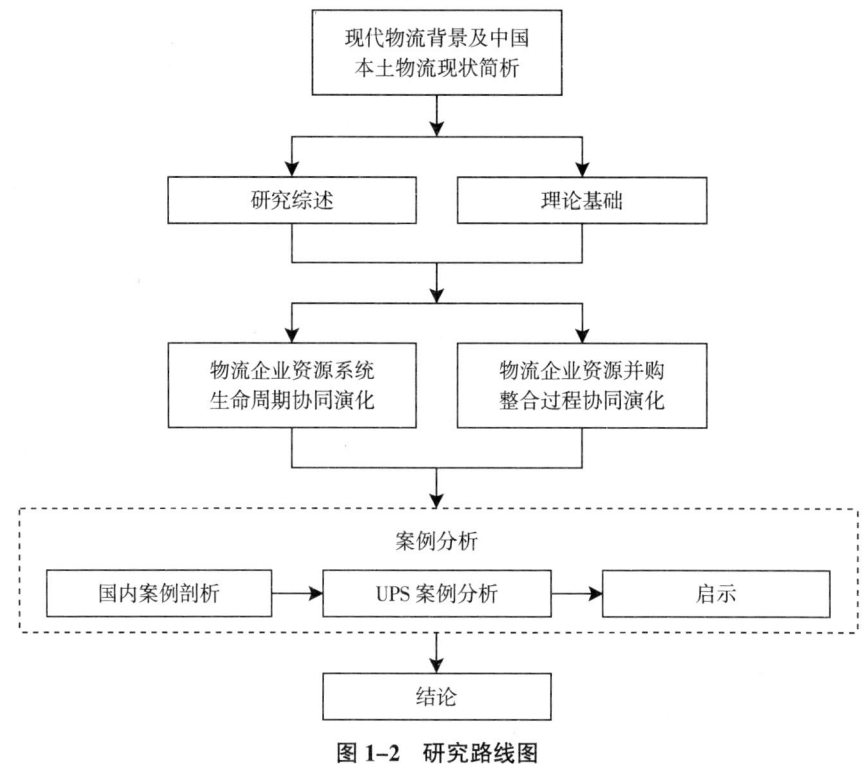

图1-2 研究路线图

第五节 研究方法与创新点

一、研究方法

本书在研究过程中借鉴了系统论、经济学、协同学、管理学、统计学和运用数学等不同学科、领域的成果、知识、方法和技巧，归结起来主要包括如下：

（1）定性分析与定量分析相结合的方法。在定性分析方面，本书借鉴系统论、经济学、协同学、管理学等领域的研究成果对物流企业资源、物流企业资源系统并购整合、协同管理等相关概念的内涵、分类及特性等进行必要的解释和界定；在定量分析方面，本书借鉴协同学、统计学和运用数学等的数理工具和分析方法，构建相应的数理模型对物流企业资源系统的协同演化过程及其并购整合过程的协同演化进行定量分析,并运用粗糙集约简算法近似识别和选取的序参量。通过这两个方面的有机结合,确保整个研究体系外延、内涵和结构具有严谨性和逻辑性。

(2) 理论与实际相结合的方法。本书遵循理论联系实际的分析思路,以系统论、经济学、协同学、管理学、统计学、运用数学等学科的理论精髓作为本书的指导思想,深入阐述采用物流企业资源系统协同演化过程及其并购整合过程的协同演化的"四阶段,三相变"的自组织过程,并通过 UPS 的发展历程和并购整合过程的经验及教训进行案例剖析,力求使本书的研究来源于实际、服务于实践。

(3) 演绎推理方法。本书研究工作的开展是在对众多不同学科领域的理论及实践的总结抽象基础上进行的,因而包含有大量的归纳演绎和逻辑推理。本书首先从物流企业资源和物流企业资源系统并购整合的基本概念出发,运用系统论和协同学的理论体系和分析方法,从研究实际存在而又错综复杂的协同分析过程中,把研究对象物流企业资源当做一个系统,忽略一些表面的、次要的部分,抓住事物发展本质的东西,分析物流企业资源系统协同演化过程及其并购整合过程的协同演化,从各种现象中概括出"四阶段,三相变"自组织过程的一般原理和规律。其次从抽象到具体,用"四阶段,三相变"自组织过程的一般原理和规律指导在并购整合过程中物流企业资源系统协同管理的具体实践。

二、本书创新点

本研究的创新之处具体表现在以下三个方面:

(1) 采用粗糙集理论的约简集运算方法对系统协同演化的序参量进行近似筛选。序参量的选取一般通过建立动力学方程模型,并运用绝热近似法消去快弛豫参量得到慢弛豫参量来确定,属于连续型变量解法,运算量和难度相当大,具体应用实践更难把握。因此,本书采用离散型方法——粗糙集理论的约简集运算方法对序参量进行近似筛选。

(2) 根据物流企业资源系统的协同演化规律和相应的数学工具,建立相应的基于粗糙集的协同演化数学模型,定量和定性分析物流企业资源系统协同演化的"四阶段,三相变"的自组织过程,廓清物流企业资源系统协同演化的四个发展阶段和三相变点,并通过对并购动因的分析得出物流企业资源系统在不同发展阶段、不同相变点所应采取的并购模式。

(3) 在物流企业资源系统协同演化过程的定性和定量分析基础上，把并购整合作为一种自组织过程和行为，建立相应的协同演化数学模型，定量和定性分析物流企业资源系统并购整合过程"四阶段，三相变"的自组织过程，廓清物流企业资源系统并购整合的四个发展阶段、三个相变和四个层次，并提出物流企业资源系统并购整合在不同协同演化阶段、不同相变点的协同管理。

本章小结

本章是本书的绪论部分，主要内容是介绍本书的研究背景、研究意义和目的、研究的主要内容、研究思路、研究路径和方法以及研究的创新点等，目的是为本书定下基调、内涵和边界，并为本书的相关研究做铺垫。

首先，本章从国际物流市场的发展趋势和特征及其国际物流市场并购整合的现状入手，结合中国物流市场发展历程和存在问题，在分析中国物流市场并购整合的基本特征和趋势的基础上，提出并购整合是中国物流企业实现跨越式发展的必由之路。

其次，概括介绍本书的主要内容、基本思路及其研究意义和目的。主要内容是以中国本土物流企业在发展过程中所存在的诸多问题与面临的挑战为背景，从资源整合的视角出发，根据协同学理论的分析框架和方法体系，针对物流企业在并购整合过程中构建、形成和发展物流企业资源系统的协同问题进行研究，并对本书的研究对象、所涉及研究范围和相关重要概念做出明确的界定和阐释。

再次，系统归纳本书研究方法，包括数理模型、理论分析工具和案例（实证）分析法等。主要方法是根据协同学理论的分析框架和方法体系，运用粗糙集约简算法和Langevin方程组等数理工具，构建相应的数学模型，分析物流企业资源系统协同演化过程及其并购整合过程的协同演化，并应用案例分析法进行诠释。

最后，从研究方法、研究理论体系、研究内容三个维度提炼本书的创新之处。主要有以下三点：一是研究方法上采用粗糙集理论的约简集运算方法对系统协同演化的序参量进行近似筛选；二是研究理论体系上揭示物流企业资源系统协同演化的"四阶段，三相变"的自组织过程；三是内容上把并购整合作为一种自组织过程和行为，阐述并购整合也是"四阶段，三相变"的自组织过程和行为。

第二章 理论基础与研究回顾

本书的研究以系统论、协同学等理论分析框架和方法体系为基础，运用粗糙集约简算法和 Langevin 方程组等数理工具，构建相应的数学模型，分析物流企业资源系统协同演化过程及其并购整合过程的协同演化。因此，在深入研究之前有必要对相关知识和前人研究成果进行梳理。

第一节 系统理论

系统理论是美籍奥地利人、理论生物学家 L.V.贝塔朗菲（L.Von.Bertalanffy）创立的。基本思想方法就是将所研究和处理的对象当作一个系统，分析系统的结构和功能，研究系统、要素、环境三者的相互关系和变化的原理规律，并用系统优化的观点看问题。许多科学家认为世界是复杂的，创建并兴起了复杂性科学。贝塔朗菲则认为应该运用整体和系统的方法来处理那些复杂性问题，魏沃尔则认为复杂性科学的研究是从建立在统计方法上的无组织复杂性科学到建立在自组织理论方法上的有组织复杂性科学的过程。普利高津也认为世界并不是简单的，而是相当复杂的，应该建立系统科学的研究方法来处理一切的复杂性问题。系统科学的发展经历了两个阶段，形成新三论和老三论，第一阶段的老三论主要是从他组织系统的角度分析的，以"二战"前后控制论、信息论和一般系统论等为标志，新三论则从自组织系统的角度着眼，以耗散结构论、协同论和超循环论为标志。

总之，系统论是具有逻辑性和数学性质，分析各种系统的一般模式，结构和共性规律的学问，并用数学方法定量地描述系统的功能，寻求并确立适用于一切系统的原理、原则和数学模型。

一、系统理论趋势特点

第一,系统论逐渐向交叉学科发展,与控制论、信息论,运筹学、系统工程、电子计算机和现代通信技术等新兴学科相互渗透、紧密结合。

第二,系统论是控制论、信息论的基础,正朝着系统论、控制论和信息论"三论合一"的方向发展。

第三,耗散结构论、协同学、突变论、模糊系统理论等新的科学理论,从各方面丰富发展了系统论的内容,有必要概括出一门系统学作为系统科学的基础科学理论。

第四,系统科学的哲学思想和方法论体系引起人们的重视,国内外学者积极致力于各种系统理论的研究以期能够建立统一的系统科学体系。

二、系统理论的思想方法

系统理论的核心思想强调是系统的整体观念。贝塔朗菲认为任何系统都是一个有机的整体,"整体大于部分之和",系统不是各个部分的机械组合或简单相加,系统的整体功能要实现各要素在孤立状态下所没有的性质,并不是某些要素性能好,整体性能一定好,反对以局部说明整体的机械论的观点。贝塔朗菲同时认为,系统中各要素之间还是存在某种联系的,每个要素在系统中某个特定的位置上能够发挥特定的作用。系统要素之间能够彼此联系,组成了一个有机联系的整体。要素是整体中的重要组成部分,要素只有依托系统这个整体才能充分体现要素的优势与功能。

系统是普遍存在的,世界的万事万物都可以把它理解为一个系统。从系统的角度分析所研究和处理的对象,明确其内部的结构和功能,以及与内部的要素和外界的环境之间的内在相互关系和相互间的规律,能够进一步优化对事物的本质性认识。在我们生活中,系统以各种形式存在我们身边,如大至宇宙,小至微小粒子,甚至一粒米、一棵树、一群蝴蝶、一个学校、一个工厂都可以认为系统,整个世界就是系统的集合。

三、系统的定义和分类

(一) 系统的定义

"系统"的概念不是一朝一夕形成的，而是在人类的长期实践中形成。鉴于人们的知识结构、思维方式、实践水平和认知能力的差异，人们对系统有着不同的认识和理解，但是从理论的高度，还是应该对于系统的概念有个整体和实质的把握，界定一个统一的、确定的界限和含义。因此，为了能够更好地把握住系统的内在规律性，撇开某些具体的形态和性质，找出其共同点，准备把握系统的概念，就要对系统界定科学的定义。①

其实，早在古希腊时期的德谟克利特就曾写过一本《宇宙大系统》的书，系统这个词"systema"在拉丁语系中显示的意思是表示"群"、"集合"等意义的抽象名词。英文"system"一词在中文中不仅表示系统，还有更多其他的解释，诸如体系、体制、制度、机构、组织等。

尽管系统在历史上已经被某些科学家所认识和理解，但直至20世纪20年代后才真正将系统作为一个科学概念引入到科学领域。在20世纪40年代，美国开展的工程设计活动中正式将系统的概念引入到实际的应用当中，一直到了50年代，系统概念的科学内涵才更进一步明确，并在工程管理和技术管理中得到广泛的运用。

目前关于系统的概念有多种表达方式，比较有代表性和影响性的定义有如下10种：

(1) 德国《哲学和自然科学词典》中对"系统"一词的解释是：按一定顺序排列的物质或精神的整体。

(2) 苏联《哲学百科全书》对"系统"这个词的解释是：相互有关、相互联系的要素构成的一个确定的整体。

(3) 苏联《苏联大百科全书》第三卷对"系统"的解释进一步深化，认为"系统"是由相互联系、彼此相关的构成一定的整体、统一体的因素的集合。

(4) 在韦伯斯特《韦氏大辞典》（Webster大辞典）中，"系统"一词的含义是有组织的或被组织化的整体，结合着的整体所形成的各种概念和原理的综合，

---

① 周建中. 系统概念的起源、发展和含义 [J]. 浙江万里学院学报，2001 (2)：91-94.

由有规则的相互作用、相互依存的形式组成的诸要素集合等。

（5）日本在1967年制定的JIS工业标准中，"系统"是指许多组成要素保持有机的秩序，向同一目的行动的东西。

（6）美国的克朗（Robert M.Krone）认为系统是由相互关联的要素组成的复杂集合。

（7）苏联哲学家列·尼·苏沃洛夫认为系统是某种统一的和整体的共同性，它具有其存在的某些内在规律。系统是由存在于某些关系中的大量要素构成的。要素（来自拉丁文"elemeutum"即古希腊哲学中原质，原始的物质实体）是第一次的构成物，其总和构成对要素来说是第二次的整体即系统。他还说：每一系统都是更高层次的系统的要素，它的要素又是低层次的系统。系统和组成系统的各种要素构成了宇宙的无限链条。

（8）贝塔朗菲将系统定义为"相互作用的诸要素的综合体"；① 我国科学家钱学森在1978年提出：我们把极其复杂的研究对象称为系统，即相互作用和相互依赖的若干组成部分合成的具有特定功能的有机整体，而且这个系统本身又是它从属的一个更大系统的组成部分。②

（9）上海交通大学的王浣尘教授于1986年提出，系统是由相互联系、相互作用着的一些事物组成的总体，即系统是由关联部分组成的总体。他的概念是采用"总体"而不是"整体"来进行描述的，总体和整体在定义系统的概念时是存在区别的。他打了一个形象化的比喻，部分指的是树木，整体指的是森林，总体的含义指的是不仅能见森林还能见树木。如果只看见树木看不见森林，或者只看见森林看不见树木的观点方法，都不能认为是系统的观点方法。

（10）我国1987年10月出版的中国大百科全书哲学卷关于系统一词的释义是：系统由元素组成的有机整体。一般来说，现代科学对系统的许多解释都是把组成系统的各个元素理解为具有确定特性的东西，而把这些东西组成的整体中存在的有序状态视为系统的确定的结构。系统与系统的元素是相对而言的，在一个系统中是元素的东西，在另一个层次上则可以是系统。它们之间存在着整体与部分之间的关系。

---

① 贝塔朗菲.一般系统论［M］.秋同，袁嘉新译.北京：社会科学文献出版社，1987：3-4.
② 钱学森.创建系统学［M］.太原：山西科学技术出版社，2001：11-23.

综合以上论述，系统是由若干个可以相互区别、相互联系而又相互作用的要素所组成具有某种特定功能的整体，在一定的层次结构形式中分布，在给定的环境约束下，为达到整体的目的而存在的有机集合体。①

（二）系统的分类

（1）按照系统的起源划分，系统可分为自然系统与人造系统。实际上，大多数系统是自然系统与人造系统的复合系统。

（2）按照构成要素物质属性实体划分，系统可分为实体系统与概念系统。实体系统是概念系统的物质基础，概念系统是实体系统的核心，指导实体系统的行为。

（3）动态系统和静态系统。按照状态变量是否随时间变化而变化划分，系统可分为动态系统和静态系统。静态系统是动态系统的一种极限状态，即处于稳定的系统。

（4）开放系统与封闭系统。按照系统是否与环境之间具有物质、能量与信息交换划分，系统分为开放式系统和封闭式系统。

（5）按抽象程度分：概念系统、逻辑系统、实体系统。

（6）按系统的功能分：经济系统、军事系统、电力系统、铁路运输系统。

（7）按系统内部结构分：开环系统（系统输出不对输入产生影响），闭环系统（系统输出反过来作为输入）；静态系统（系统状态量不随时间而变化的系统），动态系统；确定性系统（系统状态量都是确定的，一组唯一的输入可以得到一组唯一的输出），随机性系统（系统的状态量具有随机的性质，只要有一个变量是随机的，系统就是一个不确定系统）。

在系统中，称有意义的元素为实体（Entity），表示实体特征的称为属性（Attribute），实体在特定时间内的运动叫活动（Activity），描述系统在任何时间的必要变量叫状态变量或简称状态（State），表示状态变化的出现称事件（Events）。

四、系统的特征

系统论认为，集合性、整体性、层次性、有序性、相关性、边界性、目的性等是所有系统的共同的基本特征。②

---

① 钱学森.论系统工程［M］.长沙：湖南科学技术出版社，1982：11-17.
② 苗东升.系统科学精要［M］.北京：中国人民大学出版社，2006：20-27.

(一) 集合性

集合性是指系统是由两个或两个以上可以相互区别的要素组成的集合体。这些要素可能是一些个体、元件,也可能本身就是一个系统(或子系统)。

(二) 整体性(或联系性)

整体性是所有系统的本质特征属性,即贝塔朗菲所说的"整体大于它的各个孤立部分的总和"。系统能够凸显出各个具体的部分或各个部分简单加总后所没有的性质,整体能够实现部分所不能达到的功能,是源于系统的非线性作用的结果。与此同时,系统各个组成部分由于受到系统整体的约束,自身的某些性质将无法凸显出来,因此也丧失自身的独立性,这种也可称作整体突现性原理。

系统环境是与系统相关联的,但是与构成系统的内在关系不再起作用的外部存在。系统相对于环境的变化称为系统的行为,系统相对于环境表现出来的性质称为系统的性能。系统行为所引起的环境变化,称为系统的功能。系统功能由元素、结构和环境三者共同决定。相对于环境而言,系统是封闭性和开放性的统一。这使系统与外部环境不停地进行物质、能量和信息交换中能够保持自身发展内在的连续性。系统与环境的相互作用使二者组成一个更大的、更高等级的系统。

(三) 层次性

系统的结构也存在上下层层递进的关系,一方面系统是由系统的要素所组成的,这些要素的有机联系构成了系统;另一方面各个要素也可以认为是一个系统,它可以认为是原系统下的子系统,而子系统又可以进一步细分为次子系统,这样次子系统、子系统再到系统间层层递进,形成了系统的层层递进的层次结构,这种特性也可以认为是等级层次原理。

(四) 有序性

有序性强调的是系统内的诸要素和系统外的环境相互之间的存在稳定的有机联系,并具有一定的稳定层次结构,因此,系统是由其内部若干要素通过相互作用和相互依赖的方式而结合成的有机体。

(五) 相关性

系统的相关性是指系统内部诸要素与外部环境相互之间始终处于一种相互联系和依存的状态。系统中只要有某一个要素发生变化都可能影响其他要素实现它们的功能,因此系统内部诸要素间存在相关性。

(六) 边界性

系统的边界性是指系统内部诸要素的边界范围小于系统的边界。

(七) 目的性

系统在与外部环境相互联系和作用的过程能够表现其自身内在的性质、特有的能力是系统的功能。每一个系统都能实现某些特定的功能,可以利用系统的功能区别不同系统。为能实现一个良好有序的系统,在设计系统和分析系统时,都必须先弄清出现这个系统的原因与目的。如果一个系统同时存在多个目标,但是目标却又完全不一致的话,极有可能引发矛盾,需要相互间进行协调,寻找折中的方案,从而更好实现系统的功能和目的。

(八) 环境适应性

外界环境的变化很可能会和系统间有新的物质、能量和信息的交换,甚至引起系统特性的改变,系统内部的某些功能和系统内部各组成部分间也存在关系的改变,因此系统面对外界环境的变化,要有对环境的适应性,才能保持自身特有的秉性。

五、系统理论的基本规律和原理

系统理论的基本规律和原理可以归纳总结为"五个基本规律,四个基本原理"。"五个基本规律"是结构功能相关规律、整合规律、竞争协同规律、涨落有序规律、动态演化规律;"四个基本原理"是整体性原理、因果反馈原理、信息选择原理、目的原理。[①]

(一) 基本规律

1. 结构功能相关规律

系统的结构与功能存在紧密的关系,系统中某一种结构必然会体现出相应的某一种功能,因此,系统的结构和功能相互联系并互相转化,并制约着系统随机涨落的范围。一方面,随机涨落可能引起系统局部功能的突变;另一方面,当随机涨落突破某一临界值时,随机涨落引起了系统整体结构的改变,形成新的结构,并制约新一轮的随机涨落的范围。因此,在系统结构和功能相互作用的规律下,系统将会不断地演化。

---

① 魏宏森,曾国屏. 系统论——系统科学哲学 [M]. 北京:清华大学出版社,1995:77-78.

2. 竞争协同规律

系统内部诸要素和外部环境之间既存在协同关系也存在竞争关系，并通过这种协同关系和竞争关系促进系统内部各子系统间、诸要素间相互对立、相互转化，从而推动系统整体的协同演化的发展规律，而发展在竞争基础上的协同对系统的协同演化意义更加重大。一般认为，系统内部子系统间、诸要素间普遍存在涨落现象则系统的子系统、诸要素间存在竞争状态，而当随机涨落在系统内部得到进一步的响应同时被放大，说明系统内部的协同关系在发生作用。系统演化规律的创造性因素是竞争，而系统演化的确定性和目的性因素是协同。系统内部竞争和协同的辩证关系的自然科学基础则认为是系统内部子系统间、诸要素间的非线性作用引起的。

3. 涨落有序规律

涨落有序规律是系统通过涨落达到有序，实现系统从无序向有序、从低级有序向高级有序发展。涨落有序规律使开放系统在随机涨落的驱动下远离平衡态时，出现不稳定性和产生自组织行为，从一种稳定状态或结构过渡到另一种的稳定状态或结构，从无序到有序、从低级到高级的发展演化规律。① 这种转变与对称破缺紧密相关。

4. 优化演化规律

优化演化规律是指系统为了实现自身与外部环境的平衡，而不断进行自我调整，通过渐变和突变的方式实现系统的演化和优化。② 系统的优化是在系统不断演化的基础上实现的，从而实现了系统的进化发展。在复杂系统理论里，不同的理论都对系统优化进行了有侧重的分析，如耗散结构理论论述了系统优化的基本前提，协同学则侧重论述了系统优化的内部机制，超循环理论则认为超循环组织的形成本身就是一种系统优化形式，系统优化最重要的是整体优化。

5. 信息反馈规律

信息反馈规律是利用反馈回来的调控并影响系统的稳定性，负反馈信息能够使系统更加稳定，正反馈信息使系统远离平衡态，推动系统的演化优化。当正反馈信息达到一定临界值时，涨落达到一定程度破坏了系统原来的稳定状态，系统

---

① 舒辉. 集成化物流研究 [D]. 南昌：江西财经大学，2004：32-34.
② 刘永振. 论系统科学与管理 [M]. 大连：理工大学出版社，1997：23-26.

进入新的稳定状态。

(二) 基本原理

1. 整体性原理

系统整体性原理指系统是由若干要素组成的具有一定新功能的有机整体，各个作为系统子单元的要素一旦组成系统的整体，就具有独立要素所不具有的新的性质和新的功能，从而表现出整体的性质和功能不等于各个要素的性质和功能的简单相加。①

2. 因果反馈原理

因果反馈原理就是，为了使控制过程按既定的目的进行，而使结果直接或间接反作用于引起结果的原因，以校正原因对结果的最初作用，循环往复，以此来保证系统在随机环境中的方向性。

3. 信息选择原理

信息选择原理就是把系统对客体的控制看作是一个信息的获取、处理、加工、传递和利用，进而达到认识客体的运动本质和规律，满足人们的需要的目的。②

4. 目的性原理

目的性原理是指系统的发展变化在一定范围内不受或少受外部条件变化的影响，在与环境相互作用的过程中，表现出趋向预先确定的状态的原理。该原理的基本要点主要有以下三个方面：一是系统之所以存在就是为了实现或达到某种目的；二是系统的目的呈现多元化且存在冲突的；三是整体目的优化。

六、"老三论"和"新三论"

系统科学领域中的"老三论"、"新三论"。

系统论、控制论和信息论是21世纪40年代先后创立并获得迅猛发展的三门系统理论的分支学科。虽然它们仅不到一个世纪，但在系统科学领域中已是资深望重的元老，合称"老三论"。人们摘取了这三论的英文名字的第一个字母，把它们称为SCI论。

耗散结构论、协同论、突变论是20世纪70年代以来陆续确立并获得极快进

---

① 何明珂. 物流系统论 [M]. 北京：中国审计出版社，2001：55-60.
② 王雨田. 控制论、信息论、系统科学与哲学 [M]. 北京：中国人民大学出版社，1986：11-13.

展的三门系统理论的分支学科。它们虽然时间不长,但已是系统科学领域中年少有为的成员,故合称"新三论",也称为DSC论。

系统科学是以系统为研究对象的基础理论和应用开发的学科组成的学科群。它着重考察各类系统的关系和属性,揭示其活动规律,探讨有关系统的各种理论和方法。系统科学的理论和方法正在从自然科学和工程技术向社会科学广泛转移。

系统论认为,整体性、关联性、等级结构性、动态平衡性、时序性等是所有系统的共同的基本特征。这些,既是系统所具有的基本思想观点,而且也是系统方法的基本原则,表现了系统论不仅是反映客观规律的科学理论,还具有科学方法论的含义,这正是系统论这门科学的特点。

在控制论中,"控制"的定义是:为了"改善"某个或某些受控对象的功能或发展,需要获得并使用信息,以这种信息为基础而选出的、于该对象上的作用,就叫做控制。由此可见,控制的基础是信息,一切信息传递都是为了控制,进而任何控制又都有赖于信息反馈来实现。信息反馈是控制论的一个极其重要的概念。通俗地说,信息反馈就是指由控制系统把信息输送出去,又把其作用结果返送回来,并对信息的再输出发生影响,起到控制的作用,以达到预定的目的。

信息论是一门用数理统计方法来研究信息的度量、传递和变换规律的科学。它主要是研究通信和控制系统中普遍存在着信息传递的共同规律以及研究最佳解决信息的获限、度量、变换、储存和传递等问题的基础理论。

耗散结构论把宏观系统区分为三种:①与外界既无能量交换又无物质交换的孤立系;②与外界有能量交换但无物质交换的封闭系;③与外界既有能量交换又有物质交换的开放系。它指出,孤立系永远不可能自发地形成有序状态,其发展的趋势是"平衡无序态";封闭系在温度充分低时,可以形成"稳定有序的平衡结构";开放系在远离平衡态并存在负熵流时,可能形成"稳定有序的耗散结构"。

耗散结构是在远离平衡区的、非线性的、开放系统中所产生的一种稳定的自组织结构,由于存在非线性的正反馈相互作用,能够使系统的各要素之间产生协调动作和相干效应,使系统从杂乱无章变为井然有序。

生物机体是一种远离平衡态的有序结构,它只有不断地进行新陈代谢才能生存和发展下去,因此是一种典型的耗散结构。人类是一种高度发达的耗散结构,具有最为复杂而精密的有序化结构和严谨协调的有序化功能。

耗散结构论认为，耗散结构的有序化过程往往需要以环境更大的无序化为代价，因此从整体上讲，由耗散结构本身与周围环境所组成的更大范围的物质系统，仍然是不断朝无序化的方向发展，仍然服从热力第二定律。由此可见，达尔文的进化论所反映的系统从无序走向有序，以及克劳修斯的热力学第二定律所反映的系统从有序走向无序，都只是宇宙演化序列中的一个环节。

协同论主要研究远离平衡态的开放系统在与外界有物质或能量交换的情况下，如何通过自己内部协同作用，自发地出现时间、空间和功能上的有序结构。协同论以现代科学的最新成果——系统论、信息论、控制论、突变论等为基础，吸取了结构耗散理论的大量营养，采用统计学和动力学相结合的方法，通过对不同领域的分析，提出了多维相空间理论，建立了一整套的数学模型和处理方案，在微观到宏观的过渡上，描述了各种系统和现象中从无序到有序转变的共同规律。

突变论是研究客观世界非连续性突然变化现象的一门新兴学科，自20世纪70年代创立以来，十多年间获得迅速发展和广泛应用，引起了科学界的重视。突变论的创始人是法国数学家雷内托姆，他于1972年发表的《结构稳定性和形态发生学》一书中阐述了突变理论，荣获国际数学界的最高奖——菲尔兹奖章。突变论的出现引起各方面的重视，被称为是牛顿和莱布尼茨发明微积分三百年以来数学史上最大的革命。

第二节　协同学理论

协同学（Synergetics）[①]是一门新兴的综合的系统理论，研究系统自组织从无序到有序的演化规律过程。协同学理论最早是德国理论物流学家哈肯在20世纪

[①] 本部分内容主要参照：(1) H.哈肯. 协同学——引论物理学、化学和生物学中的非平衡相变和自组织 [M]. 徐锡申等译. 北京：原子能出版社，第3版，1984；(2) 赫尔曼·哈肯. 协同学：大自然构成的奥秘 [M]. 凌复伟译. 上海：上海译文出版社，2001；(3) H.哈肯. 协同学 [M]. 徐锡申，陈式刚，陈雅琛等译. 北京：原子能出版社，1984；(4) H.哈肯. 高等协同学 [M]. 郭治安译. 北京科学出版社，1989；(5) 王贵友. 从混沌到有序——协同学简介 [M]. 武汉：湖北人民出版社，1987。

70 年代提出的，他在 20 世纪 60 年代开始研究激光原理过程中发现了一些规律性的东西，即激光会发生自组织现象，实现从无序到有序的演化规律。哈肯根据研究激光所发生的现象，归纳总结于 1969 年提出了协同学的概念，并在 1971 年《激光理论》这本书中谈到激光相变过程中存在的不稳定现象，1971 年与格雷厄姆合作正式介绍协同学理论。1973 年论文集《协同学》正式出版，协同学正式诞生了。从此，协同学理论在生物、工业、经济、管理等多领域发挥着重要理论指导作用。

一、协同学的产生

协同学理论也可以认为是一种系统理论，它建立并接受了一般系统理论的基本思想，协同学同样认为系统是由子系统和诸要素等组元、部分构成，这些子系统和诸要素之间能够通过物质、能量或者信息交换的方式相互作用。通过系统中各子系统或者诸要素之间的这种相互作用，系统将形成一种新型的协同效应。在协同效应下，系统具有某种全新的性质，而这种性质可能在微观层次是不具备的。

协同学（Synergetics）理论关于"合作"的理解可以从两个层面展开，第一个层面是从系统内部诸子系统和诸要素之间的相互合作的角度出发，研究它们在合作过程中的相互关系，以及如何导致系统从宏观层面进行结构和功能的协作；第二个层面是从学科的角度，由于协同学是由多学科相互交叉，相互联系而发展起来的，因此不同学科之间也要加强协作。

在协同学中，哈肯把协同定义为：系统的各部分之间相互协作，使整个系统形成微个体层次所不存在的新质的结构和特征。协同学的定义在许多领域都得到了应用。例如，在企业管理学界，美国战略理论研究专家依戈尔·安索夫（H.L.Ansoff）首先把协同放入企业管理的研究中，认为协同也是公司战略要素之一。安索夫认为企业管理中的协同是指企业不是简单地加总各个业务单元，而是通过将各业务单元有机地展开协作，从而使企业整体的价值大于各独立组成部分价值的简单加总。通过协同能够加强企业内各子系统、各要素间相互协作，促进形成良性的循环态势。

二、协同学的基本概念

协同学以概率论、随机理论为基础,吸取了平衡相变中的序参量概念,建立了动力学主方程,阐述了无规则事件所遵从的必然规律。同时,协同学引入支配原理求解序参量,有效地描述了系统演化中的宏观有序行为,在形成和发展过程中创造了一些概念,并建立了有序结构的核心——自组织理论。[1]

(一)序参量

序参量是描述系统宏观有序度或宏观模式的状态参量,在整个系统的运行中具有决定性的作用,居于主导地位。[2]

在复杂的大系统内的子系统一方面自身能够进行自发的无规则运动,另一方面系统内其他子系统还可能对它产生相互作用力,则两个或两个以上不同的子系统由于某种关联形成协同运动。刚开始,子系统间的关联性比较弱,无法束缚系统自身自发进行的无规则运动,则系统总体向外呈现出宏观无序状态。此时,外界环境对系统施加一定的影响因素,即控制参量也发生变化,直到系统的变化逼近临界点时,各个子系统间的关联性加强,此时,子系统自身无规则运动能力相对减弱。当某些控制参量逐步达到一定的"阈值"时,系统内子系统的平衡状态被打破,子系统中的关联作用胜过子系统间的独立运动,关联作用开始起主导作用,此时各子系统间的运动则认为是协同运动,系统在宏观上呈现出有序的结构。由于序参量是表示系统的宏观有序度或宏观模式的状态参量,因此序参量也可以认为是子系统介入协同运动程度的集中体现。

由于序参量在系统运行中居于决定性和主导性的地位,序参量也在某种程度上决定和主导着整个系统的行为,使系统能够进行有组织、有规范的运动。系统中序参量并不是长久不变的,序参量对系统的支配作用也不是绝对的,系统内某些子系统及其他参量也可能由于环境突变等因素而成为处于支配地位的序参量。

(二)自组织

哈肯在分析激光的自组织过程中认为激光处于开放系统中,当激光形成有规律的光束时,外界的环境并未发生质的变化,也就意味着激光从无序到有序的过

---

[1] 王贵友. 从混沌到有序——协同学简介 [M]. 武汉:湖北人民出版社,1987:17-18.
[2] H.哈肯. 协同学——引论物理学、化学和生物学中的非平衡相变和自组织 [M]. 徐锡申等译. 北京:原子能出版社,1984:22-24.

程中并未与外界进行物质和能量的交换,造成激光内部原子形成有规律的活动的原因应该来自激光系统内部,即激光的自组织。所谓自组织,就是系统与生俱来的使自身从不平衡状态恢复到平衡状态的能力。

自组织结构是指在一定的环境条件下,系统的有序结构和功能是自发形成的,并通过各种形式的信息反馈来控制和强化这种组织的结构。系统内存在大量子系统,这些子系统既竞争又合作,消除系统内部的紊乱状态,而使系统朝着新的有序的整体方向发展。相应的描述和分析方法称为自组织理论。它是协同学的核心理论。[1]

(三) 对称性、有序和无序

对称性是指事物的某种属性经过一定的变换仍保持不变的性质。不同事物之间或事物内部各要素之间的关系具有一定的次序,称为"序","序"和对称性密切相关。一般来说,系统对称性越高,有序度越低。所以,有序意味着在某些方面的对称性减少,或称对称性破缺。在类似的外部条件下,平衡态比非平衡态更"无序",具有更多的对称性。

(四) 控制参量

控制参量亦叫外部参量,是指环境对系统的影响要素,包括物质、能量和信息的输入。协同学认为,系统内部的竞争和合作方式受控制参量的影响,控制参量的变化驱使系统经历一系列临界点,导致序参量的出现、竞争和合作,从而形成各类不稳定模和有序结构。

(五) 相变

相变是指子系统间具有不同聚集状态之间的转变,相变是普遍存在的一种突变。不同的相变具有明显不同的有序性或无序性。

(六) 役使原理

役使原理中有两个非常重要的概念名词,第一个是快弛豫参量,第二个是慢弛豫参量。快弛豫参量在系统中数量较多,临界阻尼大、衰减迅速,对整个系统演化的方向、相变临界的特点不起主要作用的参量,在系统中的状态可称为稳定模。慢弛豫参量在系统中数量较少,临界无阻尼,在系统演化过程中起支配主导

---

[1] H.哈肯. 协同学——引论物理学、化学和生物学中的非平衡相变和自组织 [M]. 徐锡申等译. 北京: 原子能出版社, 1984: 17-23.

作用，并能得到系统内大多数子系统的响应，决定了系统演化的速度和过程，其对应的系统状态也称为非稳定模。少数的慢弛豫参量支配快弛豫参量，因此在系统的演化过程中应该重点分析慢弛豫参量产生的影响，忽略快弛豫参量的影响。在数学上，通过处理数量少的慢弛豫参量的演化方程即序参量方程，求解系统的演化规律。

役使原理是协同学理论框架中最重要的支柱，它适用在系统相变点附近，系统发生相变时所适用的规律。如果系统远离相变点时，系统的状态与快弛豫参量和慢弛豫参量都有关，要同时将这两个状态参量考虑进去。役使原理体现了相变时系统内子系统协同作用的特点，即由慢弛豫参量支配快弛豫参量形成协同作用。

（七）涨落

涨落现象既可能发生在系统的稳定状态也可能发生在系统所处的相变临界状态，它由于系统内部子系统的独立运动和环境条件的随机干扰，导致宏观参量在某一平均值附近上下波动。在系统的稳定状态时，系统的涨落负的比宏观参量小，而且衰减迅速，这些涨落并没有对系统的宏观状态产生影响；而当系统相变接近临界点时，涨落现象更加强烈，涨落的内容就是序参量，一旦超过某种阈值，就会发生相变。从随机论看，涨落是形成有序结构的动力，涨落是有序之源。涨落具有偶然性、混沌性和随机性等特征。

（八）竞争

竞争是协同的基本前提和条件，是系统演化的最活跃的动力，竞争的存在和结果则可能造成系统内部或是系统之间的更大差异——非均匀性和不平衡性。从开放系统的演化角度看，竞争一方面是系统远离平衡态的自动演化条件，另一方面推动了系统向有序结构的演化。

（九）协同

协同就是系统中诸多子系统的相互协调的，合作的或同步的联合作用、集体行为。协同是系统整体性、相关性的内在表现。

三、协同学的基本方法

协同学解决问题的基本思想是将高维的问题低维化处理，主要从总体上把握对象，重点研究各子系统如何以协调一致产生整体有序结构，其处理问题的方法

大致可以分为四个步骤:①

(1) 把具体问题"转化"为数学问题,即建立系统数学模型和相应的方程组。

(2) 对方程组在参考态附近进行线性稳定性分析,由此确定线性稳定性丧失的条件,并区分稳定模式和不稳定模式。

(3) 运用支配原理,消去快弛豫参量,得到系统演化的序参量方程(组)。

(4) 分析和求解序参量方程(组),并将所得结果与实验比较,以检验模型的正确性。协同学解决问题的一般步骤如图2-1所示。

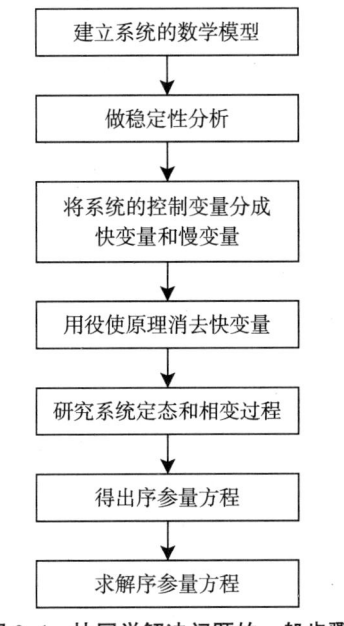

图2-1 协同学解决问题的一般步骤

第三节 企业并购理论

企业并购理论认为,企业并购是市场经济条件下企业资本经营的重要方面,也是现代经济生活中企业自我成长的一个重要内容,企业可以通过并购有效扩大

---

① H.哈肯.高等协同学[M].郭治安译.北京:科学出版社,1989:7-8.

生产经营规模，降低交易成本，实现资源合理配置，实现协同效应，并最终实现企业的增值和发展。

企业并购是指企业通过购买目标企业的股权或资产，控制、影响目标企业，以增强企业的竞争优势、实现价值增值。当前，并购已成为企业外部扩张与成长的重要途径之一。企业并购包括兼并和收购，是企业投资的重要方式。兼并又称吸收合并，通常是指两家或两家以上独立企业合并组成一家企业，一般表现为一家占优势的公司吸收其他公司的活动。收购是指一家企业用现金或者其他资产购买另一家企业的股票或者资产，以获得对该企业的全部资产或者某项资产的所有权，以便获得对该企业的控制权行为。并购实质上是各权利主体依据企业产权做出的制度安排而进行的一种权利让渡行为，通常在一定的财产权利制度和企业制度条件下实施，表现为某一或某一部分权利主体通过出让其拥有的对企业的控制权而获得相应的收益，而另一部分权利主体则通过付出一定代价而获取这部分控制权。因此，企业并购的过程实质上是企业权利主体不断变换的过程。中国企业的并购活动将很快迎来高潮，因此应予以高度关注。

一、企业并购的类型

（一）按行业相互关系划分

（1）横向并购，是指商业的竞争对手间的并购，是两个或两个以上生产或销售相同、相似产品的企业间的并购，其目的在于消除竞争、扩大市场份额，增加并购企业的垄断实力或形成规模效应。横向并购理论是基于第一次并购浪潮的出现而产生的，其代表性的理论有规模经济效应理论、协同效应理论和福利均衡理论。韦斯顿的协同效应理论认为，公司兼并对整个社会来说是有益的，它主要通过协同效应体现在效率的改进上，表现为管理协同效应和营运协同效应的提高。而威廉森则应用新古典主义经济学的局部均衡理论，对并购导致的产业集中和产业垄断与社会福利的损失进行了分析，提出了福利权衡模型。他认为，并购推动获得规模效益的同时，也形成了产业垄断，进而引起社会福利的损失，因此判断一项并购活动是好是坏的标准，取决于社会净福利是增加还是减少。

横向并购的优点是：可以迅速扩大生产规模，节约共同费用，便于提高通用设备使用效率；便于在更大范围内实现专业分工协作，采用先进技术设备和工艺；便于统一技术标准，加强技术管理和进行技术改造；便于统一销售产品和采购原材料等。

（2）纵向并购，是指与企业的供应厂商或客户的并购，即优势企业将与本企业生产紧密相关的前后顺序生产、营销过程的企业收购过来，以形成纵向生产一体化。第二次并购浪潮的发生推动了纵向并购理论的发展。代表性的理论有交易费用理论和生命周期理论。如科斯提出的交易费用理论从市场机制失灵和交易费用的角度，对并购的功能作了分析。他认为，企业和市场是两种可以互相替代的资源配置机制，交易费用是企业经营活动、发生交易等的成本，如果市场的交易费用很高，市场就不是一个有效的资源配置机制，而应由企业来完成，通过并购可以将外部交易费用内部化，从而降低交易费用。而乔治·斯蒂格勒则运用亚当·斯密的"劳动分工受市场规模限制"的原理提出了生命周期理论，认为一个产业的并购程度随产业的规模的变化而变化，并与产业的生命周期一致，新兴产业或产业发生的前、后期容易发生并购。

纵向并购的优点是：能够扩大生产经营规模，节约通用的设备费用等；可以加强生产过程各环节的配合，有利于协作化生产；可以加速生产流程，缩短生产周期，节省运输、仓储、资源和能源等。

（3）混合并购，是指既非竞争对手又非现实中或潜在的客户或供应商的企业间的并购。从第三次并购浪潮开始，就已经开始出现了跨国并购交易，一些经济学家开始研究跨国并购的问题，并产生了一些新的理论，如资源利用论、多角化理论、协同效应论等。尼尔森和梅里奇经过实证研究发现，当收购企业现金流比率较大而被收购企业该比率较低时，作为兼并收益近似值支付给被收购企业的溢价比率较高。穆勒建立了最全面的混合并购的管理主义解释，这种理论认为管理者往往采用较低的投资收益率，通过并购来扩大自己的声誉。

混合并购分三种形态：①产品扩张型并购，相关产品市场上企业间的并购。②市场扩张型并购，一个企业为扩大竞争地盘而对尚未渗透的地区生产同类产品企业进行并购。③纯粹的混合并购，生产与经营彼此间毫无相关产品或服务企业间的并购。

通常所说的混合并购指第三类纯粹的混合并购。主要目的是减少长期经营一个行业所带来的风险，与其密切相关的是多元化经营战略。由于这种并购形态因收购企业与目标企业无直接业务关系，其并购目的不易被人察觉，收购成本较低。

（二）按所处行业和业务相关性划分

（1）相关并购，是指并购双方所处的行业或业务存在相关或互补关系的并购。

（2）不相关并购，是指并购双方所处的行业或业务不存在相关或互补关系的并购。

（三）按出资方式划分

（1）现金购买资产式并购，是指并购企业使用现金购买目标企业全部或大部分资产以实现对目标企业的控制。

（2）现金购买股票式并购，是指并购企业使用现金购买目标企业的部分股票，以实现控制后者资产和经营权的目标。出资购买股票即可以在一级市场进行，也可以在二级市场进行。

（3）股票换取资产式并购，是指收购企业向目标企业发行自己的股票以交换目标公司的大部分资产。

（4）股票互换式并购，是指收购企业直接向目标企业股东发行收购企业的股票，以交换目标企业的大部分股票。

（四）按是否通过证券交易所公开交易划分

（1）要约收购，也称"标购"或"公开收购"，是指一家企业绕过目标企业的董事会，以高于市场的报价直接向股东招标的收购行为。标购是直接在市场外收集股权，事先不需要征求对方同意，因而也被认为是敌意收购。标购可以通过三种方式进行：第一种是现金标购，即用现金来购买目标企业的股票；第二种是股票交换标购，即用股票或其他证券来交换目标企业的股票；第三种是混合交换标购，即现金股票并用来交换目标企业的股票。

美国关于要约收购有特殊规定。收购企业直接向目标企业全体股东发出要约，承诺以某一特定的价格购买一定比例或数量的目标企业的股份。要约期满后，要约人持有的股票"低于"该公司发行在外股票数量的50%，则要约失败，但该要约人一般已经取得控制权；要约人持有的股票"高于"该公司发行在外股票数量的50%，则要约成功，目标企业成为要约人的子公司；要约人持有的股票不仅高于该公司发行在外股票数量的50%，且剩余股份数或未接受要约股东人数低于交易所的上市标准，导致该公司退市；要约人持有的股票不仅高于该公司发行在外股票数量的50%，且剩余股份数或未接受要约股东人数低于法律标准，导致该公司非股份化。

(2) 协议收购，是指并购企业不通过证券交易所，直接与目标企业取得联系，通过谈判、协商达成协议，据以实现目标企业股权转移的收购方式。一般属于善意收购。

对在国内外公司并购理论，依据不同的划分标准，还有很多不同的分类方式。按并购是否通过中介机构进行可划分为直接收购、间接收购等；按并购是否取得目标公司的同意与合作可划分为友好收购、敌意收购等；按是否利用目标公司本身资产来支付并购资金可划分为杠杆收购、非杠杆收购等；按并购双方在并购完成后的法律地位可划分为吸收合并、新设合并等；按并购企业对并购的态度可划分为主动式并购、被动式并购等；根据我国《关于企业兼并的暂行规定》可划分为购买式并购、承担债务式并购、吸收股份式并购、控股式并购等。

二、企业资源并购整合的模式

从组织行为学的角度分析，企业资源并购整合可以认为是企业与其竞争者、替代者或配套服务商等之间的资源并购整合行为，即企业在平等自愿、等价有偿的基础上，以一定的经济方式取得其他法人产权的行为。企业资源并购整合是企业资源系统进行资本运作和经营的一种主要形式，其产生的核心动力主要来源于企业资源作为一种资本而追求资本增值、扩张和持续竞争力等因素。

（一）企业战略资源的并购整合模式

战略资源是企业资源系统连接外部因素和内部因素的关键，是企业发展的地图。企业资源系统战略包含四种要素：市场范围、发展方向、竞争优势和管理。任何一项并购整合活动都只是企业长远战略的一个部分，企业的战略管理的一个重要目标是通过精心地组建关联、相互促进的企业组织来创造可持续的竞争优势。因此，企业资源并购整合作为其战略的一部分也必须朝着这个长远的战略进行。

1. 基于业务相关性的并购整合模式

根据高层管理人员对被并购整合方的熟悉程度，可将战略资源并购整合分为四种模式，这四种模式以战略学派关于并购整合各方的战略关联度为衡量标准，[①]如图2-2所示。该模式认为，物流企业管理制度层面的调整活动是最基本的并购

---

① 项保华，殷瑾. 购并后整合模式选择和对策研究 [J]. 中国软科学，2001 (4): 56-59.

整合工作,而是否进行物流经营业务和企业文化的并购整合工作,取决于并购各方经营业务相关性与企业文化状况。

模式一: 管理制度整合	模式二: 管理制度整合 组织文化整合
模式三: 管理制度整合 经营业务整合	模式四: 管理制度整合 经营业务整合 组织文化整合

图 2-2 组织文化—业务相关性模型

2. 基于核心能力的并购整合模式

基于核心能力的企业资源并购整合的内容必须围绕核心能力的构筑和培育展开,同时也必须综合考虑战略、文化、政治、心理等不同因素的影响,这些因素相互联系、相互制约,渗透在整个并购整合过程中,构成企业资源并购整合的重要内容。[①] 基于核心能力的并购整合模式可以分为核心层次并购整合、要素层次并购整合和功能层次并购整。核心层次并购整合围绕企业资源系统的战略资源和核心能力的构筑和培育展开,是企业资源系统并购整合的关键;要素层次并购整合围绕着独特技能、独特知识等独特资源展开,是核心层次并购整合的内在基础;功能层次并购整合围绕着组织管理、人力资源、企业文化、研究开发、市场营销、生产运作等内容展开,是企业资源系统并购整合的切入点。

3. 基于业务流程再造的并购整合模式

根据企业业务流程再造理论,并购整合失败率高的原因是由于在并购整合过程中没有先进的管理思想和科学方法为指导而在繁杂的并购整合工作中迷失了战略方向。采取以业务流程优化或改造来适当巩固和发展企业资源系统的文化、管理等软要素,能在一定程度上解决并购整合过程中的这些软要素随意性、无力性等问题。

---

① 魏江.企业购并战略新思维:基于核心能力的企业购并与整合管理模式 [M].北京:科学出版社,2002:181.

在并购整合过程中植入新的运作流程,使并购整合的焦点从并购整合双方的融合程度转移到并购整合各方的资源上来通盘考虑,不仅有助于物流企业在资源并购整合后业务流程的优化、重构、再造,而且"他山之石,可以攻玉",对物流企业的组织结构、人力资源和企业文化的快速彻底重塑起到了积极的作用。

基于业务流程再造的并购整合模式与基于核心能力的并购整合模式类似,前者以战略性资产的构筑为着力点,后者以业务流程的再造为依托,都是并购整合理论成果在具体实践中的运用。

4. 基于价值链的整合模式

基于价值链的企业资源并购整合是贯穿于价值链的物资流、信息流和资金流的重组、再造和增值的过程。基于价值链的企业资源并购整合模式是企业资源价值链内涵的扩展,具有政治、文化属性。① 并购整合中,企业资源的价值链整合远比单纯的技术性整合要复杂得多。根据对并购整合类型、被并购整合方的控制与协同效应的研究,基于价值链的企业资源并购整合模式分为财务控制、组织控制和行为控制等模式。实际应用中,可以根据实际情况采取相应的并购整合模式。

(1) 财务控制模式。财务控制模式主要是基于并购整合各方价值链的不同而采取的并购整合模式,即通过对被并购整合方财务指标考核控制,而管理团队等在并购整合后通常不发生变化,被并购整合方具有较大的独立经营自主权。这种并购整合模式最易于实施,但获得的协同效应水平较低。

(2) 组织控制模式。组织控制模式主要是基于并购整合各方价值链大致相同而采取的并购整合模式,即并购整合主体根据并购整合各方共同制定的战略、方针、政策,调整被并购整合方的管理层,使其遵循统一的战略、方针、政策或替换原有的管理层部分成员,但不直接干预被并购整合方的具体经营管理。由于实施中可能引起业务组合和核心人员的变动,这种并购整合模式具有一定的实施难度,会有一定的失败风险。

(3) 行为控制模式。行为控制模式主要是基于并购整合各方价值链不尽相同而采取的并购整合模式,即并购整合各方在战略、业务、制度和文化等方面的全

---

① 王玉国,崔永梅,陈刚. 基于价值链的并购后整合的研究.并购重组国际高峰论坛论文集 [C] //北京:中国国务院国有资产监督管理委员会、联合国工业发展组织编,2003:209-211.

面融合的模式。这种模式对并购整合新主体的组织变革最彻底，能够获得最佳的协同效应，但由于需要全面融合，实施风险和难度也最大。

三种基本的并购整合模式并不是孤立的，而是相互联系、相互支持的关系。组织控制模式必然需要一定的财务控制和战略控制；行为控制模式必然需要一定的财务控制和战略控制；财务控制也必然需要一定的行为控制和组织控制。

5. 动态多维并购整合模式

企业资源并购整合的动态多维整合模式是根据并购整合各方所处的外部环境和自身特点对上述并购整合模式的一种综合运用。企业资源并购整合模式实质上是并购各方各种功能力量（多维力量）的一种均衡值。① 因此，在现实的并购整合过程中，企业资源的核心管理者必须不断地权衡并购各方的功能力量，不断地修正并购整合计划，寻找最佳的切入点和融合点，运用合理的动态多维并购整合模式使并购整合后的新主体适应市场环境，发挥出协同效应。

（二）企业组织结构资源的并购整合模式

组织结构是在不同的时间和不同的环境下产生，并按照不同的轨迹和速率演进，在并购整合过程中有其历史依赖。其可能屈从于外界压力，或反抗外界压力，或者服从于某些压力，而反抗另外一些压力。因此，组织结构在同构的过程中保持一定的异构性是客观的现实。

1. 同构

同构是指在相同的外部环境下，一主体迫使另一主体采用其模式的约束性过程。企业资源的组织结构并购整合的同构模式是指并购整合方对被并购整合方采取与之相同的组织结构模式，达到组织结构的同构性。一般是横向吸收式的并购整合经常采用的模式。

2. 异构

异构是一主体在保留另一主体的结构模式基础上求同存异的组成统一体。在并购整合活动中，当并购整合方与被并购整合方处于不同的产业时，整体组织结构的边界将趋于模糊，加大了组织结构的异构性。对企业资源并购整合而言，异构的风险较大，操作不当有可能造成决策权和控制权的丧失；而对被并购整合方而言，异构是最容易接受的模式，可以保持自己的组织结构不变，因

---

① 吴颖. 并购后的整合模式与策略研究 [D]. 上海：华东师范大学，2004.

此，风险较低。一般在非相关保全的并购整合中较多地采用异构模式。

3. 融合

融合是介于同构和异构之间的一种重组模式，并购整合方与被并购整合方共同改变，共同进行组织结构的取舍、组合，最终形成新的组织结构。在并购整合过程中，并购整合各方都会丧失对自己一部分组织结构的控制权，同时获得对方一部分组织结构的控制权。因此，并购整合各方都会承受一定的风险。这种模式经常会使决策层感到在保持被并购整合方的独立与建立双方相互依存关系之间无所适从。一般在共生并购整合中较多地采用融合模式。

总之，并购类型不同，对组织结构的影响也是不同的，因此形成了不同的组织结构整合模式，如表2-1所示。

表 2-1 并购类型、组织结构变化与整合模式

特征与模式 并购类型	复杂性	规范性	集权型	组织并购整合模式
横向并购	增加	增加较多	增加	同构
纵向并购	短期不变 长期增加	增加较少	较少	短期异构 长期同构
相关并购	合并或部分合并的部门增加；保持独立部门不变	合并部门增加；保持独立部门短期不变，长期增加	合并部门增加较多；保持独立部门增加较少	融合
不相关并购	在高层级中增加	短期不变，长期增加	极小	异构

（三）企业文化资源的并购整合模式

在理论界，对企业文化并购整合绩效的影响研究由来已久。据 Coopers & Lybrand 会计咨询公司针对大量并购整合经验和教训所做的一项调查统计表明：在企业并购整合成功的贡献因素中，文化的优化组合排第三位；而在企业并购整合失败的决定性因素中，文化差异性位居首位。在全球范围内，并购重组的成功率只有43%左右，在失败的案例中，80%以上的直接或间接原因是文化整合的失败。[①]

企业文化包括力量型、角色型、任务（成就）型和个人（支持）型四种不同的类型，不同的企业文化具有不同的组织适应性，因此整合难度也不同，在具体

---

① 苏勇，杨戟勇. 资产重组与文化整合 [J]. 经济管理, 1998（7）: 37-38.

的并购整合实践中可根据具体情况采取不同的并购整合模式。从并购整合各方企业文化力的强弱和企业文化差异、企业文化距离的大小等角度出发,企业文化并购整合可划分为以下三种不同的模式:同化模式、隔离模式、融合模式。

1. 同化模式（Assimilation Mode）

这种模式一般是并购整合方的强企业文化以适当方式注入被并购整合方,使并购整合方的企业文化和价值观在被并购整合方内部扩散化、群体化。主要适用于并购整合各方企业文化强弱相差较大,而且弱企业文化的文化宽容度较大的情况。这种模式的优点在于整合过程中有一个强力型的核心企业文化起主导推动作用,整合速度较快,效果较明显。但这种自上而下的整合方式如果措施不得力,易受到被并购整合方的抵制和对抗,从而产生企业文化整合风险。

2. 隔离模式（Separation Mode）

这种模式一般是经过双向的渗透、妥协,形成包容双方企业文化要素的混合企业文化。主要适用于:①横向并购整合各方,其实力、规模和企业文化强弱相当,且是企业文化差异不大的相关型并购整合;②纵向与混合并购整合各方,其实力相当,但企业文化差异大、企业文化宽容度小。这种模式的优点在于有利于避免强烈的企业文化冲突,减少企业文化整合的阻力。但其缺点是由于并购整合双方势均力敌,双方的企业文化整合缺乏核心价值观的有力推动。

3. 融合模式（Integration Mode）

这种模式是居于上述两种模式之间的一种企业文化整合模式,较适合"强弱并购整合"和"弱弱并购整合"的情况。强企业文化在保持自身价值观体系相对稳定的基础上,也积极吸收弱企业文化的合理因素,使并购整合新主体企业文化更加完善、合理。这种模式的优点是立足实际,取人之长、补己之短,从而使企业文化整合的阻力和风险相对较小。

企业文化并购整合是并购整合方与被并购整合方双方的一种互动过程。一般情况下,并购整合方有自己的计划,但要取得良好的并购整合效果,必须考虑被并购整合方的认同,要根据实际情况选择相应的企业文化并购整合模式。

对并购整合方来说,采用何种企业文化并购整合模式都取决于它的企业文化宽容度。而对被并购整合方来说,其欢迎哪一种整合模式取决于其对原有企业文化的认同与否,以及对并购整合方企业文化的态度,不同的组合决定了其不同的偏好。从并购整合双方共同的角度来看,如果并购整合双方倾向于选择的企业文化整合模式比较一致，那么并购整合过程就会比较平稳，容易达成共识。如果有很大分歧，或者并购整合方根本就没有考虑对方的接受程度，那么就很容易在并购整合过程中激发矛盾，引发被并购整合方的员工的反感与抵制，最终导致并购整合失败。

（四）企业人力资源并购整合模式

人力资源是企业或组织的基本构成要素，其整合效率对并购整合的效果有决定性影响。[①] 根据并购整合各方人力资源的互补性和企业文化冲突的程度，人力资源并购整合模式可分四种模式：

1. 全面吸纳模式

全面吸纳模式是指并购整合方采取的一种以资源、制度等互补为目的的人力资源措施，对被并购整合方的人力资源进行全面的吸纳整合并进行管理的人力资源整合模式。

2. 选择性融合模式

选择性融合模式并购整合方在优化整合被并购整合方的人力资源时，对被并购整合方的人力资源所采取的选择性的人才挑选和整合改造的人力资源整合模式。一般采取先吸纳被并购整合方互补性强的人力资源，同时预防被吸纳人员和并购整合方人员间产生的矛盾的方式进行。适用于选择性融合模式的环境条件介于全盘吸收和全盘瓦解两种极端方式的中间状态。[②]

3. 选择性植入模式

选择性植入模式是并购整合方为了满足并购整合后新主体的规模扩大以及业务拓展需要，选择所需人力资源，直接植入被并购整合方的人力资源结构中，从而对被并购整合方现有人力资源结构进行数量补充的人力资源整合模式。适用选择性植入模式的环境情况也是介于全盘吸收和全盘瓦解两种极端方式的中间状态。

4. 全面瓦解模式

全面瓦解模式是指在并购整合各方的人力资源结构并不具备很好的互补性，且双方又存在着极大的环境和企业文化冲突的情况下，并购整合方对被并购整合方的人力资源采取的摒弃的人力资源策略。全面瓦解模式在人力资源并购整合过

---

① 鞠谧璐. 并购后企业人力资源整合模式研究 [D]. 南京：南京师范大学，2007：63-77.
② 刘小平. 企业并购中的人力资源整合 [D]. 沈阳：沈阳大学，2007：41-43.

程中是一种比较极端的做法。适用全面瓦解模式的环境状况是最差的，人力资源的互补性也是最弱的，而企业文化冲突又是最大的。

综上所述，无论对于何种形式的人力资源并购整合，保留被并购整合方的关键人才和管理骨干，对实现高效的人力资源整合和并购整合后新主体的运营管理都具有十分重要的意义。

第四节　粗糙集理论

粗糙集（Rough Sets）理论是由波兰科学家 Z.Pawlak 于 1982 年提出来的一种数据归纳推理的方法，它的基本思想是通过案例库的分类，归纳出概念和规则，通过案例的条件特征变量将案例库分类而形成概念，并通过生成的概念去研究目标特征，从而得到关联规则。[①] 最开始由于语言的问题，该理论创立之初只有东欧国家的一些学者研究和应用它，后来才受到国际上数学界和计算机界的重视。

一、粗糙集基本概念

（一）信息系统

定义 2.1　$S=(U, A, V, f)$ 是一个系统，可简记为 $S=(U, A)$。

其中，$U=(U_1, U_2, \cdots, U_n)$ 是对象集合，U 中的元素 $U_i(i \leqslant n)$ 称为对象。

$A=\{a_1, a_2, \cdots, a_n\}$ 为属性集，A 中的每一个元素 $a_i(m \leqslant 1)$ 称为一个属性。

$V=\bigcup\limits_{a \in A} V_a$，$V_a$ 为属性 a 的值域。

$f: U \times A \rightarrow V$ 是一个函数，它为对象的每个属性赋值，即 $\forall a \in A, u \in U, f(u, a) \in V_a$。

定义 2.2　若以 $U_i(i \leqslant k)$ 为 U 的子集，且 $U_i \neq \emptyset(i \leqslant k)$，$U_i \cap U_j \neq \emptyset(i \neq j)$，$\bigcup\limits_{i=1}^{k} U_i = U$，则称 $\{U_i | i \leqslant k\}$ 为 U 的划分。

---

① 范霄文. 基于粗糙集的定性数据分析方法研究 [D]. 厦门：厦门大学，2008：37—38.

定义 2.3 设 S = (U, A) 是一个系统，对于任意的 B⊆A，记
$R_B = \{(u_i, u_j) | f(u_i) = f(u_j), a \in B\}$

则 R_B 是 U 上属性 B 的等价关系。记 $[u_i]_B = \{u_j | (u_i, u_j) \in R_B\}$ 表示所有与 U_i 不可分辨的对象所组成的集合。如果 $(u_i, u_j) \in R_B$，则称属性子集 B 与对象 u_i 与 u_j 是不可识别的。等价关系将对象集分类 $U/R_B = \{[u_i]_B | u_i \in U\}$ 称为 U 上的划分，简记为 U/B。

定义 2.4 设 S = (U, A) 是一个系统，A = C∪D，C∩D = ∅，C 为条件属性集，D 为决策属性集，则决策系统记为 S = (U, C, D)，如果
$R_C = \{(u_i, u_j) | f(u_i) = f(u_j), a_1 \in C\}$
$R_D = \{(u_i, u_j) | f(u_i) = f(u_j), a_1 \in D\}$

若 $R_C \subseteq R_D$，则 S = (U, A) 为协调决策系统；若 $R_C \not\subseteq R_D$，则 S = (U, A) 为不协调决策系统。

（二）粗糙集

设给定一个系统 S = (U, A)，X⊆U 且 B⊆A，称 (U, R_B) 为近似空间。由 (U, R_B) 产生的等价类划分为 $U/R_B = \{[u_i]_B \subseteq X\}$。

定义 2.5 集合 X 关于 R_B 的下近似为：$B_{-}(X) = \bigcup_{U_i \in U} \{[u_i]_B | [u_i]_B \subseteq X\}$，也称为 X 的 $B_{-}(X)$ 正域，记为 $POS_B(X)$。

定义 2.6 集合 X 关于 R_B 的上近似为：$B^{-}(X) = \bigcup_{U_i \in U} \{[u_i]_B | [u_i]_B \subseteq X \neq \emptyset\}$。

定义 2.7 集合 X 关于 R_B 的边界定义为：$BN_B(X) = B^{-}(X) - B_{-}(X)$。
$NEG_B = U - B_{-}(X)$。依据以上定义可知，当且仅当 $BN_B(X) = \emptyset$，X 为 R_B 可定义集；当且仅当 $BN_B(X) \neq \emptyset$，X 为 R_B 不可定义集，即 X 为粗糙集。

（三）属性约简与核

属性约简是粗糙集理论的核心内容，即在保持系统分类不变的情况下，删除冗余变量。

定义 2.8 对于系统 S = (U, A)，如果存在最小子集 B⊆A 且 $U/R_A = U/R_B$，则属性子集 B 为属性集 A 的约简集，记为 red(A) = B。

定义 2.9 对于系统 S = (U, A)，$\{B_k | k \leq r\}$ 为 A 的所有约简集，记
$core(A) = \cap red(A) = \bigcap_{k \leq r} B_k$，core(A) 称为划分核心集，若 $a \in core(A)$ 称 a

为划分核心；

$K = \bigcup_{k \leq r} B_k - \text{core}(A)$，K 称为划分相对必要属性集，$a \in K$ 时称 a 为划分相对必要属性；

$I = A - \bigcup_{k \leq r} B$，I 称为划分不必要属性集，$a \in I$ 时称 a 为划分不必要属性。

二、粗糙集理论的研究方法及其应用

粗糙集算法一方面研究了粗糙集理论属性约简算法和规则提取启发式算法，如基于属性重要性、基于信息度量的启发式算法，另一方面研究和其他智能算法的结合，比如和神经网络的结合，利用粗糙集理论进行数据预处理，以提高神经网络收敛速度；和支持向量机 SVM 结合；和遗传算法结合；特别是和模糊理论结合，取得许多丰硕的成果，粗糙集理论和模糊理论虽然两者都是描述集合的不确定性的理论，但是模糊理论侧重的是描述集合内部元素的不确定性，而粗糙集理论侧重描述的是集合之间的不确定性，两者互不矛盾，互补性很强，是当前国内外研究的一个热点之一。

（一）粗糙集理论的研究方向

（1）利用抽象代数来研究粗糙集代数空间这种特殊的代数结构。

（2）利用拓扑学描述粗糙空间。

（3）研究粗糙集理论和其他软计算方法或者人工智能的方法相结合，如和模糊理论、神经网络、支持向量机、遗传算法等。

（4）针对经典粗糙集理论框架的局限性，拓宽粗糙集理论的框架，将建立在等价关系的经典粗糙集理论拓展到相似关系甚至一般关系上的粗糙集理论。

（二）粗糙集理论的应用领域

（1）临床医疗诊断。

（2）电力系统和其他工业过程故障诊断。

（3）预测与控制。

（4）模式识别与分类。

（5）机器学习和数据挖掘。

（6）图像处理。

（7）其他。

三、定性数据的粗糙集描述

对多维定性数据通常可获得以下结构形式的原始数据：

$$X = \begin{bmatrix} x_{11} & x_{12} & \cdots & x_{1p} \\ x_{21} & x_{22} & \cdots & x_{2p} \\ \cdots & \cdots & \cdots & \cdots \\ x_{n1} & x_{n2} & \cdots & x_{np} \end{bmatrix}$$

X 称为原始数据矩阵，$x_{ij}(i = 1, 2, \cdots, n; j = 1, 2, \cdots, p)$ 为第 j 个变量第 i 次观测值。为了对定性数据做进一步的分析，可用二维列联表加以处理，如表 2-2 所示。

表 2-2　二维列联表

X \ Y	Y_1　Y_2　$\cdots$　Y_c	Σ
X_1	p_{11}　p_{12}　$\cdots$　p_{1c}	$p_{1\cdot}$
X_2	p_{21}　p_{22}　$\cdots$　p_{2c}	$p_{2\cdot}$
$\vdots$	$\cdots$　$\cdots$　$\cdots$　$\cdots$	$\vdots$
X_r	p_{r1}　p_{r2}　$\cdots$　p_{rp}	$p_{r\cdot}$
Σ	$p_{\cdot1}$　$p_{\cdot2}$　$\cdots$　$p_{\cdot c}$	1

变量 X 与 Y 则形成了 $r \times c$ 类：$\{X_iY_j | i = 1, 2, \cdots, r; j = 1, 2, \cdots, c\}$。二维表实质上提供了以下的分布信息：

$$X : \begin{Bmatrix} X_1 & X_2 & \cdots & X_r \\ p_{1\cdot} & p_{2\cdot} & \cdots & p_{r\cdot} \end{Bmatrix} (\sum_{i=1}^{r} = 1)$$

$$Y : \begin{Bmatrix} Y_1 & Y_2 & \cdots & Y_c \\ p_{\cdot 1} & p_{\cdot 2} & \cdots & p_{\cdot c} \end{Bmatrix} (\sum_{j=1}^{C} = 1)$$

$$XY : \begin{Bmatrix} X_1Y_1 & X_1Y_2 & \cdots & X_rY_c \\ p_{11} & p_{22} & \cdots & p_{rc} \end{Bmatrix} (\sum_{j=1}^{C} \sum_{i=1}^{r} p_{ij} = 1)$$

在系统 S 中，若 $B \subseteq A$ 且对于 $u_i, u_j \in U(i \neq j)$ 属性 $X \in B$，有 $f(u_i, X) = f(u_j, X)$ 则称 u_i 与 u_j 关于属性子集 B 等价，R_B 表示对象集 U 由属性子集 B 对应的一个等价关系。

表 2–3 分类信息表

U/A	X_1 X_2 … X_P	F_1	P_1
U_1		f_1	p_1
U_2	T	f_2	p_2
⋮		⋮	⋮
U_k		f_k	p_k
∑		n	1

表 2-3 中，一个变量对应一个等价关系，一个表对应一簇等价关系分类。对于任意的变量子集 B⊆A，B 包含的变量越多划分越细，即当 $B_1 \subseteq B_2 \subseteq A$ 时，

$$U/A \leqslant U/B_2 \leqslant U/B_1$$

$$U/B = \prod_{X \in B} U/X$$

从分类信息中表，我们可以得到任意变量子集 B⊆A 等价关系 R_B 的频率分布：

$$R_B : \begin{Bmatrix} U_1 & U_2 & \cdots & U_k \\ p_1 & p_2 & \cdots & p_k \end{Bmatrix}, \quad \sum_{i=1}^{k} p_i = 1$$

U_i 是子集 B 等价关系 R_B 形成的等价分类。

四、定性数据的粗糙集运算方法

数据集都存在约简集，而约简集是使系统分类保持不变的最小属性集合。因此，约简集可以用来描述分类特征。① 属性约简实质就是通过辨识矩阵找到分类不变的最小属性集。

（一）辨识矩阵约简

变量约简实质就是通过辨识矩阵找到分类不变的最小变量集。

定义 2.10 设 S =（U，A，V，f）是一个信息系统，记 $U/R_A = \{[u_i] | u_i \in U\}$，$D([u_i], [u_j]) = \{X_l \in A | f_l(u_i) \neq f_l(u_j)\}$ 称 $D([u_i]_A, [u_j]_A)$ 为 $[u_i]_A$ 和 $[u_j]_A$ 的划分辨识集，称 $D = \{D([u_i]_A, [u_j]_A) | [u_i]_A, [u_j]_A \in U/R\}$ 为划分辨识矩阵。

定义 2.11 设 D 是信息系统 S =（U，A，V，f）的划分辨识矩阵，则 B 为分类变的最小属性集当且仅当对于任意 $[u_i]_A \cap [u_j]_A = \emptyset$，有 $B \cap D([u_i]_A, [u_j]_A) \neq \emptyset$。

---

① 刘清. Rough 集及 Rough 推理 [M]. 北京：科学出版社，2001：11–22.

(二) 基于信息熵的约简

从粗糙集理论看，分类冗余变量的消除就是变量的约简，也即寻找出使对象集分类不变的最小变量集合。我们可以直接采用粗糙集理论中的约简方法，通过确定变量辨识矩阵来进行变量的约简。但是，对于海量数据而言提高运算效率和消除"维数灾"一样重要，因此，在借鉴吸收粗糙集约简思路的基础上，本书采用信息熵来进行多维变量的约简。

设变量子集 B 等价关系 R_B 的频率分布为：

$$R_B : \begin{Bmatrix} U_1 & U_2 & \cdots & U_k \\ p_1 & p_2 & \cdots & p_k \end{Bmatrix}$$

可用信息熵来测度由变量子集 B 形成的等价关系 R_B 的不确定性。即

$$H(R_B) = \sum_{i=1}^{k} p_i \log_2(p_i)$$

如果分类不变，则信息熵就不变。因此，变量的约简也就转换为寻找信息熵不变的最小变量子集过程。

设有 p 维定性变量集 $A = (a_1, a_2, \cdots, a_p)$ n 次观测值，可利用信息熵找到分类不变的最小变量子集。

方法一：先计算等价关系 R_A 的信息熵 $H(R_A)$，然后分别计算等价关系 R_{a_i} 的信息熵 $H(R_{a_i})(i = 1, 2, \cdots, p)$，如果

$$H(R_A) = H(R_{a_m})(1 \leq m \leq p)$$

则 $\{a_m\}$ 即为约简集，其他 p-1 个变量可以被约简。如果

$$H(R_A) \neq H(R_{a_m})$$

则求

$$\max_{1 \leq i \leq p} H(R_{a_i}) = H(R_{a_m})$$

进一步计算变量 a_m 和其他 p-1 个变量两两组合形成等价关系的信息熵 $H(R_{(a_m, a_j)})(j = 1, 2, \cdots, p; j \neq m)$

如果有

$$H(R_A) = H(R_{(a_m, a_k)})(1 \leq j \leq p, k \neq m)$$

则得到约简集为 (a_m, a_k)，其他 p-2 个变量为冗余变量。反之，求

$$\max_{1 \leq j \leq p} H(R_{(a_m, a_j)}) = H(R_{(a_m, a_k)})(1 \leq j \leq p, k \neq m)$$

进一步计算变量 (a_m, a_k) 与其他个 $p-2$ 变量组成的三维变量子集形成的等价关系的信息熵,重复上述步骤,直到找到与 $H(R_A)$ 相等的 $H(R_B)$,则变量子集 B 即为约简集。

方法二:可以先计算出由 p 维定性变量集 A 形成的等价关系 R_A 的信息 $H(R_A)$,然后分别计算 $H(R_{A-(a_1)})$, $H(R_{A-(a_2)})$, $\cdots$, $H(R_{A-(a_p)})$ 的信息熵,如果 $H(R_A) = H(R_{A-(a_j)})$,则 $R_{A-(a_j)}$ 为分类不变的等价关系,可知变量 $a_i(1 \le i \le m)$ 是可被约简的,得到信息熵不变的变量子集。接下来再计算 $B = (a_1, a_2, \cdots, a_{i-1}, a_{i+1}, a_m)$,对于信息熵不变的等价关系,每去掉一个变量就计算其信息熵,直到找到使信息熵不变的最小变量集为止。

虽然两种方法可以得到相同的结果,但第一种方法通常的运算量要小于第二种。

第五节 国内外相关研究综述

本书从企业资源、企业并购整合和物流与供应链协同管理三个方面对前人的研究进行总结和评述,从中获取相应的观点和理论支持本书的研究。

一、企业资源研究综述

企业知识理论认为,企业成长的过程是一个动态的生产性知识积累和创新过程。专业化的生产分工,导致企业专业化的知识积累和创新的同时,也会有外部知识的吸收和学习。而外部知识的学习,导致企业生产性知识的多元化,生产性知识的多元化进而导致企业生产活动的多元化。国际化成长的过程也是一个动态学习的演进的过程,企业在国内多元化之后,随着企业活动的扩张,逐渐接触到国外的生产性知识和经验,经过学习和积累,企业逐步实现国际化成长。[1]

企业竞争优势的获取与维持是近几十年来战略管理理论研究的核心问题。为了更好地回答这个问题,不同学者从不同的研究视角,研究了竞争优势的根源及

---

[1] 周志太. 基于经济学视角的协同创新网络研究 [D]. 长春:吉林大学,2013.

其与竞争优势的作用机制以及竞争优势的持续性问题。这些研究为我们全面、深入地理解和分析竞争优势提供了很好的启示。然而，随着企业经营环境动态性日益加深，人们逐渐意识到，在战略管理研究中占主流地位的企业外生竞争优势理论，过窄地关注作为竞争优势和超额利润基础的特殊产品市场定位，忽视了这种特殊产品市场的实现和保护需要配置资源组合，从而导致了分析和管理上的一些问题。

为了更好地理解企业如何获取并维持竞争优势，在20世纪80年代中期出现的企业资源基础观（Resoure-Based View of the Firm，RBV），将早期战略文献从关注产业和竞争环境的外部分析转向关注企业独特资源和能力的内部分析。这一分析范式至今没有形成一个统一的理论体系。核心概念的差异性及概念之间关系的模糊性，不但不利于形成一个完整的将多种竞争优势内部分析范式整合起来的统一框架，而且很难让这种内部分析范式渗透到相关学科或者被不同的研究领域合理地应用。在动态而复杂的市场环境下，企业管理人员制定竞争战略时面临着越来越多的新挑战，现有战略理论已经不能完全满足企业管理实践的需要。企业迫切需要一种在超级竞争环境下创造与更新竞争优势的动态竞争战略分析方法。因此，必须对企业资源基础理论关于资源、能力、核心能力、知识以及动态能力等核心概念的论述，界定它们之间的关系，并在此基础上分析与评价建立在这些概念基础上的不同理论观点，最终对资源基础理论的演变路径进行重新定位。①

（一）企业资源理论综述

企业资源理论（Resource-Based Theory of the Firm）是战略管理研究领域的一个重要流派，主要讨论企业资源战略及其战略的核心主题——企业竞争优势的本质和边界，②是以企业资源观、能力观、知识观等为核心内容逐步发展起来的一个理论群集。企业资源理论的主要思想来源于 Penrose 的企业成长理论和 Nelson & Winter 的经济演化理论，经过 Wernerfelt、Barney 和 Peteraf 等的发展，现在已经成为理论界所认可的企业资源理论。沈波、徐升华（2008）认为，企业信息资源是一种战略资源，它具有价值性、稀缺性、难以模仿性和难以替代性等特

---

① 吴金南，刘林. 国外企业资源基础理论研究综述 [J]. 安徽工业大学学报（社会科学版），2011（6）：28-31.
② 胡杰武，张秋生. 并购背景下企业资源的分类与转移 [J]. 企业管理，2007（2）：109-117.

点。根据企业资源理论，战略资源是企业绩效差异的来源，企业信息资源具有战略资源的一般特性，因此通过企业信息资源优化配置将有效地提高企业的绩效水平。①野中郁次郎（1991）认为，在一个不确定是唯一确定因素的经济环境中，知识无疑是企业获得持续竞争优势和发展的源泉："当原有的市场开始衰落、新技术突飞猛进、竞争对手成倍增长、产品淘汰飞快的时候，只有那些持续创造新知识、将新知识传遍整个组织，并迅速开发出新技术和新产品的企业才能成功。而这种企业就是知识创新型企业，其核心任务是持续创新。"真正构成企业长期竞争优势的不是正式的系统化知识，而是组织中的超文本化的默认知识；企业竞争优势源泉是建立在知识资源基础上的特异性知识创新能力。②

在企业资源观方面，随着知识经济的发展，单靠传统的资源已经不能有效满足企业发展的需要，以知识资源、智力资源、社会资源等为代表的新资源正在企业的发展中扮演着越来越重要的作用，基于新资源观的企业资源管理实践正日益受到青睐。企业资源理论可追溯到1959年Penrose在其著作《企业成长理论》中提出的"企业是资源的集合体"的命题，这一命题为企业资源理论的形成和发展奠定了研究基础。Wernerfelt在1984年发表的《企业资源观》提出了企业资源位势障碍的概念和"资源—产品矩阵"的分析工具，从资源的角度分析战略选择问题，是企业资源理论的标志性经典文献。陈静静（2014）通过分析小微企业对政策、资金、技术、市场管理知识等资源的获取和利用存在着诸多弊端，构建以服务型政府、资金、产学研联合、服务创新平台、友好合作关系及科学化内部管理为主导的政策、知识、信息等资源的交互机制，为更好地促进小微企业的发展提供理论指导。③宋海燕（2014）在总结已有关于盈利模式类型研究的基础上，从企业资源观Resource-Based View（RBV）的角度提出了企业盈利模式创新的类型及路径。④张昊（2014）在企业资源视角下梳理和分析了国外关于突破式创新的相关文献，概括出突破式创新的基本属性，总结了企业内部影响突破式创新驱动要素——战略导向、高层管理者、组织结构、跨部门因素，并归纳突破式创新驱

---

① 沈波，徐升华.企业信息资源配置、组织变革与企业绩效——基于结构方程模型的实证研究[J].信息系统学报，2008（2）：48-58.
② 朱向梅，李彦华.产学研知识创新网络研究[M].北京：兵器工业出版社，2009.
③ 陈静静.小微企业资源交互机制与服务创新关系研究[J].企业改革与管理，2014（2）：106-107.
④ 宋海燕，曾琳希.企业资源观视角下的盈利模式创新[J].统计与决策，2014（7）：172-174.

动模型对于国内产品创新研究的启示。①

张玲（2014）通过对资源配置和环境的分类与刻画，将绩效划分为市场绩效和财务绩效；在此基础上，研究资源配置和环境对企业绩效的直接效应，并检验环境对资源配置各维度与绩效关系的调节效应。结果表明，财务资源配置对绩效有正效应，人力资源配置、产销配置、研发支出对绩效有负效应；环境作为解释变量显著影响企业绩效；调节效应检验中，动态环境对资源配置与绩效关系调节作用显著，而环境竞争性只对资源配置与财务绩效关系有显著调节作用，对资源配置与市场绩效关系的调节作用不显著。②张雄辉（2013）通过对电子商务企业的资源竞争风险进行研究，发现电子商务企业的竞争风险主要有人力资源竞争风险、客户资源竞争风险以及资金资源竞争风险。通过合理的风险评估机制，可以较为有效地预防风险的产生，从而为电子商务企业的运营提供有力保障。③勾丽（2013）以产业集群作为研究情境，从资源整合的视角出发，将企业资源整合过程解构为三个方面：资源协调、资源选择和资源重构。同时，与非集群企业进行对比，归纳出集群企业资源整合的独特表现形式。最后，深入剖析了集群企业资源整合与成长绩效之间的作用机制。④

在企业能力观方面，企业能力发展的路径依赖效应使得企业在断裂式技术频繁发生的间断性平衡环境中表现出"核心刚性"。单纯强调能力积累而忽视能力替代与更新的企业会从环境的选择中衰退和消亡。企业须在强调外界环境敏感性，企业家能动作用和"探索式"学习中改变企业的路径依赖效应。间断性平衡中的能力观应当为"能力积累—刚性超越—新能力积累"的动态循环发展过程。⑤Grant（1991）认为，企业能力也是企业的一种资源，可以通过企业的标准职能进行分类、识别与评价。⑥Barney（1991）认为，持续竞争优势来自于企业所控制

---

① 张昊，王世权. 企业资源视角下突破式创新的内部驱动因素研究进展与未来展望[J]. 商业经济与管理，2014（4）：42-48.
② 张玲，刘艳彬. 环境约束条件下企业资源配置对绩效的影响[J]. 软科学，2014（2）：66，69，73.
③ 张雄辉. 电子商务企业资源竞争风险的评估与控制研究[J]. 电子商务，2013（2）：18-19.
④ 勾丽，周翼翔. 产业集群情境下企业资源整合过程研究[J]. 改革与战略，2013（9）：106，108，124.
⑤ 姜晨，谢言纪，刘汉民. 间断性平衡中的企业能力观[J]. 工业工程与管理，2007（6）：30-34.
⑥ Grant R. M. The Resource-based Theory of Competitive Advantage: Implications for Strategy Formulation [J]. California Management Review, 1991, 33（3）：114-135.

的资源与能力,能力具有有价值的、稀缺的、不可模仿的、不可替代的特点。[1]而 Teece、Pisano & Shuen 建立了在变化环境中取得竞争优势动态能力分析框架和方法。[2] Prahald、Hamel 认为,核心竞争力是企业资源,企业竞争优势的根源是核心竞争力。[3] 赵炜认为,以动态能力理论为基础,主要沿着 Teece、Pisano 等人明确提出的"动态能力"战略框架,对定位、路径、过程三个部分进行比较分析,认为在动态环境下若以上述等人提出的动态能力战略框架定义动态能力建设,在定位、路径、过程三者中,内部存在着较为明确逻辑性,应以定位为基础,辅以清晰的路径分析,企业方能探索能够获取持续竞争优势的"过程"。[4]

马鸿佳(2014)对创业企业的过程观、独特性技能进行了梳理。探究了创业能力和动态能力与竞争优势之间的关系以及创业者创业年限对它们之间关系的作用机理,得出如下结论:在没有调节因素时,创业能力和动态能力均与新创企业竞争优势呈现正相关关系;在创业者拥有企业年限这一调节变量时,样本被分为"6年以下"和"6年以上"两组,对于6年以下的企业,只有创业能力与新创企业竞争优势呈现正相关关系,而动态能力对企业竞争优势作用不明显;对于6年以上的企业,只有动态能力对提升企业竞争优势起到了主要作用,而创业能力对企业竞争优势的作用不明显。[5]

高德华(2013)将复杂适应系统理论引入企业能力的研究领域,通过对企业能力与企业能力系统概念的界定,提出当前复杂动态环境下的企业能力系统在本质上属于复杂适应系统,并对其复杂适应性特征进行了分析。在此基础上,遵循"环境—规则—主体"(ERA)的体系架构,给出企业能力系统分析的基本框架,为构建企业能力系统基于主体的仿真模型提供理论上的依据。最后,结合 JES 仿真平台对该分析框架的应用研究做了简要探讨,为借助于计算机工具对复杂动态

---

[1] Barney J. B.. Firm Resources and Sustained Competitive Advantage [J]. Journal of Management, 1991 (17): 99-120.

[2] Teece D. J., G. Pisano and Shuen, A. Dynamic Capabilities and Strategies Management [J]. Strategies Management Journal, 1997, 18 (7): 509-533.

[3] Prahalad C. K. and G. Hamel. The Core Competence of the Corporation [J]. Harvard Business Review, 1990 (May-June): 79-91.

[4] 赵炜. 动态能力战略观下企业战略转型的思考 [J]. 科协论坛(下半月), 2011 (6): 140-141.

[5] 马鸿佳,董保宝,葛宝山. 创业能力、动态能力与企业竞争优势的关系研究 [J]. 科学学研究, 2014 (3): 431-440.

环境下的企业能力进行仿真分析和研究提供了一种新的思路和方法。①

高德华（2013）基于企业能力提升的视角，分析资源型产业转型升级过程中面临的难题，从研发创新能力、市场营销能力和人力管理能力三个方面提出了资源型产业转型升级的路径选择。通过研究发现，基于能力提升的视角选择正确的转型升级路径能够帮助资源型企业提升产品附加值、获取更佳的营销效果、积累丰富的人力资本，从而获得可持续的发展。②杨卓尔（2013）基于制度理论和资源依赖理论，将企业社会网络细分为垂直联系、水平联系和政治联系三个维度，探讨其对于企业技术能力和技术商业化能力的非线性作用机制。通过对404家中国企业的调研数据分析，发现垂直联系与企业技术能力和技术商业化能力均呈倒"U"形关系；水平联系与企业技术能力呈倒"U"形关系，而与企业技术商业化能力呈正"U"形关系；政治联系与企业技术能力和技术商业化能力均呈倒"U"形关系。所有的假设都得到了实证检验的支持。论文在充分肯定企业管理者联系对于企业资源积累、能力培育方面的积极作用的同时，也探讨并检验了不同类型的联系对于企业能力提升的潜在约束。论文的理论探讨和实证检验拓展了管理者联系研究的理论边界，并为企业的管理实践提供了更具针对性的理论依据。③

企业资源学派和企业能力学派是20世纪80年代以来两个具有广泛深远影响的企业战略理论学派，两种理论由企业成长的能力理论演化而来。它们为企业战略管理的分析提供了新的分析视角，补充了产业结构分析和企业内部分析。孔霞（2013）从企业资源学派和企业能力学派的起源出发，对两者在理论上的分歧进行比较，并进行思考和评述。④

陈艳艳（2013）以企业网络理论和企业能力理论为基础，通过对268家知识密集型服务企业问卷调查，运用结构方程模型，对知识密集型服务企业网络位置、组织学习和企业能力之间的关系进行实证研究，结果表明中心度对企业能力有显著的直接影响，组织学习在中心度对企业能力的影响中发挥部分中介作用，在结构洞和弱关系对企业能力的影响中发挥完全中介作用。企业应重视网络位置

---

①② 高德华，邓修权，白冰. 复杂动态环境下的企业能力系统研究：一个基于主体的仿真分析框架[J]. 系统科学学报，2013（2）：78-81.
③ 杨卓尔，高山行，高宇. 分维度企业社会网络对企业能力作用机制研究——基于异质性探讨[J]. 科学学研究，2013（10）：1553-1563.
④ 孔霞. 企业资源学派与企业能力学派的分歧[J]. 合作经济与科技，2013（7）：28-29.

建设，提升组织学习机制，强化网络位置的利用效率，提高企业能力。[1]

李英（2013）从企业和消费者两个视角探索影响高新技术企业产品成功的关键因素，从企业内部组织控制、技术创新、团队水平、企业外部的资源、财务、政策等角度探索，力求提出可促进高新技术产品成功对策与建议。[2] 林一帆（2013）认为1937年科斯发表《企业的性质》一文，开启了打开新古典企业理论的"企业黑箱"以来，越来越多的企业理论开始从企业内部探索企业的性质、本质以及边界，企业能力理论便是其中之一，认为企业不是单纯的"生产函数"，能力决定了企业边界。[3]

在企业知识观方面，企业知识观（the Knowledge-based Views of the Firm, KBV）则认为知识是企业所拥有的最具战略重要性的资源（Grant, 1996）和竞争优势的重要资源（Nonaka, 1991; Soender&Grant, 1996）。[4] Das、Teng 认为，企业资源分为以产权为基础的资源和以知识为基础的资源，并指出以知识为基础的资源包括技术、技能和管理等"默知性的知识"。[5] Grant 认为，知识是最重要的生产性资源、能力整合且依赖于所整合知识的范围的知识观的框架。[6]

周全（2014）通过对相关文献的归纳提炼，按照时间顺序探讨了企业知识观演进的四个典型阶段，包括追求组织绩效的行为知识观，注重竞争态势的战略知识观，运用信息技术的系统知识观，强调推陈出新的知识创造观。由此提出我国企业应构建动态的知识观来推动自身发展和增加对社会的贡献，学界则通过结合实际的理论研究促进企业知识观创新进展。[7] 李柏洲（2014）通过深度访谈，运用扎根理论研究方法，构建基于WSR的企业知识转移风险研究框架，提炼影响知识转移风险的六个主范畴：知识特性、知识转移过程、知识发送方、知识接收方、主体距离、主体关系，并对核心范畴与主范畴间关系、主范畴间的相互作用

---

[1] 陈艳艳，颜红桂. 知识密集型服务企业网络位置、组织学习与企业能力的关系研究［J］. 科技管理研究，2013（19）：106-110.
[2] 李英，夏芳，金鑫. 企业能力对新产品成功的影响［J］. 中国集体经济，2013（28）：41-42.
[3] 林一帆. 基于知识视角的企业能力理论［J］. 科技创业月刊，2013（12）：183-185.
[4] 芮明杰，刘明宇，任江波. 论产业链的整合［M］. 上海：复旦大学出版社，2006.
[5] Das T. K., Teng Bing-sheng. A Resource-Based Theory of Strategic Alliances［J］. Journal of Management，2000，26（1）：31-61.
[6] Grant R. M.. The Knowledge-based View of the Firm: Implications for Management Practice［J］. Long Range Planning，1997，30（3）：450-454.
[7] 周全，顾新. 企业知识观演进研究［J］. 情报理论与实践，2014（2）：22，30，27.

进行阐释，最后进行理论饱和检验，提出相应的控制策略。①

陈素鹃（2014）知识型企业逐渐取代传统工业企业成为推动社会发展的主要动力，通过对其状态系统演化的动力分析可以促进知识型企业的发展。论文在分析了影响知识型企业知识状态系统演化的外部因素的基础上，研究了诸多外部动力对知识状态系统演化的作用机制。②

贺楠楠（2014）企业的知识和创新能力是企业持续性竞争优势来源的重要组成部分，企业知识是企业创新能力的驱动力，企业创新能力体现企业知识的价值。基于企业知识基础论的视角，构建企业知识与企业创新能力相结合的管理模式，要求企业要创建积极的学习型组织，营造积极的学习氛围，明确组织成员角色定位，鼓励创新意识，将开拓性学习融入到企业整体工作计划中，以突破传统观念，拓宽自身发展路径，提升企业的创新能力，增强企业竞争优势。③

党兴华（2014）在资源依赖理论的基础上，界定和分析技术创新网络中企业知识权力的概念内涵和构成特性，构建网络中企业知识权力测度模型并对模型进行推导分析。研究结果表明：技术创新网络中企业知识权力受企业间知识结构依赖和知识过程依赖所影响。④

周可（2014）认为以知识为基础的技术能力是科技型新创企业的核心竞争力，因此，知识如何转化为技术能力是影响科技型新创企业成长的关键因素。运用仿生学原理构建科技型新创企业知识转化影响因素的三维度结构模型，即转化环境、转化基因和转化潜力，能够实现对科技型新创企业知识转化进行系统性评价。实证结果表明，基于三维度的知识转化模型是一个多要素共同作用的复杂过程，该模型能够为科技型新创企业知识转化研究提供理论支持。⑤

何玉荣（2014）在优化可行的基础上，采用AHP法确定各团队成员知识的重要性，借助李珈所提出的经济效益模型，结合制造业的特点修正模型，使得每个参与员工自身效益和企业效益均达到最大化。面对日益巨型化的知识资源，制

---

① 李柏洲，徐广玉，苏屹. 基于扎根理论的企业知识转移风险识别研究 [J]. 科学学与科学技术管理，2014（4）：57-65.
② 陈素鹃. 知识型企业知识状态系统演化的外部动力分析 [J]. 当代经济，2014（2）：150-151.
③ 贺楠楠. 基于企业知识基础论视角的企业创新能力研究 [J]. 商业经济，2014（3）：45-46，97.
④ 党兴华，刘立. 技术创新网络中企业知识权力测度研究 [J]. 管理评论，2014（6）：67-73.
⑤ 周可，徐玉梅. 基于仿生学视角的科技型新创企业知识转化影响因素研究 [J]. 情报科学，2014（4）：63-67.

造型企业中的知识型组织如何对已有"信息烟雾"进行数据挖掘而发现知识,并通过项目团队组织的知识共享获取自己需要的知识资源,实现知识转化及共享,达到企业与员工"双赢",并将其转化为生产力,成为组织生存和发展的核心能力。①

苏世彬(2013)分析企业满足消费需求时四种知识创新策略,并在对企业四种知识创新策略时所耗用的成本和所获得的收益进行了建模与分析,在此基础上以企业不采取知识创新策略为基准,得出企业在不同条件下知识创新策略选择。②

在企业资源论的发展过程中,该领域的不同学者根据不同的研究目标,对企业资源进行不同的定义和分类,如表2-4所示。

表2-4 企业资源定义及分类

国内外学者	企业资源定义	企业资源分类
Wernerfelt	任何可以被看成是构成某特定企业优势或劣势的东西,更确切地说,在某给定时刻企业资源可以被定义为那些非永久性附属于企业的资产	有形资产、无形资产
		固定资产、蓝图、文化
Dierick, Cool	是组成企业的基本要素及基本要素之间关系等的统称,即能够创造企业价值的要素及其组合关系的总称③	将资源分为流量资源和存量资源
Barncy	在企业中,不是所有的资本都是与战略相关的资源。企业资源是一个企业的物质、人力、组织资本中的那些能使一个企业制定和执行提高其效率和效益的东西	物力资本资源、人力资本资源和组织资本资源
Grant	认为资源和能力是不同的概念,资源是生产过程的要素投入:资产设备、专利、品牌和雇员的技能、资金等,其本身很少有生产性	财务资源、物力资源、人力资源、技术资源、声誉和组织资源
Amit, Schocmaker	是企业拥有或控制的要素,在一定的机制下,通过与其他资产的结合使用,可以转化成最终产品或服务上④	资源和能力,包括可交易的专有技术(如专利和许可)、财务或者物质资产(如产权、工厂和设备)、人力资本等
项保华	资源一般指的是那些能够由管理者所完全掌控的外显、静态、有形、被动的"使役对象",并将核心资源看做是种存量	按资源本身及资源与企业竞争优势的关系对企业资源进分类,分为资产、能力

---

① 何玉荣,张鑫. 基于数据挖掘的企业知识共享激励模型与求解 [J]. 湖南社会科学,2014 (2):163-167.

② 苏世彬. 企业知识创新策略选择研究 [J]. 中国管理科学,2013 (S1):177-182.

③ Dierickx L.and K. Cool. Asset Stock Accumulation and Sustainability of Competitive Advantage [J]. Management Science,1989 (35):1504-1510.

④ Amit R.,P. J. H. Schoemaker. Strategic Assets and Organizational Rent [J]. Strategic Management Journal,1993 (120):34-45.

续表

国内外学者	企业资源定义	企业资源分类
张金鑫	企业资源理论是以资源观、能力观、知识观等为核心内容逐步发展起来的一个理论群集,这三种观点内在实质是一致的[①]	根据资源转移的难易程度,将资源分为资产、能力和文化
苏敬勤,王鹤春	总结中外企业资源论的各种观点,企业是资源组成的集合,企业的竞争优势源于企业所拥有的内部异质性资源[②]	按企业资源本身属性分为有形资源、企业家资源与无形资源三类;按从是否从属于人分为从属于人的资源和不从属于人的资源;按企业资源与竞争优势的关系分为关键性资源与非关键性资源

资料来源:作者通过对企业资源相关文献整理所得。

从中外企业资源理论及相关理论文献看,中外学者试图通过资源的形态、"资源—竞争"的关系及"资源—人"的关系三个维度,从转移、适配等多个视角,对企业资源进行定义分类,但由于理论出发点和目的各不相同,因此企业资源理论在企业资源的定义与分类上并未达成共识,相关论点、成果层出不穷。本书也尝试从系统论的角度提炼企业资源理论一些共性的元素,作为本书进行物流企业资源系统并购整合分析的理论依据:一是资源是构成企业系统的要素,即如果把企业看做一个系统或一个大系统的子系统,那么企业是资源的构成体,资源规模、资源结构是其最主要的两个方面,具有独占性、开放性、动态性、可转移交换性等特点;二是企业资源是企业的系统功能构成和执行要件,可根据企业系统具体功能不同对其定义和分类,从这个意义上说,企业资源具有一定的层次;三是企业资源在共享、转移、交换过程中存在匹配、损失、协同的问题,即企业资源的重构会导致原有系统结构的失衡,并导致企业资源使用效率和资源价值的增长或损失。

(二) 物流企业资源整合研究

资源整合是企业战略调整的手段,也是企业经营管理的日常工作。整合就是要优化资源配置,就是要有进有退、有取有舍,就是要获得整体的最优。在我国物流服务市场基本上还处于分散、割裂、封闭和无序竞争状态的情况下,对那些已经或将要把未来发展战略目标定位于物流解决方案供应商的传统仓储和运输等企业来说,资源整合是非常关键的事情。在战略思维的层面上,资源整合是系统

---

① 张金鑫. 并购双方资源匹配战略分析 [M]. 北京:中国经济出版社, 2006: 29-37.
② 苏敬勤, 王鹤春. 企业资源分类框架的讨论与界定 [J]. 企业管理, 2010 (2): 158-161.

论的思维方式。就是要通过组织和协调,把企业内部彼此相关但却彼此分离的职能,把企业外部既参与共同使命又拥有独立经济利益的合作伙伴整合成一个为客户服务的系统,取得整体规模效益的效果。在战术选择的层面上,资源整合是优化配置的决策。就是根据企业的发展战略和市场需求对有关资源配置与客户需求的最佳结合点。目的是要通过组织制度安排和管理运作调来增强企业的竞争优势,提高客户服务水平。客户资源整合包括:①物流服务,诸如承运人管理、货运组织调度、配送中心管理、物料回运管理、配送中心设计、信息流管理以及物流规划设计等;②客户资源,主要是指根据客户价值为其提供判别化的产品和服务,并努力与客户建立长期合作的战略伙伴关系;③老客户,物流企业客户资源整合的重点,客户资源整合,说到底是为了争取客户扩大市场份额,但是物流企业的"客户投资"与我们通常所了解的固定资产投资和研发投资不同。

所谓物流服务能力资源既包括物流服务所需的有形的实体资源,如必要的仓储设施和运输设备等,又包括物流服务所需的无形的技能资源,如货运组织方式和存货控能力等,还包括物流服务的知识资源,如拥有丰富的物流管理知识和对具体产品的物流运作具有透彻的了解等,更包括一个有效的物流管理团队等。但目前在物流企业能力资源整合方面所出现的偏差是:过于看重有形的实体能力资源的建设,却忽视无形的组织管理能力资源的建设,忽视无形的组织管理能力资源的整合。最典型的就是在缺乏充分的经济技术环境依据的情况下,甚至在还没有搞清楚物流管理的科学意义的情况下,大搞所谓的"物流园区"、"物流基地"、"物流枢纽"的建设。

目前,就物流市场发展的实际情况看,发达国家物流企业的能力资源整合方式,主要表现在通过推出新的服务产品和建立广泛的战略联盟来建立和完善物流服务网络。以物流服务创新来整合能力资源有效地避免仅仅为了"做大"所进行的整合和整合以后的貌合神离。所谓"1+1>2"的协同效应部分就源于物流服务创新。

电子商务时代将使传统的物流与商流、信息流重新整合。物流企业通过构建现代物流中心、信息中心这一全新的现代物流体系,使商流、物流和信息流在物流信息系统的支持下实现互动,从而提供准确和及时的物流服务。

目前,对物流企业资源整合的研究主要集中在三个方面:①从政府的角度整合全国或某地区的物流企业资源,实现物流资源的优化配置和高效使用;②从供应链角度,特别是物流服务供应链的角度研究物流企业资源整合的方向、内涵、

第二章 理论基础与研究回顾

模式、方法和绩效评价等；③从物流企业内部系统的功能和结构讨论物流企业内部资源的优化整合，包括物流管理、物流技术、物流信息、客户资源、物流网络、物流流程等的整合思路、模式和绩效评价。

董千里（2002）针对我国第三方物流经营分散、低水平重复建设严重等现象，阐述第三方物流概念和运作类型，分析第四方物流引进的原因与第三方物流面临的挑战，提出提升第三方物流资源整合力的重要性和实现途径，论证信息技术、动态联盟和虚拟经营是提升第三方物流整合力的关键因素。① 成耀荣（2004）认为集成和优化是进行物流资源的整合主要方法，提出了降低物流成本和改善物流的服务水平，是进行物流资源整合时需要同时考虑的两个方面。同时指出物流资源整合是将原本相互联系却被分割开来进行管理的各种物流活动重新整合为一个整体，包装、保管、运输、仓储等原本是一些相互联系紧密的活动。② 舒辉（2004）认为现代管理理念、客户资源、能力资源、信息资源和物流流程等方面，对现代物流资源整合所需要解决的问题进行探讨。③

江红（2004）针对我国物流系统资源存在的问题，认为进行物流系统资源整合是必要的，并从物流系统客体资源和物流系统主体资源两方面出发进行具体分析。④

梁娟（2006）根据国内外物流企业资源整合和核心能力的研究状况，传统储运企业就需要对自身的资源和外界资源进行整合，实现资源转换的最大化，形成并发展核心竞争能力，并认为资源整合和核心能力是企业成功转型的关键。⑤

鲍务英（2006）认为物流管理的发展大致经历了三个阶段：职能管理阶段、内部一体化（企业物流一体化）阶段和外部一体化（供应链一体化）阶段的基础上，指出整合物流资源是发展现代物流之关键。⑥

李明文（2007）针对我国第三方物流企业规模偏小，功能单一，服务水平不

---

① 董千里，国强，江红．第三方物流发展的问题与对策研究［J］．交通运输系统工程与信息，2002，2（3）：61-65．
② 成耀荣．浅论物流资源整合［J］．物流技术，2004（3）：14-15．
③ 舒辉．论现代物流的资源整合［J］．郑州航空工业管理学院学报（管理科学版），2004，22（4）：86-88．
④ 江红．物流企业资源整合方向研究［D］．西安：长安大学长安大学，2004．
⑤ 梁娟．传统储运企业向现代物流企业转型的策略研究——基于资源整合和核心能力［J］．物流科技，2006，29（3）：1-3．
⑥ 鲍务英，应明幼．供应链一体化时代的物流资源整合［J］．北方经济，2006（10）：60-61．

高现状,把第三方物流企业资源整合细分为企业内部资源整合和企业外部资源整合,其中企业内部资源整合包括能力资源整合、客户资源整合、信息资源整合,并提出企业外部资源整合的途径是建立物流战略联盟。① 王丹、赵旭等(2007)认为,在给出交通运输系统资源整合的含义后,构建了交通运输系统资源整合效果评价指标体系,并参考其他领域的模糊评价模型,建立了交通运输系统资源整合效果评价的模型,并对中国 2002 年的交通运输系统资源整合的效果进行了实例计算。② 李光峰(2008)认为,我国物流企业的整合模式除了传统的实体整合外,物流企业的资源整合要采取虚拟经营的模式。③ 王玉勤(2009)认为,针对我国物流资源的发展现状,认为物流资源是支撑和完成物流作业所需要的一切有形资源和无形资源的集合,分为软件资源和硬件资源两个方面,软件资源主要包括企业资源、信息资源和制度资源等,硬件资源主要包括物流基础设施和物流装备等。④

顾福珍、李岩(2009)认为,通过模糊语言变量对难以量化的评价指标进行评分,采用数量化技术对指标进行标准化处理,运用 AHP 法确定各指标权重系数,使用线性加权计算模糊总得分,可以实现对物流企业资源整合模式实施效果的判断与评价。⑤ 王晓立、马士华(2010)认为,以最大化供应链总体满意度和最小化服务集成商物流本为目标,通过满意度函数建立了多目标优化模型带软时间窗约束模型,可对供应链物流周期优化结果进行评价,并可解决多级供应链物流服务资源整合问题。⑥ 余朋林(2012)分析了中国第三方物流企业的现状及其并购整合的原因背景,对第三方物流企业并购整合的必要性进行阐述,分析并购整合时应遵循的原则、整合的模式选择以及并购整合后的经济效应,并指出并购整合中应该注意的问题。⑦ 林晓伟(2013)以系统理论、协同理论为理论依据,在分析物流企业资源的概念和物流企业的自组织演化过程的基础上,介绍了物流企业资源并购整合动因和模式,并从微观角度入手,阐述物流企业在资源并购整

---

① 李明文. 第三方物流企业的资源整合 [J]. 商场现代化, 2007 (7): 106-107.
② 王丹, 赵旭, 杨赞. 交通运输系统资源整合效果评价. 大连海事大学学报(社会科学版), 2007, 6 (3): 62-65.
③ 李光峰. 基于虚拟经营物流企业资源整合研究 [D]. 北京: 北京信息科技大学, 2008.
④ 王玉勤. 论物流资源聚集 [J]. 物流科技, 2009 (12): 6-8.
⑤ 顾福珍, 李岩. 物流企业资源整合模糊综合评价研究 [J]. 黑龙江工程学院学报(自然科学版), 2009, 23 (1).
⑥ 王晓立, 马士华. 多级供应链服务时间窗下物流资源整合优化 [J]. 系统工程, 2010 (12): 1-5.
⑦ 余朋林, 梅巧萍. 第三方物流企业资源并购整合研究 [J]. 中国市场, 2012 (15): 44, 46, 80.

合各个相变过程中协同管理内容和层次，为中国本土物流企业进行物流资源并购整合活动提供相应的理论依据。①

从以上研究中可以看出，物流资源整合是我国目前发展现代物流客观需要，但目前国内对物流资源整合的理论取向、整合动因、整合动力、发展模式、整合模式、演进过程、绩效评价等还没有形成系统体系的研究，而且都趋向于宏观层面（如政府、区域物流和供应链等）和微观层面（如物流企业内部系统等）的理论研究，而对中观（如物流企业间等）研究相对较少。因此，本书认为面对中国本土物流企业整合浪潮的到来，理论界可根据物流业自身特点，借鉴其他行业资源整合的经验教训，融合相关理论研究成果，深入剖析物流服务供应链的资源整合发展模式、管理模式、演进过程等的研究，为中国本土物流企业资源整合实践提供理论依据。

二、企业并购整合研究综述

企业并购理论是企业理论、经济学以及公司财务理论中的最重要课题之一，随着组织经济理论、福利经济学、企业行为理论、信息经济学、博弈论的发展而得到很大进展。20世纪七八十年代以来，企业并购理论进展非常迅速，成为目前国内外最活跃的研究领域之一。②

（一）国外企业并购研究综述

从20世纪60年代后，在欧美兴起对企业并购的研究，大致可以归纳为四个理论学派。"并购"是西方市场经济国家的一种常见的经济行为，众多的专家学者从不同的维度对并购加以解释，主要有过程整合学派、资本市场价值学派、战略管理学派、组织行为学派四个理论学派。

过程整合学派认为，企业并购是并购双方长期磨合的连续过程，而不是一次性购买行为或结果。这种观点承认战略适应和组织适应的重要性，同时研究并购决策和整合过程诸方面如何影响最终的结果。普里切特和鲁宾逊（1997）认为，并购过程划分为五个连续的阶段：①设计阶段；②评估阶段；③展开阶段；④管

---

① 林晓伟，舒辉，周熙登. 物流企业资源并购整合的协同管理研究 [J]. 湖南工业大学学报（社会科学版），2013（6）：32-36.
② 郑骏川. 企业并购整合研究综述 [J]. 科协论坛，2009（8）：154-155.

理阶段;⑤收尾阶段。①

资本市场价值学派探讨的核心问题——并购是否创造价值?如果创造价值,那么将是为谁创造价值?他们在研究并购双方企业的股票价格在并购宣布前后的波动之后认为,并购创造价值,其目的是实现最大股东利益最大化。彭罗斯在企业代理、有效市场假设、市场扩张和自由现金流量等理论观点的基础上,运用残值分析法(Residual Analysis)研究资本市场中股价波动对并购经济价值的影响时发现,"并购双方股东总体收益是正收益,被并购方股东收益比较大且稳定,但并购方股东收益较小且统计意义通常不显著"。②

战略管理学派研究的主要内容是两个令企业管理者感兴趣的课题,即战略匹配和并购的相关性对并购绩效的影响这两个方面问题。辛格和蒙哥马利(1987)在对1970~1978年这9年间的203个企业并购案例的分析和研究中得出"相关性并购行为所创造的价值比不相关并购行为所创造的价值高;战略匹配并购的并购整合比战略不匹配的并购整合来得顺利"。③

组织行为学派研究的主要内容是并购对人力资源的影响、危机管理、文化兼容性组织行为、结构等要素匹配性对并购绩效的影响,即并购对并购双方在企业文化等方面的匹配以及对组织、个人的影响。④马利克扎德等认为,文化冲突是导致关键员工、重点客户资源流失的主要原因,企业文化是并购整合的核心,应将并购后整合的研究重点放在企业文化的重建和沟通交流。⑤韦弗和威斯顿认为,文化差异能够导致并购失败或使并购潜在能力无法得以发挥。⑥

从上面并购各学派的研究可以看出,并购是一个实现企业资源价值变化的过程,也是一种战略行为。过程学派将并购看做一个多维度的连续过程,深入研究其组织独立性和战略依赖性,但未深入研究并购的形成机制和运行机理;组织学

---

① P.普里切特,D.鲁宾逊.购并之后:如何整合被收购公司[M].北京:凌晓萍译.中信出版社,1999.
② Edith T. Penrose. The Theory of Growth of the Firm [M]. New York: Oxford University Press, 1995.
③ Singh H. & Montgomery CA. Corporate Acquisition Strategies and Economic Performance [J]. Strategic Management Journal, 1987(8): 377-386.
④ David K. and Singh, H. Acquisition Regimes: Managing Cultural Risk and Relative Deprivation in Corporate Acquisitions [J]. International Review of Strategic management, 1993(4): 227-276.
⑤ Malekzadeh, Ali R. & Nahavandi, Afsaneh, Making Mergers Work by Managing Cultures [J]. Journal of Business Strategy, 1990(5): 55-57.
⑥ 萨缪尔·韦弗,佛雷德·维斯通.兼并与收购[M].周绍妮,张秋生译,北京:中国财政经济出版社,2003:78.

派的理论与过程管理学派的观点在一定程度上存在理论衔接关系，但却过分强调并购对环境的匹配性和适应性，把资源匹配凌驾于战略之上。战略学派过度强调企业战略对并购绩效的影响和作用，而对并购双方人员的摩擦冲突和企业文化差异等对并购绩效的影响却关注不够。因此，在企业并购（或资产重组）时应理性地借鉴其理论观点。

（二）我国企业并购研究的综述

20 世纪 90 年代后期，随着我国企业并购活动数量和规模的不断上升，国内许多学者通过对上市公司以及非上市企业并购的实证分析和并购后经营业绩的变化研究发现，许多企业并购后的业绩出现大幅度的下滑，于是研究的视角开始将投向并购后的整合研究，使并购整合的研究成为该领域中的一个新研究方向。

本书从并购的动因、特点及趋势、规模效应和风险绩效等方面中撷取凤毛麟角的相关文献作为参考，具体如下：

在我国企业并购的动因研究方面，李田香（2006）认为中国企业并购存在着具有中国特点的重组动因，其中体现了中国处于体制转轨时期和市场经济初期的特征，包括企业并购重组的政府动机、低成本扩张动机、赶超式扩张动机、追求多元化经营动机、降低竞争费用动机、优化资源配置动机、企业管理阶层利益动机、"买壳"上市动机、获得分拆重组利益动机和资产置换动机。[①] 郝彧（2009）认为经济因素、政策因素、市场因素、企业自身因素是影响并购的主要因素，再加上企业规模不断扩张等微观主体强力意识的推动，重组的生命会继续延续，形式也会更加多样化。[②] 吴振球（2012）首先描述了我国零售业并购的现状，并归纳出并购特点；其次，从政府推动、协同效应、市场效应、信息效应、代理理论与自大理论、借"壳"、多元化经营、新古典理论等方面剖析了我国零售企业并购动因；再次，深入分析了我国零售企业并购存在的并购规模不大、行政干预过多、省域分割严重等问题；最后，提出改善我国零售企业并购的对策建议：一是政府要打破市场分割；二是政府要通过引导培育大型内资零售企业（集团）；三是政府只能适度准许外资零售企业并购；四是鼓励我国企业走出国门并购零售企

---

① 李田香. 上市公司资产重组模式及其绩效的分析［J］. 全国商情（经济理论研究），2006（12）：72-74.
② 郝彧. 我国上市公司资产重组影响因素探究［J］. 全国商情（经济理论研究），2009（14）：41-42.

业等。① 杨超（2013）行为金融学理论与传统经济学理论进行比较分析，将行为金融学理论与我国的实际情况相结合，这将对并购市场的分析研究，对我国的监管主体和市场行为主体都有重大的意义。② 符蕾（2013）围绕我国企业并购的动因，本文对国内外基于价值损毁理论的并购动因理论，即代理理论、管理者过度自信理论和市场错误定价理论，逐一进行分析，认为无论从理论上还是实践上看，把市场错误定价理论与信息不对称理论结合起来，方能较好地解释我国并购产生的动因。③

在并购的趋势及特征研究方面，徐一千（2006）认为我国国有企业并购呈现以下特点：①垄断行业启动，由政府主导重组；②资源重组向海外发展，以构筑国家经济安全底线；③全球竞争，跨国资本主力登场，应充分考虑外资企图；④并购应由市场决定，国有经济的战略性布局已进入攻坚阶段；⑤跨国并购重组升级，注重资源控制，收购主体民营化。④ 尚丹丹（2007）认为，随着我国证券市场发展的这十几年，上市公司并购重组活动快速发展，行业分布广泛，数量上逐年增多，形式越来越多样化，涉及金额也越来越大，逐渐成为我国产业结构调整，上市公司优胜劣汰，资源合理配置的重要手段，同时矛盾也日益突出。上市公司的并购与重组逐渐呈现出国际化、市场化的趋势。⑤ 汉鼎咨询（2013）认为，现代服务业 2013~2015 年并购发展趋势：一是并购及投资的重点已经由传统行业转到现代服务业上；二是未来互联网行业交易规模及案例数量仍然会大幅攀升，移动互联网领域的并购将持续升温；三是交易由横向整合向纵向整合转型；四是在并购方式选择上，换股并购在实践中或将成为可能；五是中国企业海外并购将更加迅猛，并购案例和金额将持续增长。⑥ 安青松（2013）认为，我国经济快速增长、外部环境相对宽松，多数企业依靠外延式、粗放型增长，使得很多产业重复、分散、落后，呈现出结构性低效率。在经济下行期，市场对企业的约束增强，优胜劣汰作用强化，企业各业务板块的矛盾充分暴露，市场"倒逼"的力

---

① 吴振球. 我国零售企业并购研究：动因、问题及对策 [J]. 宏观经济研究，2012（4）：48-53.
② 杨超，刘淑莲，李宏伟，李井林. 上市公司并购动因的比较分析 [J]. 中国管理信息化，2013（10）：2-3.
③ 符蕾. 价值损毁视角下的我国并购动因研究 [J]. 新东方，2013（5）：62-66.
④ 徐一千. 我国国有企业资产重组的障碍及对策研究 [D]. 长春：吉林大学，2006.
⑤ 尚丹丹. 公司并购与重组的特点及趋势 [J]. 时代经贸，2007，2（5）.
⑥ 汉鼎咨询. 现代服务业并购发展趋势 [J]. 国际融资，2014（3）：13-17.

量,为企业提供了调结构、转方式的重要时机;通过并购有效整合企业资源,把企业资源集中于最有竞争力的业务,不仅是度过困难时期的必要选择,而且是提高竞争力的战略举措。① 王讯(2013)认为,在政府积极推动下,在以推动未来国内经济朝着低碳经济、绿色经济、节能经济为主要方向的产业结构调整过程中,在今后数年中,中国对外直接投资继续以较快速度发展且总规模将超过外来直接投资,这是一种必然趋势。相应地,作为中国企业越来越重要的对外投资方式,其境外并购数量抑或总规模,也都将继续维持增长势头。同时,以往以能源等少数领域为中国境外并购较为集中的领域的状况,也将因为更多的文化体育、食品等领域并购事件的发生,形成日益显著的并购领域多元化趋势。② 刘培培(2011)认为,并购重组是化解危机、盘活社会存量资源、淘汰落后产能、优化产业结构、促进新兴产业发展的有效途径。历次大的经济危机都会带来产业布局重新调整,企业格局重新洗牌的契机,一大批企业抓住机遇通过并购重组迅速发展壮大。紧紧把握国际上历次大危机后并购重组的规律,认真研判本次金融危机国际国内并购重组的新趋势新特点,将为广东企业发展壮大和产业转型升级起到借鉴作用。③

在并购风险研究方面,马金辉(2008)认为,企业并购要充分认识企业在同行业竞争中的地位,关注影响行业发展的重要因素,在进行资产评估时应选用适当的评估方法,以尽量减少偏差、降低风险。④ 朱义令(2010)认为,评估程序是规范资产评估行为、提高资产评估业务质量、维护资产评估服务公信力的重要保证,履行评估程序是资产评估机构和注册资产评估师主动防范操作风险,保护自身合法权益的重要手段。⑤ 陈文(2014)认为,国有企业并购活动日渐频繁,并购特点呈现浓厚的中国特色,深入探究国有企业并购活动的特殊动因以及并购过程中存在的风险尤为重要,并从我国近几年国有企业并购实践出发,分析并购动因以及并购过程中财务风险的防范,为国企新一轮的并购活动提供思路与方法。⑥ 邵倩(2014)认为,企业并购大多是希望借此扩大生产规模,提高企业竞

---

① 安青松. 我国企业并购趋势分析 [J]. 经济研究参考, 2013 (71): 28.
② 王讯. 中国海外并购趋势与展望 [N]. 中国有色金属报, 2013-10-29.
③ 刘培培. 国际国内产业企业并购重组的趋势及特征 [J]. 广东经济, 2011 (7): 28-30.
④ 马金辉. 企业资产重组运作的风险研究 [J]. 经济师, 2008 (5): 199-200.
⑤ 朱义令. 从评估程序谈资产评估操作风险控制 [J]. 财会学习, 2010 (5): 60-62.
⑥ 陈文. 论我国国有企业的并购动因与并购过程中的财务风险防范 [J]. 中国内部审计, 2014 (2): 96-99.

争力，实现企业价值最大化。然而企业并购过程也不可避免地隐藏着高风险，并购中涉及的政治、经济、文化、组织流程等都可能导致并购的失败，因此，认识并防范企业并购中的风险就显得尤为重要。① 郭玲（2013）认为，随着经济的快速发展和市场竞争的日益加剧，企业面临优胜劣汰的压力越来越大。目前通过并购方式来增强企业竞争力，抢占市场份额和发展壮大已经成为一个主要手段。然而在并购过程中可能获得高额收益的同时也会面临诸多风险。论文分析并购整个过程中可能遇到的各种风险，与风险抗衡，防范风险。② 赵雷刚（2013）认为，通过并购，企业可以得到快速的发展，迅速壮大自己，获得更大的市场份额，从而取得较大的经济利益。但是，企业在并购过程中存在很大的风险，这大大降低了企业的并购成功率。因此，从分析影响企业并购风险的因素入手，提出一些规避并购风险的措施。③ 刘文煌（2013）认为，现有文献通常以代理问题、管理者自大假说、自由现金流假说、政府干预等理论来解释"并购绩效悖论"，认为是上述动机导致企业不理性地实施低效率的并购。然而即使在理性动机下并购仍然存在风险，论文从规模经济理论、交易成本理论以及范围经济理论出发，分别探讨理性动机下横向、纵向以及多元化并购的风险，以期为并购决策者提供理论依据。④

在并购绩效研究方面，李宜静、牛成喆（2008）认为，在中小企业并购中"资产置换和托管"的重组方式（内变型重组方式）对国有企业当年经营绩效会产生总体向好的影响，但实际很难评估其远期的效果；并购、引资扩股类的扩张型重组方式对国有企业的总体绩效带来比较好的影响；在行业整合、做大做强主业类的收缩重组中，都能通过减少亏损或增加收益提高业绩。⑤ 魏学谦（2010）认为，在分析上市公司并购绩效时要采取定量指标与定性指标分析相结合的方法，要将共性分析法与特性分析法结合起来，以充分考察上市公司经过并购后资产质量是否得到了实质性的提高。⑥ 汪莹、王光岐（2014）在介绍杠杆收购的背景与内涵的基础上，分析了杠杆收购对收购方企业财务效益的影响。通过吉利杠

---

① 邵倩. 我国企业并购风险及防范 [J]. 时代金融, 2014 (6): 30, 34.
② 郭玲. 我国企业并购风险及防范对策分析 [J]. 中国证券期货, 2013 (5): 108.
③ 赵雷刚. 对企业并购风险的几点思考 [J]. 经济研究导刊, 2013 (23): 37-38.
④ 刘文煌. 理性动机下的并购风险研究 [J]. 财会月刊, 2013 (6): 14-15.
⑤ 李宜静, 牛成喆. 中小型国有企业资产重组的绩效分析 [J]. 财会研究, 2008 (1): 65-67.
⑥ 魏学谦. 上市公司资产重组的财务绩效评价 [J]. 中国外资, 2010 (22): 131.

杆收购沃尔沃案例进一步开展实证分析。根据吉利集团 2008~2012 年的财务数据，运用杜邦分析法分析收购发生前后收购企业的财务效益。案例结果表明，杠杆收购当年快速提升了收购企业的财务效益，而收购后两年收购企业财务效益出现下降，甚至低于收购前两年的财务效益，发生该变化的主要原因是大额收购折价的产生和营业成本的快速增加。①宋希亮（2014）运用信息不对称下的资本结构理论、信号理论和公司控制权等理论，搭建了支付方式选择是如何影响并购绩效的分析框架。支付方式确定后，为了安排并购支付所需要的资金，会导致公司的融资结构、资本结构、控制权结构、资产结构发生改变，以上因素变化的信息作为信号传递到市场上，市场会对收购方股价重新估值，加之不同的支付方式会带来不同的税收效应，进而会影响并购绩效（并购绩效是支付方式及支付方式选择所带来的公司资本结构变化）。公司控制权结构变化等多种因素综合作用的结果，除了支付方式会直接影响并购绩效外，由支付方式选择所引起的现金流量、资本结构、控制权结构和资产结构的变化也对并购绩效产生影响。②

在企业并购中的规模效应研究方面，王宏利、周县华（2003）认为，经营活动在效率方面带来的变化及效率的提高所产生的效益，其最明显作用，表现为规模经济效益的取得，并使资本加速集中，更有利于企业在竞争中取得优势地位。③吴芹（2011）以我国资本市场有史以来最大的一次并购交易——中国平安并购深发展银行为例，对中国平安并购深发展银行带来的规模经济效应进行深入分析，从而提出我国中小股份制商业银行目前主要应以并购为途径扩大自身规模，有利于其效率的提高。④

本书认为，并购整合充满风险博弈行为，尽管对并购失败的原因学术界认识并不一致，但有一点是可以肯定的：并购交易达成后的整合是企业并购整合成功的关键步骤。虽然很多学者认识到整合对并购价值创造的重要性，但是很少将整合内容联系起来深入剖析其价值创造的形成机理和影响因素，而且对整合的研究也相对比较零散。因此，本书把并购整合视为密不可分的且具有因果关系的一个

---

① 汪莹, 王光岐. 杠杆收购对收购企业财务效益的影响分析 [J]. 吉林工商学院学报, 2014（2）: 40-43.
② 宋希亮. 支付方式影响并购绩效的机理分析 [J]. 经济与管理评论, 2014（3）: 77-81.
③ 王宏利, 周县华. 企业并购中的经营协同效应与其价值的评估 [J]. 当代经济研究, 2003（7）: 45-50.
④ 吴芹. 我国中小股份制商业银行并购的规模经济效应分析——以平安并购深发展为例 [J]. 特区经济, 2011（7）: 80-81.

整体，从深层次分析并购整合价值创造的协同过程和影响因素，从而为中国本土物流企业并购整合的成功提供相应的理论依据。

三、物流与供应链协同管理研究综述

近年来，物流与供应链协同管理问题引起了国内外学者的广泛关注和研讨，并取得了一定的研究成果。从国内外的相关研究来看，物流与供应链协同管理主要集中在协同管理的理论层面和应用层面的研究上。理论层面的研究主要包括概念、内涵、运行机制、模式、效应等方面，而应用层面的研究以物流服务供应链的节点企业、政府和物流协会为主体从战略、策略（或称为职能）和技术三个层次进行，主要研究内涵、应用模型、操作方法、评价指标和方法等。

（一）物流与供应链协同管理的理论研究现状

协同管理，是把局部力量合理地排列、组合，来完成某项工作和项目。从系统论的角度来看，协同管理就是通过对系统及其子系统在时间、空间和功能、结构的重构，使之形成"竞争—协同"的能力，产生协同效应的行为。协同管理是物流与供应链的协同管理理论研究的起点。

1. 物流与供应链协同管理的基本概念

供应链协同要求供应链中各节点企业为了提高供应链的整体竞争力而进行彼此协调和相互努力。各节点企业通过公司协议或联合组织等方式结成一种网络式联合体，在这一协同网络中，供应商、制造商、分销商和客户可动态地共享信息，紧密协作，向着共同的目标发展。

刘介明（2009）认为，供应链协同管理就是针对供应链上各节点企业的合作所进行的管理，是供应链中各节点企业为了提高供应链的整体竞争力而进行的彼此协调和相互努力。供应链协同通过将供应链上分散在各地的、处于不同价值增值环节（如资源提供、研究开发、生产加工、物流服务和市场营销等）的、具有特定优势的独立企业联合起来，以协同机制为前提，以协同技术为支撑，以信息共享为基础，从系统全局观出发，促进供应链企业内部和外部协调发展，在提高供应链整体竞争力的同时，实现供应链节点企业效益的最大化目标，开创多赢的局面。①

---

① 刘介明.供应链协同管理的内容与具体实施［J］.科技创业月刊，2009（4）：62-64.

舒辉（2010）认为，集成化物流系统协同管理就是通过建立"竞争—协作—协调—协同"的协同运行机制，使物流供应链环节中的各成员企业产生和谐关系，形成一个紧密的"自组织"体系，从而将各成员企业的各种资源、技术、制度要素高效而紧密地协同起来，使之能够为完成共同的物流服务目标而进行协同运作，消除在物流服务过程中产生的各种壁垒和障碍，实现系统利益最大化，达到协同效应之目的。①

2. 协同管理的内涵分析

协同论的理论核心是"三个概念，三个原理"。"三个概念"即相变、序参量和涨落，"三个原理"即自组织原理、伺服原理、协同效应原理。国内外物流领域学者多根据协同理论核心展开研究，取得了一定的成果。

徐浩鸣、康妹丽、徐建中（2010）认为，敏捷供应链是供应链系统结构演进的自组织协同，它的自组织协同演进过程受信息化、专业化序参量的共同支配。②

范明、汤学俊（2004）认为，企业可持续成长能力是企业进化的序参量，具有相对稳定性。可持续成长能力通过自组织过程协同生成并驱使企业子系统演化。③

刘建波、李柏洲（2005）认为，从企业进化的决定力量看，组织学习基因是企业进化系统的序参量，可以用来解释企业家精神、创新、知识创造、持续成长能力、核心理念和追求进步的驱动力、问题、惯例等的产生，并对这些参量起着支配作用。④

舒辉（2009）认为，从系统成员关系程度演进的角度看，集成化物流协同管理的发展演化可分为协作相变过程、协调相变过程、协同相变过程三个相变过程，并针对集成化物流企业之间复杂的协同竞争关系提出了集成化物流协同管理主要内容：物流观念的协同管理、物流信息的协同管理、物流资源的协同管理、物流技术的协同管理、物流流程的协同管理、物流制度的协同管理。⑤

劳健（2013）认为，市场竞争加剧，我国物流企业面临前所未有的压力，传

---

① 舒辉. 试论集成化物流的协同管理 [J]. 标准科学，2010（10）：13–17.
② 徐浩鸣，康妹丽，徐建中. 面向客户的中国企业供应链纵向协同研究 [J]. 工业技术经济，2003（3）：67–72.
③ 范明，汤学俊. 企业可持续成长的自组织研究——一个一般框架及其对中国企业可持续增长的应用分析 [J]. 管理世界，2004（10）：107–113.
④ 刘建波，李柏洲. 企业进化系统的序参量探讨 [J]. 中国科技论坛，2005（4）：85–87.
⑤ 舒辉. 试论集成化物流的协同管理 [J]. 标准科学，2009（10）：13–17.

统的管理方式已跟不上市场发展的需要。在分析我国 Supply-Hub 物流协同管理问题研究现状的基础上，明确物流企业 Supply-Hub 物流协同管理要解决的问题，通过构建 Supply-Hub 协同体系来提高企业竞争力，以应对物流企业所面临的危机和挑战。①

鄢飞（2013）选取物流链、供应链与价值链为分析对象，分析了相关概念衍生与发展背景，定义了本质上的共性特征，辨析了概念之间的联系与区别，并提出供应链与价值链协同管理概念模型，以期解决实践中概念交叉使用的困惑，并为实现供应链与价值链的有效管理提供借鉴和参考。②

3. 协同机制分析

机制设计理论由美国经济学家赫维茨（Leonid Hurwic）、马斯金（Eric S. Maskin）和迈叶森（Rojer Myerson）创建的。所谓机制设计，是指在不完全信息市场竞争条件下，设计一种局中人能够按照一定的规则和程序展开博弈、进行自由选择和实现激励相容的运行系统，以达到特定目标的一种制度安排。机制的实质是指系统内部各部分相互联系、相互作用所产生的促进、维持、制约系统运行的内在工作方式。它包括两个基本含义：一是指系统结构的构造部件和结合方式；二是指系统内部的内在本质和功能，即系统运行的必然规律。具有以下三个明显特点：一是机制是按照系统的内在联系，在系统内部自发产生的作用；二是机制存在于系统内部，促进、维持、控制系统的运行，使系统在机制的作用下运行；三是机制是客观的，不同的机制作用在运行中产生不同的结果。依据机制设计理论，供应链协同机制设计主要研究供应链协同的目标、规则、业务流程和组织等问题，以提高供应链协同水平和协同效应。③

秦荪涛、李承娟（2004）认为，基于多智能体的供应链框架是以智能体的方式强调供应链企业间的竞合机制，设计一种多智能体的供应链模型，研究智能体结构以及多智能体系统的组织方式和协调机制。④

潘开灵、白列湖（2006）认为，将管理协同的机制分为形成机制和实现机

---

① 劳健，廖雪清. 基于 Supply-Hub 物流协同管理浅析 [J]. 山东工业技术，2013（13）：190.
② 鄢飞. 关于物流链、供应链及价值链的研究辨析及协同管理的思考 [A]. Information Engineering Research Institute, USA.Proceedings of 2013 3rd International Conference on Education and Education Management (EEM 2013) Volume 29 [C]. Information Engineering Research Institute, USA, 2013（6）.
③ 李朝霞. 企业进化机制 [M]. 北京：书目文献出版社，2001.
④ 秦荪涛，李承娟. 基于多智能体的供应链协同机制研究 [J]. 科学管理研究，2004（6）：60-62.

制，给出了形成机制中的评估机制和利益机制的定义和机理，并阐述了实现机制中的协同机会的识别、协同价值预先的评估、沟通、整合、支配、反馈等机制。①

郝海、仲从友、时洪浩（2007）认为，建立两阶段供应链的博弈模型和供应链的最优收益计算公式，可确立不对称信息下的协同机制，分析供应链的收益结构。②

吴先金、梁培植（2008）依据机制设计理论，在分析了供应链机制设计的目标、规则、程序、组织联盟等问题的基础上进行供应链协同机制博弈分析，提出了建立供应链合作伙伴关系、完善供应链委托—代理关系、运用信息网络技术的机制设计策略。③

4. 协同管理模式分析

模式是解决某一类问题的方法论。协同管理模式就是依据客观事物普遍存在的因果性、对称性及矛盾性等规律，以系统为主要研究对象，为实现共同目标，在动态多变、相互促进及相互约束的数字化、智能化的管理环境下，如何将外部资源和内部资源集成协同，辅助实现系统内部各个不停变动的环节，依据环境变化对资源进行配置，并协调系统的总目标与各个相互依赖的环节的目标，实现系统运行的对称协调、均衡发展。

余力、左美云（2006）认为，把计算机科学和管理科学结合起来，把个性化推荐中协同过滤算法的思想运用到管理科学中，提出了基于协同过滤推荐算法思想的协同管理模式。④

付蓬勃、吕永波等（2007）认为，不同合作层次企业的协同管理模式分为战略合作模式、绩效追踪模式、联合经营模式、技术支撑模式，在构建了供应链信息共享的组织结构、激励与约束机制的基础上，对信息共享机制下的供应链效益作出经济分析。⑤

舒辉（2008）认为，集成化物流基于客户需求流的协同管理模式：供应商品→联网（协同）→物流服务商→联网（协同）→顾客，并根据集成化物流系统

---

① 潘开灵，白列湖. 管理协同机制研究 [J]. 系统科学学报，2006（1）：45-48.
② 郝海，仲从友，时洪浩. 不对称信息下两阶段供应链的协同机制 [J]. 物流科技，2007（12）：94-96.
③ 吴先金，梁培植. 供应链协同机制设计探讨 [J]. 供应链，2008（2）：126-128.
④ 余力，左美云. 协同管理模式理论框架研究 [J]. 中国人民大学学报，2006（3）：68-73.
⑤ 付蓬勃，吕永波，任远，王永明. 供应链协同管理模式下的信息共享机制研究 [J]. 物流技术，2007（6）：88-93.

运作模式的特点，分析了集成化物流系统协同管理模式的战略层、协调层、运作层和支持层的框架结构、管理功能和实现条件。①

侯玉梅（2012）提出将协同学融入到粮食物流管理中，构建了粮食物流管理信息系统的层次框架，介绍了系统所包括的功能模块，如供求信息管理、用户信息管理、库存信息管理、运输信息管理等，并且提出有待完善的系统功能模块。②

5. 协同管理的协同效应分析

协同效应产生的原理有主要有迈克尔·波特的"价值链"观念，沈厚才的"系统论"观念，Stevens的流程再造观点，赵先德的关于物流、信息流与资金流的"三流"观点和坎贝尔的"搭便车"论等，目的就是取得更高的协同效益。安索夫（Igor Ansoff）在他的著名的《公司战略》中把协同效应定义为"2+2=5"，表达了整体价值大于各独立组成部分价值的简单总和的概念。邱国栋、白景坤则从价值生成的角度提出："协同效应=共用效果+互补效果+同步效果"。③

协同效应的分类研究有日本的战略专家伊丹广之对协同效应进行了比较严格的界定，在他的著作《启动隐形资产》中，把协同概念分解成了"互补效应"和"协同效应"两部分。

郑红玲、鲁丽丽（2010）认为，物流业的协同效应主要分为物流企业内的协同效应、物流业的协同效应、供应链上各节点的协同效应、区域经济的协同效应和相互交融的协同物流五类。④

鄢飞、董千里（2009）认为，物流网络的协同效应是在点—点协同、线—线协同、点—线协同、链—链协同基础之上形成的综合运作效应并进行数理模型分析。⑤

孟庆丽（2013）根据中国2007~2011年全部A股工业行业上市公司的年报数据，对并购的协同效应能否给并购公司带来持续的超额利润进行实证检验，检验结果表明：只有并购目的是为了获得被并购公司无法入账的自创商誉而进行的

---

① 舒辉，何旭兰. 集成化物流的协同管理模式研究 [J]. 科技管理研究，2008（9）：44-49.
② 侯玉梅，顾浩，王莉，薛文红，林梦楠，杨海江. 基于物流协同的河北省现代粮食物流的管理信息系统构建 [A]. 河北省社会科学界联合会.第七届河北省社会科学学术年会论文专辑 [C]. 河北省社会科学界联合会，2012.
③ 邱国栋，白景坤. 价值生成分析：一个协同效应的理论框架 [J]. 中国工业经济，2007，24（6）：88-95.
④ 郑红玲，鲁丽丽. 协同物流的内涵及效应研究 [J]. 合作经济与科技，2010（6）：94-96.
⑤ 鄢飞，董千里. 物流网络的协同效应分析 [J]. 北京交通大学学报，2009（1）：29-32.

并购或者是为了并购后能够形成协同效应而进行的并购的时候，商誉比率与超额利润率才显著正相关，作为计量并购协同效应的商誉才是创造超额利润的源泉。①

（二）物流与供应链协同管理的应用研究综述

物流与供应链协同管理是供应链管理最为理想的模式，受到企业界和理论界的广泛关注和重视，并从战略、战术和技术三个层次展开研究。

1. 战略协同

美国战略管理学家安索夫首次提出了战略协同的理念，长期以来许多国内外学者从不同的研究角度出发，对战略协同的做出了不同的解释。国内学者李沈认为，战略协同就是使企业内外部协同提高企业核心竞争力的一种企业战略。②

张翠华、任金玉（2005）认为，供应链协同管理主要涉及战略层、策略层和技术层三个层次，协同战略处于最高层次，规定了策略层和技术层研究的程度和范围，协同策略是协同供应链管理核心问题，协同技术是供应链实现协同基础和前提。③

李勇、杨秀苔、张异等（2004）认为，根据企业自身战略和供应链运作战略关系选择过程，提出三个层次上实现供应链管理中的战略协同：竞争战略与供应链运作战略协同、节点企业内部战略协同、节点企业之间战略协同。④

陈钦兰（2007）认为，供应链中企业合作协同的内外部战略影响六个因素：企业资源、合作协同意愿、信任、企业竞争力、协作能力、和谐程度；合作过程分为初步阶段、熟悉阶段、稳定阶段及后阶段四个合作协同阶段。⑤

贾广敏（2013）对战略协同的实现、协同机会的识别和挖掘以及实施战略协同应注意的问题进行了充分分析，为企业实现战略目标打下基础。⑥

2. 策略协同

在物流和供应链管理协同中，策略协同是物流与供应链协同研究中最为重要的部分。策略层协同的研究主要内容包括需求协同、库存协同、计划协同、生产协同等方面。

---

① 孟庆丽. 并购的协同效应计量及实证检验 [J]. 统计与决策, 2013 (24): 173-175.
② 李宏贵. 中国企业借鉴协同战略理论研究 [J]. 现代经济, 2007, 6 (5): 71-73.
③ 张翠华, 任金玉. 新一代的供应链战略: 协同供应链 [J]. 东北大学学报, 2005 (11): 57-60.
④ 李勇, 杨秀苔, 张异, 张旭梅. 论供应链管理中的战略协同 [J]. 经济与管理, 2004 (4): 57-60.
⑤ 陈钦兰. 供应链中企业合作协同的战略因素研究 [J]. 山西财经大学学报, 2007 (3): 83-88.
⑥ 贾广敏. 企业战略协同应用研究 [J]. 价值工程, 2013 (8): 164-166.

资源整合的协同演化研究

在需求协同方面，Frank（2000）认为物流需求信息的集中可以抑制"牛鞭效应"，但不能完全消除。① Johnson（1968）认为，产品设计的协同可以快速缩短产品设计时程，可增强供应链对客户定制需求的快速反应能力。②

在生产协同方面，孙永军、郑水英等（2003）根据供应链环境下协同生产管理中生产资源具有地理分布性和管理集中性的特点，建立了生产资源的集成化多层次模型，包括生产资源集成层、控制层和定义层。在此模型基础上，提出了采用面向对象技术、基于多代理技术和虚拟聚类知识表达相结合的混合建模方法。③

在库存协同方面，Yonghui Fu、Rajesh Piplani（2004）建立了基于库存的评估供应方协同的模型，通过对传统供应链和协同供应链的分别建模，利用仿真对分销商实施协同前后的绩效进行评估，计算结果显示供应方协同可以提升整个供应链的绩效。④ 国际著名的商业零售连锁店 Wal-Mart 等五家公司联合研究提出的协同计划、预测与补给（CPFR）是一种协同式的库存管理技术。

在计划协同方面，陈淮莉、张洁、马登哲（2004）研究了多供应商、多生产厂和多分销中心供应链系统协同计划的优化问题，能够以供应链成本和运行时间平衡优化为目标，根据问题的特点，采用遗传算法的三维数组编码方式，并通过基因段交配和基因移位变异相结合的方法求解供应链协同计划，用参数设置模拟各种工程应用的实际情况，帮助企业权衡产品成本和客户响应时间的关系，尤其对按订单生产的制造企业具有重要的指导意义，使该类企业面对客户的交货期与价格要求作出正确响应。⑤

在生产协同方面，Pankaj（2004）在研究生产与销售协调整合计划问题时，应重点考察协调生产与销售计划对于现实整个企业收益的贡献。⑥ 美国著名 ARC 咨询公司研究了协同生产计划策略，提出了基于车间层的多维协同。周金宏、汪

---

① Chen Frank, Drezner Zvi, Ryan K. Jennifer. Quantifying the Bullwhip Effect in a Simple Supply Chain: the impact of forecasting, lead times, and information [J]. Management Science, 2000 (46): 123-129.

② H. G. Johnson. Comparative Cost and Commercial Policy Theory for a Developing World Economy, Wicksell Lectuers [M]. Stockholm: Almqvist & Wisksell, 1968.

③ 孙永军，郑水英，潘晓弘等. 协同生产管理中生产资源集成化建模方法 [J]. 中国机械工程, 2003 (12): 2102-2105.

④ 但斌，张旭梅. 面向供应链的合作计划、预测与补给 [J]. 工业工程, 2000, 3 (1): 35-37.

⑤ 陈淮莉，张洁，马登哲. 基于成本和时间平衡优化的供应链协同计划研究 [J]. 计算机集成制造系统, 2004, 11: 1518-1522.

⑥ Yonghui Fu, Rajesh Piplani. Supply-Side Collaboration and Its Value in Supply Chains [J]. European Journal of Operational Research, 2004 (152): 281-288.

定伟研究了分布式多工厂、多分销商的供应链生产计划,并试图通过系统工程方法获得最优生产计划,但在企业的实际应用中却没有达到这个目标。①

3. 技术协同

技术协同是物流与供应链实现协同管理的基础和关键,为战略协同和策略协同提供有力的支持和保障,主要研究如何实现物流与供应链的同步运作和信息协同。它提供了新的连接合作伙伴的方法,同时增加了端对端的透明度,提高了决策的快速性及有效性。

于海斌、朱云龙(2004)建立了网络企业的战略协同模型,分析了协同制造的业务特征,从协同的角度研究制造业在全球化制造网络环境中所面临的战略问题和相关的协同技术问题,技术的安全和柔性与供应链合作的发展存在着相互的影响。②

葛亮、张翠华(2005)研究了供应链协同技术与方法,认为合作伙伴选择、合约设计的激励、协同运作和绩效评估等方面供应链协同技术与方法为供应链协同提供了有力支持,是供应链协同管理能顺利实施的关键,并对供应链协同技术与方法趋势做了展望。③

王琦峰(2013)为有效提高区域港口物流产业的技术创新能力和产业竞争力,在分析区域港口物流产业技术协同创新动力机制的基础上,对区域港口物流产业技术协同创新平台的构成、功能、组织结构和运行机制进行了研究,以支撑区域港口物流产业的自主创新和产业技术进步。④

本章小结

企业资源并购整合的协同管理研究的理论基础主要包括系统论、协同学理

---

① 周金宏,汪定伟. 分布式多工厂、多分销商的供应链生产计划模型[J]. 信息与控制, 2001, 30 (2): 169-172.
② 于海斌,朱云龙. 协同制造[M]. 北京: 清华大学出版社, 2004: 45-131.
③ 葛亮,张翠华. 供应链协同技术与方法的发展[J]. 企业管理, 2005 (6): 151-156.
④ 王琦峰. 区域港口物流产业技术协同创新平台构建研究[J]. 物流科技, 2013 (7): 25, 26, 34.

论、并购理论以及粗糙集理论等多学科的理论与方法，为下面章节的论证提供相应的理论依据。主要内容总结如下：

（1）介绍了一般系统论的定义、分类、基本原理、规律和研究方法，为本文对企业资源系统进行理论分析提供依据。

（2）介绍了协同学的基本概念——序参量、自组织等以及协同学的基本方法，为解释系统协同演化的"四阶段，三相变"自组织过程提供理论依据。

（3）企业并购是经济学特别是微观经济学理论中一个重要的概念，本章主要介绍了并购的类型和并购整合模式等内容，分析物流企业资源系统的协同演化过程和物流企业资源系统并购整合过程的协同演化提供理论和操作模式等依据。

（4）本章从粗糙集理论出发，重点介绍了定性数据的粗糙集描述和约简运算，为构建序参量识别和选取模型的研究提供数理工具。

（5）从企业资源、企业并购整合和物流与供应链协同管理三个方面对前人的研究进行总结和评述，从中获取相应的观点和理论支持本书的研究。

第三章 物流企业资源系统的自组织属性分析

为适应不断变化的市场环境的需要,物流企业必须在科学合理的制度安排下,借助现代科学技术特别是计算机网络技术的力量,以实现物流企业的规模化、集约化和协同化为主要目标,将企业自身资源与社会分散的物流资源(包括其他物流企业资源)进行整合,才能有效提高物流企业资源利用率,实现物流企业资源系统的协同效应。

第一节 物流企业资源的内涵及分类

系统论研究的基本思路就是把研究对象视为一个系统进行研究。因此,研究物流企业资源的基本思路就是将物流企业资源视为一个系统,在对系统及子系统的要素、功能和结构的定量定性分析的基础上,通过并购整合的手段,使之相互联系、相互渗透,形成合理的功能和结构,实现资源相互配合与协调,发挥资源整体最大功能,达到整体最优化、整体效益最大化的目的。

一、物流企业资源内涵

(一)资源[①]

资源是人类一切活动赖以存在的基础。资源是指一定社会、经济、文化、历史条件下存在着、能够为人类开发利用的、在社会经济生活中经由人类通过劳动

[①] 王子平,冯百侠,徐静珍.资源论 [M].石家庄:河北科学技术出版社,2001.

创造出财富或资产的各种要素的综合。资源具有五个特征：①生成性——所有资源都是在一定的自然、经济、文化、历史条件下生成的。②过程性——资源是一种作为客观存在而对其总特征所做的一种概括和表述，在时间和空间上是一个连续不断的运动过程。③社会性——资源反映着特定的社会关系，具有社会性质。④短缺性——任何现实的、可提供的资源数量相对于社会活动的需要都是有着不足。⑤连带性——不同资源形态之间在使用上的互相连带、互相制约的关系。

一般而言，资源可以分为自然资源、资本资源、人力资源、信息资源、环境资源五大类。自然资源主要包括土地、矿产、生物、水等资源，是其他资源所形成的物质基础。资本资源主要包括实物资本、金融资本及无形资本等资源，资本资源是各种经济资源的源泉。人力资源是一切与人结合而形成并创造经济价值的资源，它是资源的核心。信息资源是反映客观事物本身和相互间的各种信息的集合，它是各种资源沟通的平台。环境资源是各种资源存在条件的集合，是人类自然生态环境和经济社会环境的构成要素及主要内容。

（二）物流资源[①]

物流资源使用很广泛的词汇，但是从相关研究资料来看，对物流资源并没有一个明确的定义，本书认为物流资源是支撑和完成物流活动所需要的一切资源的总和。

物流资源所包含内容非常丰富，总体上可分为两大类：一类是硬件资源，主要包括物流基础设施、物流装备等使用工具；另一类是软件资源，主要包括关系资源、信息资源、管理资源和制度资源等。如表3-1所示。

表3-1 物流资源的分类表

硬件资源	物流基础设施	物流园区（物流中心、物流基地、配送中心）、运输基础设施（包括铁路、公路、机场、港口、管道、火车与集装箱大型编组站等）、仓储基础设施（如仓库、货场、站台、堆场等）及公共物流信息平台
	物流装备	包括运输设备（汽车、火车、轮船、飞机等）、仓储设备（是利用这些基础设施进行具体储存运作的设备，如仓库中的货架、托盘、叉车、分拣机等）、装卸搬运设备、包装设备、流通加工设备等

---

① 王玉勤. 论物流资源聚集[J]. 物流科技，2009（12）：6-8.

续表

软件资源	关系资源	是指物流参与各方（物流服务供需双方、政府、金融机构等个人或组织）之间所达成的共赢的关系
	信息资源	信息资源主要包括两个方面：一方面是硬件设施，如计算机、输入输出设备等信息存储或流通的载体；另一方面是与物流活动相关的各类信息，如需求信息、市场信息等
	管理资源	财务资源、人力资源、技术资源、创新资源、商誉资源、组织资源等
	制度资源	制度资源可分为非正式制度（行为规范、行为准则和习俗，包括价值信念、伦理观念、风俗习性和意识形态等）和正式制度（政治规则、经济规则和合约等）

（三）物流企业资源

物流企业资源是物流企业所拥有的内外部资源的集合，即以物流企业所拥有资源要素为基础，以物流需求和物流效率为导向，按一定的功能、结构和层次组合而成的企业资源体系。物流企业资源并不是物流企业拥有的内外部资源简单相加，而是物流企业从盈利和发展的本质需求出发，为追求资源整体配置和使用效率的规模经济效应和协同放大效应，通过自发或被动的整合方式形成的企业资源体系。因此，物流企业资源具有系统性、协同性和层次性的内涵。

1. 系统性内涵

随着系统论的迅速普及和发展，系统的思想和分析方法现已成为现代自然科学和社会科学分析问题的主要科学工具。在现代物流发展过程中，系统的思想和分析方法为实现物流活动的系统化和整体的最优化奠定了坚实的理论基础，使物流企业资源发展成为实现特定物流目标而由多个相互制约的动态物流资源要素构成的具有特定功能的有机整体，呈现多层次性结构，体现固有的系统特性。

依据系统的思想和分析方法，物流企业资源作为一个系统具有要素、结构和功能的属性和逻辑结构，三者的关系如下：①不同的主体、客体和使用工具要素构成了系统不同的结构；②结构包括主体不同的结构、数量与规模不同的结构两个层次；③结构决定决定了系统的功能；④功能主要包括基本功能、协调功能、决策功能和辅助功能，对结构具有能动的影响作用；⑤结构决定要素的内容和性质。如图3-1所示。

另外，对物流企业资源进行全面系统分析同时也是研究其协同内涵的基础。

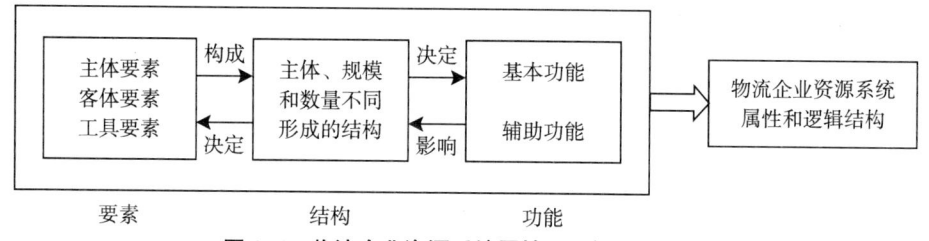

图 3-1 物流企业资源系统属性和逻辑结构分析

2. 物流企业资源系统的要素分析

要素分析是系统研究的基础分析。本书依据系统包含主体、客体和使用工具三个基本要素,在借鉴物流资源的分类方法的基础上,将物流企业资源系统的要素分为主体要素、客体要素和设施设备等使用工具要素三类要素进行分析。主体要素一般包括物流服务提供方、物流服务商、终端客户者、上下游企业、竞争者、替代者、行业协会以及政府管理部门等主要主体。客体要素是物流服务提供方所需的各种物流服务,可以分为四类:一般物流服务(如邮政快递、包裹托运等)、专业物流服务(如冷链物流、能源物流等)、配套物流服务(如保险、信贷、通关、加工和咨询等)、物流技术和管理服务(如物流方案优化设计、物流技术转让等)。设施设备等使用工具要素主要包括实现从物流服务提供方到终端客户"一站式"服务所需的运输设备、功能设施和配套服务网络等。

3. 物流企业资源系统的结构分析

物流企业资源系统的结构由不同数量与规模的要素构成,即由主体要素、客体要素和物流设施设备等使用工具要素构成。这些要素所形成的物资流、资金流和信息流是物流企业资源系统结构的实体支撑,贯穿整个物流企业资源的系统运作过程,是物流企业资源的系统主体相互间协同合作的纽带。

物流企业资源在空间上和时间的系统结构,很大程度上影响着物流企业资源的配置、功能、层次、规模、模式和流程等,直接影响着集成化资源的系统运作的效率。合理的物流企业资源的系统结构,既需要物流企业资源的设施设备等使用工具要素的配置、布局合理,也需要物流企业资源的系统功能能快速、高效运作,更需要物流企业资源的主体要素、客体要素和物流设施设备等使用工具要素三者符合资源优化配置的原则。

物流企业资源的系统结构主要体现为"一站式"型结构,即物流企业资源按"物流服务提供方→集成化物流服务商→终端客户"的流程构成物流企业资源的系统结构，包含集成化物流输入资源子系统、内部资源子系统、输出资源子系统和外部关系资源子系统四个子系统。其中，内部资源子系统是内部资源资系统所拥有的各种资产、能力和文化等企业资源的集合；输入资源子系统是输入内部子系统的各种物流服务需求、信息、资金等的集合，包括货运、仓储、配送、包装、金融、信贷等服务需求和各类相关信息；输出资源子系统是内部资源子系统系统向服务对象（终端客户）提供的各种物流服务、信息、技术、管理和资金服务等的集合，包括各种个性化、专业化的高效物流服务的能力等；外部关系资源子系统是物流企业资源的内部资源子系统、输入资源子系统、输出资源子系统与外部环境主体间关系的集合，主要包括与政府监管部门、行业协会、上下游企业、竞争者、替代者等之间的关系资源。输入资源子系统的主体物流服务提供方（向内部资源子系统输入各种物流服务需求的个人、企业或团体等），内部资源子系统的主体是集成化物流服务商（物流企业、物流企业集团、多法人的企业联合体等），输出资源子系统的主体是终端客户（享受最终物流服务的个人、企业和团体等）、外部关系资源子系统的主体是与前三个子系统主体发生各种关系的上下游企业、竞争者、替代者、行业协会以及政府管理部门等。

物流企业资源的四个子系统之间并不是相互独立的，它们彼此之间在物资流、资金流和信息流共同作用下存在非空交集，并按集成化物流系统的四个功能层次结构协同运作。如图3-2所示。

物流企业资源的系统结构具有如下特征：

(1) 结构的层次性。物流企业资源的系统主体按支持层、运作层、协调层和战略层四个层次协同运作物流企业资源。

(2) 结构的动态性。为适应外界环境和市场需求的变化，物流企业资源的系统主体也会不断随之改变，相应的物流企业资源的系统结构中主体构成、数量、规模也要及时调整。

(3) 结构的跨地区性。随着全球经济一体化的发展，现代物流已突破了原来的城市、区域甚至国家的限制，使得物流企业资源的系统主体的物流活动突破了空间的限制，最终通过物流企业资源的各要素、功能将其连为一体，形成跨地区、跨国界的物流企业资源的系统结构。

(4) 主体数量的减少趋势。物流企业资源的系统运作结构模式的特殊性决定了整个物流过程必须消除多余的环节，减少不必要的停滞和损耗，有效地利用和

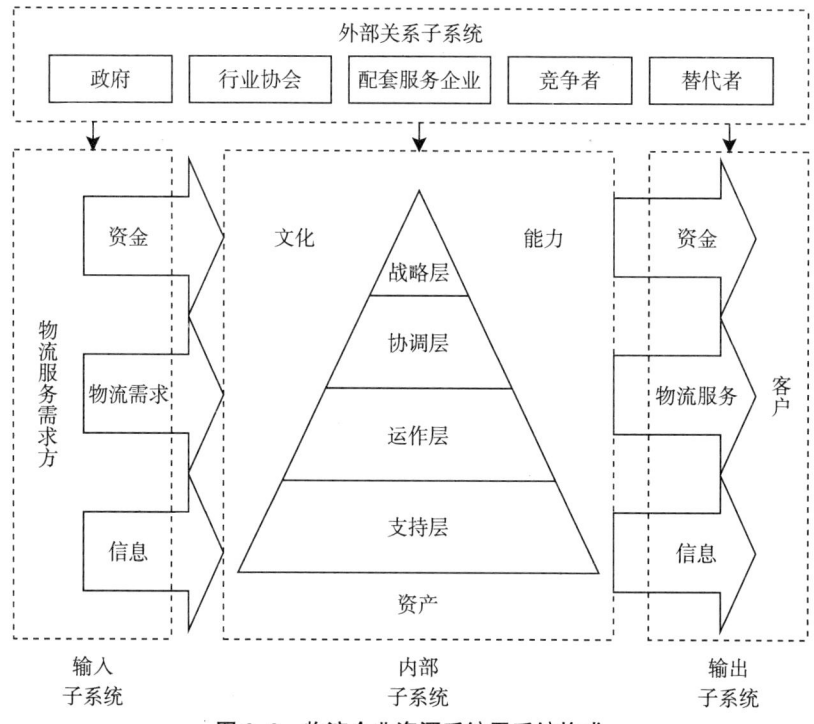

图 3-2 物流企业资源系统子系统构成

使用物流企业资源，最终必然导致物流企业资源的系统结构简化、主体减少，并促使其内部子系统的主体成为超级集成化物流服务商。

4. 物流企业资源的系统功能分析

按照系统的功能层次，物流企业资源的系统功能可分为基本功能、协调功能、决策功能和辅助功能四大类。基本功能是保证物流企业资源系统正常运作所需的各种功能，主要包括运输、仓储、配送、物流信息平台、物流技术、物流管理等功能；协调功能是协调物流企业资源的系统主体关系的功能，主要包括客户关系、物流企业资源的系统成员企业关系、政府监管部门关系、竞争者关系、替代者关系、行业协会关系等的协调功能；决策功能是物流企业资源系统的核心层（内部资源子系统的战略层）根据物流需求变化而适时调整和优化物流企业资源的配置的功能；辅助功能是为更有效满足物流服务需求而提供的附加在物流企业资源的系统运作流程上的配套服务功能，主要包括包装、装卸搬运、流通加工、金融保险和物流方案指导等功能。

(四) 协同性内涵

对物流企业资源进行全面系统分析的同时也是研究其协同内涵的基础。物流企业资源系统由不同数量、规模的资源所构成的开放式社会经济系统，这些资源在物流企业资源系统与外部进行物质、信息和能量交换过程中所形成的物资流、资金流和信息流贯穿整个物流企业运作的全过程，是物流企业系统结构和功能的实体支撑。

物流企业资源系统的协同实质就是实现物流企业资源系统的协同效应。协同效应所产生的效益不仅决定是否进行物流企业资源系统的协同，也是物流企业资源系统协同管理所追求的目标。根据协同学理论，一切开放的自然或是社会系统，都可以在一定的条件下呈现出非平衡的有序结构，都可以应用协同学的规律和原理进行分析和运作。物流企业资源系统是社会范畴的开放型复杂系统，存在着特定的结构和秩序，因此协同学理论是探索物流企业资源系统发生、发展和演化的有效手段。

1. 物流企业资源系统的协同规律和原理

协同学所研究的是系统的自组织有序化演变过程的规律和原理。协同学认为，系统、子系统与外部环境相互间存在着物质、能量、信息的交换和协同合作关系，其演化过程可以用非线性不稳定性来加以描述，是一个组织从无序到有序、再从低级有序到高级有序的连续的自组织演化过程。而其演化规律则是通过支配原理找出系统的主导变量——序参量，通过调整控制参量产生涨落影响序参量，使其主导系统按自组织的协同演化规律和原理演化发展。任何一个系统一旦形成自组织后就形成了一定的自组织协同演化规律和原理，必然受到这种演化规律和原理的制约和支配。物流企业资源系统作为一种自组织也必然受到自组织演化规律和原理的制约和支配。

物流企业资源系统是由四个子系统构成的一个复杂系统，其子系统也是由不同的主体要素、不同的客体要素、不同的设施设备等使用工具要素构成的系统。物流企业资源系统内部诸要素之间、各层次要素和结构之间、结构和功能之间、功能和环境之间等都是一组对立统一的关系且相互间存在着物质、能量、信息的交换和协同合作关系。这种交换和协同合作促使物流企业资源系统在运作过程中不断地从无序到有序、再从低级有序到高级有序连续演化，是一个具体的、连续的、阶段性的自组织有序演化过程，其实质是物流企业资源系统的系统要素形成的物质流、信息流、资金流等促使物流企业资源系统结构从旧的稳定结构到新的稳定结构进化的过程。

在这个过程中,有些影响因素越来越明显地主导着整个系统演变的方向,而有些因素的作用则随着时间的推移逐渐淡化。这个过程就是序参量的形成过程,起主导作用因素的就是物流企业资源系统序参量,其他的因素是物流企业资源系统控制参量,二者都是物流企业资源系统演化和发展的影响因素。根据协同学相关理论,序参量一旦形成,系统及各个子系统都要受其支配。因此,在物流企业资源系统演化和发展过程中形成的序参量是物流企业资源系统演化和发展的主宰力量,但可以通过调整控制变量对其能动地施加影响。

影响序参量主导作用的因素或条件分为良性和非良性两种,即控制参量可分为良性控制参量和非良性控制参量两种。当良性的因素或条件(良性控制参量)的作用加强时,序参量就会支配物流企业资源系统及其子系统朝正向发展并产生协同效应,使物流企业资源系统整体处于有序状态或向有序状态发展。反之,当非良性的因素或条件(非良性控制参量)作用加强时,序参量则会役使物流企业资源系统及其子系统出现内部关系不协调、结构不合理、自组织水平低、整体功能差等现象,使物流企业资源系统处于混乱无序的状态甚至倒退发展。如果物流企业资源系统长期处于无序状态,则必然会导致整个物流企业资源系统的巨大浪费甚至影响国民经济这个大系统的发展。

因此,物流企业资源系统作为一个自组织,是由其系统主体围绕系统的核心(内部资源子系统)自发或被动地加入而形成的一个超越单个组织范围的"虚拟组织",其主体必须创造良好的条件和环境,通过"人的有意识活动"有目的、有计划地对物流企业资源系统进行协同管理,通过控制影响序参量役使作用的因素或条件(控制参量),扶持和放大良性涨落且抑制和衰减不良涨落,推动物流企业资源系统从无序状态向有序状态不断地发展或跃迁,才能发挥物流企业资源系统的协同功能。这也是物流企业资源系统协同管理的本质需求——科学地寻找支配物流企业资源系统的序参量,通过改变控制参量影响序参量,形成良性涨落,影响序变量主导物流企业资源系统达到协同的高级有序的境界。

同时我们也应该注意到,物流企业资源系统作为一个自组织,其局部仍然存在着自组织和被组织相互并存、相互转化和相互作用的现象。如物流企业资源系统主体之一——成员企业,其运作行为必须遵守共同制定的物流企业资源系统运作"游戏规则",但这并不意味着这种共同的"游戏规则"都得到所有成员企业确实的认同,特别是在物流企业资源系统构建和形成阶段,存在着相当多的破坏规则的行为和现象。这种现象是自组织从"被组织→自组织→高级自组织"演化过程中正常的、常见的、局部的行为和现象,因为在自组织构建和形成阶段,自组织作为一个系统整体体现自组织特性但局部呈现他组织特性,协调或消灭这种行为和现象是自组织发展的主要内容。

在物流企业系统中,由物流企业资源系统构成的诸要素之间、各层次要素和结构之间、结构和功能之间、功能和外部环境之间等都是一组对立统一的关系,且相互间存在着物质、能量、信息的交换。因此,物流企业的运作过程是一个不断优化整合资源,从无序到有序、再从有序到高级有序连续演化的过程,具有具体性、连续性、阶段性的特征。因此,为保证物流企业高效运作就必须保证物流企业资源系统符合资源优化配置的原则,即在时间空间和规模数量对构成物流企业系统的资源进行合理配置布局,充分发挥构成物流企业系统功能的资源特性。

物流企业资源系统的协同实质就是物流企业资源实现协同效应,即物流企业资源系统产生"1+1>2"的效应。在物流企业资源系统中,各种物流企业资源之间虽然并不是相互孤立存在的,而是按一定的要素、功能和结构相互联系、相互作用,但这种相互联系和相互作用的关系并不一定能使物流企业资源系统产生协同效应,也就是说物流企业资源系统并不一定能达到协同的层次。因此,要达到物流企业资源系统的协同就必须不断提高物流企业资源的使用效率,使其产生协同效应。从这个角度出发,物流企业资源系统的协同并不是一个静止的结果点,而是一个为实现物流企业资源系统协同效应而不断提升物流企业资源使用效率的过程。

另外,由于物流企业资源系统是一个开放性的系统,因此物流企业资源系统的协同是一种开放型的协同,不仅包括物流企业系统自身资源的协同,也包括与物流企业系统外部资源的协同。

2. 层次性内涵

根据物流企业资源系统与外部信息、物资、资金等资源交换的特点,物流企业资源系统的组织结构主要由战略层、协调层、运作层和支持层四个层次组成,它们分别有着不同的管理功能。

(1)战略层。在物流企业资源系统中,战略层属于物流企业资源系统的指挥中枢,它主要负责统筹规划整个物流企业资源系统的物流流程,控制和协调各主体间的运作,以使物流各个环节能有效地衔接,从而实现物流企业资源的最有效利用和服务质量整体最佳。它必须根据物流企业资源系统的实力和现代物流发展趋势,制定出整个系统的发展战略,并提出整个物流企业资源系统的物流服务供应链的规划设计方案、物流服务整体解决方案、物流增值服务方案等,负责制定统一的操作规程、管理规范和服务标准等,并通过基于互联网的物流信息平台实现与客户、物流需求提供方等整体进行信息沟通,以确保其对整个物流企业资源系统的集中控制,确保向客户提供同质、同价、同网、可跟踪的、全过程的、快捷的物流服务,达到以最小的运作成本,实现对客户需求的快速响应的物流服务战略目标。[①]

(2)协调层。由于物流企业资源系统所要构造的网络是一个面向全国乃至全球的物流网络,因此物流企业资源系统的业务运作过程不可能单纯地由物流企业资源系统战略层来安排各个环节的运行,这不仅不利于提高物流服务质量,影响对客户的反应速度,而且容易导致整个物流企业资源系统管理秩序的混乱。所以,在物流企业资源系统中除了战略层这个指挥中心外,还需要有许多协调中心来实施相应的各个环节、各个地域的物流服务协同管理。而如何有效地协调好这些操作中心之间的相互衔接,则是物流企业资源系统协调层一项重要管理职责。

(3)运作层。物流企业资源系统运作层是物流企业资源系统实现物流服务操作的功能层次,是由具有运输、仓储、装卸、包装、配送、流通加工等功能的物流企业资源。在实施具体的运作中,物流企业资源系统运作层必须服从协调层的统一指挥,一切以协调层为向导,一切为协调层服务。在大规模定制物流条件下,物流企业资源系统的运作层要以客户服务需求为导向,以现代信息技术和柔性制造技术为支持,以模块化及标准化为基础、以敏捷为标志、以协同物流服务链为手段,优化配置整个层次资源,实现可视化、同步化、便捷化运作的协同管理。

(4)支持层。由于物流企业资源系统所要构造的物流网络所提供的物流服务是一个综合性的、专业化的物流服务,如果没有强大的信息化技术系统支持就根

---

① 舒辉,何旭兰.集成化物流的协同管理模式研究[J].科技管理研究,2008(9):43-49.

本无法实现庞大业务运营系统的运作。因此，物流企业资源系统必须借助于以现代信息技术为基础的电子商务平台才有可能实现对整个物流企业资源系统及客户的信息共享，保障运输各环节的资源优化配置。物流企业资源系统所需要的技术资源主要包括软件技术和硬件技术资源。软件技术资源主要有各种物流技术（如标识代码技术、自动识别和数据采集技术）、管理技术（如销售时点信息系统、电子自动订货系统、客户关系管理）、标准化技术（如业务流程的标准化、物流作业标准化）等资源。硬件技术主要是指计算机硬件以及相关外部设备等实体资源，主要功能是让物流企业、客户能及时通过可视化或可跟踪的监控系统获知其货物的最新情况。

（5）四层次资源之间的内在关系。从层次分析的角度看，物流企业资源系统的战略层处于最高层，它着重于从宏观上制定物流规划方案，提出长期的整体的发展规划，并且从战略高度考虑如何通过物流企业资源系统协同管理实现客户价值的最大化与企业价值的最大化。它对协调层、运作层、支持层起着指导性的纲领作用，而且是实现从市场需求到产品的输出满足顾客需要这一全过程整合的核心层次。协调层的任务是负责处理好物流链内外部关系：一方面它要对整个运作层起协调、指导作用；另一方面它要协调好物流企业资源系统内部关系。运作层主要是追求技术与经济的合理性，它是战略层和协调层的执行者。支持层是以物流企业资源系统的各种信息资源的集成为基础，为战略层、协调层和运作层的有效工作所提供技术和信息的支持。

3. 物流企业资源系统的企业资源内涵

企业资源论对企业作了重新界定：企业是以企业资源为基础的组合体，企业资源的差异是造成企业异质化的根本内在原因。[①] 物流企业资源系统是一个以企业资源为主要内容的资源集合体，不同的企业资源有各种不同的用途。物流企业资源系统的差异主要来自于其拥有企业资源的差异，不同企业资源具有不同的创造力与价值特性，对物流企业资源系统的存在和发展有着不同的影响。

企业资源可划分为独立型企业资源和系统型企业资源两类。独立型企业资源是指显性的、可货币化的企业资源，如资产、专利等，由不排他性企业资源和互动专用性企业资源组成。不排他性企业资源是指可以被多企业同时利用但缺乏整

---

① 郭培民. 基于企业资源论的母子公司性质及管理策略研究 [D]. 杭州：浙江大学，2001.

体协调就会降低该资源的整体使用效益的企业资源,如附着在人力资源上的基本知识与技术等。互动专用性企业资源是指利用效益依赖于另一种资源的同时或可继续利用的企业资源,如关系资源、企业管理操作系统等。系统型企业资源是指存在于复杂性网络中的企业资源,属于群体社会创造物,是维持企业竞争力的主体资源。

显然,物流企业资源系统是独立型企业资源和系统型企业资源的结合体。物流企业资源系统不仅要善于优化整合系统内部的独立型企业资源和系统型企业资源,把独立型企业资源不断转化为系统型企业资源,而且也善于从外部吸收各种企业资源融入到已有的物流企业资源系统中去,并将之向系统型企业资源转化,使之成为维系物流企业资源系统持续竞争力的资源。物流企业资源系统主体进行并购整合就是这样一个过程,是吸收外部资源与创造价值的过程,主要内容是将物流企业资源系统的内外资源进行有效的综合与系统化,使之成为物流企业资源系统中的系统型企业资源,从而提高物流企业资源系统的凝聚力,加强对物流企业资源系统成员企业的监控力度。

二、物流企业资源的分类

根据不同的划分标准,物流企业资源可以分为不同类型。

1. 按照物流企业资源的子系统构成划分

按照物流企业结构层次划分,物流企业资源可分为战略层资源、协调层资源、运作层资源和支持层资源四类资源。如表 3-2 所示。

表 3-2 按物流企业结构层次划分的物流企业资源分类

物流企业资源类别	内容
战略层资源	物流企业用于战略行动及其规划推行的人力、财力、物力等资源
协调层资源	协调物流企业内外部关系所需的资源
运作层资源	物流企业实现物流功能所需的资源
支持层资源	主要为支持物流企业运作的信息平台和相关配套服务等资源

2. 按照物流企业结构层次划分

按照物流企业资源结构层次划分,可分为内部资源、输入资源、输出资源和外部关系资源四类资源。如表 3-3 所示。

表 3-3　按物流企业结构层次划分的物流企业资源分类

物流企业资源类别	内容
输入资源	输入的信息、物资、资金等资源
内部资源	资产、核心竞争力、协同能力、企业文化、人力资源等资源
输出资源	输出的信息、物资、资金等资源
外部关系资源	与监管部门、行业协会、配套服务企业、竞争者、替代者等之间的关系资源

3. 按照资源形态划分

按照物流企业资源形态，可分为有形资源和无形资源两类资源。如表 3-4 所示。

表 3-4　按资源形态划分的物流企业资源分类

物流企业资源一级类别	物流企业资源二级类别	内容
有形资源	实物资源	仓库、运输车辆、装卸搬运工具等固定资产
	财务资源	资金和可融资资源
无形资源	组织资源	内部组织结构与采购、营销网络
	技术资源	技术储备，如专利、商标、软件版权等知识资源
	人力资源	员工及其培训、经验、洞察力、适应性、共识及忠诚
	企业文化	宗旨、理念和价值观
	企业形象	在顾客和社会各界利益相关者中的形象

第二节　物流企业资源系统并购整合的内涵及分类

物流企业资源系统的并购整合既是物流企业适应现代物流产业正向全球范围内加速集中的战略需要，也是物流企业调整经营管理和运作模式的重要手段。因此，物流资源系统的并购整合是物流企业发展必然采用的资本运作和管理手段。

一、物流企业资源系统并购整合的内涵

物流企业资源系统并购整合就是通过并购整合的手段将分散的、由物流企业所控制的资源按一定方式进行重组，以期达到优化物流企业资源系统的系统结构，提升物流企业资源系统的系统功能，满足物流市场需求，提高客户满意度的

目的。物流企业资源系统并购整合包括并购整合双方现有资源并购整合,即有形资源和无形资源的并购整合。其直接动力无疑是急剧增大的物流需求量和日益增长的个性化、专业化的物流服务品质需求。物流企业资源系统并购整合是以资源的产权性质为基础的、动态的价值创造手段,其具有三个内涵。

(一) 并购整合的目的是创造和增加价值

并购整合实质上是并购整合双方股东争夺被并购整合方的实际决策权和控制权的行为。其目的是通过并购整合所获得的决策权和控制权调整或改变被并购整合方的资产结构和组织结构,提高净现金流量,增强盈利能力,创造股东财富,实现财务目标。[①]因此,并购整合是并购各方努力创造和增加价值的行为。

(二) 并购整合的过程是并购双方资源相互作用的过程

并购整合过程是并购整合方通过调整被并购整合双方的资源要素,使其融为一体而对核心竞争力等资源进行保护、转移、扩散和积累最终实现预定目标的过程。并购整合是一个有机的整体,而整合工作应贯穿于整个并购整合过程的始终。整合工作开展得越早,后期运作就会越顺利,整合同化进程就会加快。在并购协议交易完成之前,很多与资源整合相关的问题就可以被分析和预测,并由并购主体制定出相应的对策。因此,在并购整合双方协商与谈判之前,并购整合双方就应该制定一个比较全面的并购整合的管理框架。并购整合的管理框架包括有股东经营理念和目标的并购整合、战略的并购整合、文化的并购整合、人力资源的并购整合、财务资源的并购整合、组织结构的并购整合、生产能力的并购整合、品牌的并购整合以及销售渠道的并购整合等。最主要的还是与人直接相关因素的并购整合,包括股东经营理念和目标、企业战略、企业文化和人力资源的并购整合。[②]

(三) 并购整合的过程风险与收益并存

并购整合是多主体的融合,由于并购整合原主体间的经营理念、管理模式、文化、人力资源等诸多方面的差异存在,因此并购整合过程中,必然会给新主体带来经营管理上的重重困难。因此,在并购整合的过程中,如何消除在这些方面的冲突,是并购整合成功的关键,即消除风险取得收益的关键。如果并购整合后

---

① 谢获宝,陈玲,王岩. 企业并购的内涵及整合要素分析 [J]. 今日工程机械, 2008 (11): 89-91.
② 晋美华,陈队永,王利军. 物流企业整合模式探讨 [J]. 物流研究, 2005, 28 (8): 8-10.

新主体能够成功解决这些冲突,其不仅可以减少重复的固定成本、节约人财物的耗费、扩大市场规模、提高核心竞争力,而且将得益于规模经济和协同效应的作用,大大提高并购整合后的新主体的档次和综合实力。反之,如果这些问题得不到有效的解决,并购整合后新主体不仅会面临管理困难、经营业绩下降、人心涣散的局面,而且会造成原有的核心竞争力减弱、市场份额降低的后果,情况严重的甚至可能出现破产。

并购整合的内涵是极其丰富的,任何一方工作实施不力或欠缺,都会导致整个并购整合活动的失败。根据物流企业资源系统结构的层次性,物流企业资源系统并购整合的协同管理的层次主要由战略层、协调层、运作层和支持层四个层次组成,它们分别起着不同的并购整合协同管理功能。

二、物流企业资源系统并购整合的分类

物流企业资源系统并购整合按不同的划分标准也有着不同的分类。①

(一)按范围划分

物流企业资源系统并购整合按范围划分,可分为局部并购整合与总体并购整合。局部并购整合是物流企业在局部范围内通过股权、产权等的收购、兼并、转让后对原有物流企业资源系统加以小规模调整和重新配置;总体并购整合(又称全局并购整合)是从系统的整体角度对物流企业的内外部资源和环境进行全面分析和总体规划,在并购交易完成后按照并购方案组建或调整物流企业资源系统。

(二)按照资源的并购程度划分

物流企业资源系统按资源并购整合的程度划分,可分为初步并购整合与完全并购整合。初步并购整合是通过并购整合手段,在一定程度上调整物流企业的内外部资源,使其趋于合理;完全并购整合是一种深度的并购整合,即通过并购整合手段,使物流企业资源系统的各种资源达到结构合理、衔接紧密、方便高效的目标。

(三)按照方向(或维度)划分

物流企业资源系统按照方向(或维度)划分,并购整合可分为横向并购整合、纵向并购整合和混合并购整合。横向并购整合是通过并购整合手段将同级合

---

① 杨洁.企业并购整合研究 [D].长春:吉林大学,2004:78-79.

作伙伴、竞争对手、替代者等的资源进行的并购整合；纵向整合则指对隶属关系或上下游关系的资源进行的并购整合。混合并购整合是横向并购整合和纵向并购整合同时进行的并购整合。

第三节 物流企业资源系统的自组织属性

协同学认为，系统、子系统与外部环境相互间存在着物质、能量、信息的交换和协同合作关系，其演化过程可以用非线性不稳定性来加以描述，是一个组织从无序到有序，再从低级有序到高级有序的连续的协同演化过程。而其演化规律则是通过支配原理找出系统的主导变量——序参量，通过调整控制参量产生涨落影响序参量，使其主导系统按自组织的协同演化规律和原理演化发展。任何一个系统一旦形成自组织后就形成了一定的自组织协同演化规律和原理，必然受到这种演化规律和原理的制约和支配。[①] 物流企业资源系统作为一种自组织也必然受到协同演化规律和原理的制约和支配。

一、物流企业资源系统的自组织特征

（一）物流企业资源系统的自组织一般特征

物流企业资源作为一个系统，具有以下五个特征：

1. 开放性

开放性是自组织的必要条件。协同学认为，系统只有通过与外界进行物质、能量和信息交换，使外界输入的负熵流大于其内部产生的熵流，并导致系统的总熵减少，才有可能形成组织程度高的有序结构。物流企业资源系统无时无刻不在与外界进行物质、能量和信息交换，并形成正负熵流。因此，物流企业资源系统具有开放性的特征。

2. "竞协"性

自组织的过程充满着竞争与协同。竞争是指系统中各子系统之间相互作用，

---

① 邹辉霞.基于协同理论的供应链协同管理模型及方法研究 [D].武汉：华中科技大学，2005.

相互排斥的关系；协同是指系统中各子系统之间相互依存、相互支持的关系。自组织是系统中各系统"竞协"作用的结果，这是自组织的基本规律之一。"竞协"关系导致的最终结果是"双赢"（Win-Win）。由于物流企业资源系统的有限性和局限性，因此物流企业资源系统的各个子系统之间、诸要素之间、各层次要素和结构之间、结构和功能之间、功能和外部环境之间等都是一组对立统一的关系，具有"竞协"的两面性。

3. 层次性

任何复杂的系统都是有一定层次的，层次与层次间相互联系又相互区别。区别不只是量的区别，更主要的是质的区别；联系也不是简单的汇总或计算关系，而是一种动态的网络状联系。各层次系统的相互作用形成高层次的各种大系统或超系统，而多层次系统的作用与共存，则按照等级组成更高层次的系统总体。物流企业资源系统是由战略层、协调层、运作层和支持层四个层次构成的系统，具有自组织的层次性特征。

4. 非线性

非线性是指相互作用的不对等性、非均匀性和非对称性。由于非线性相互作用具有相干效应，因此系统中诸要素的相互作用可以使过程的结果反过来作用于过程的原因和过程本身，这就是反馈作用。非线性相互作用是形成系统有序结构的内在根据，它在自组织中主要发挥正反馈和负反馈两种效应。负反馈产生协同效应，它使子系统丧失独立性，使它们相互制约、协调同步，又使系统与环境协调同步，从而显示出一种整体效应。正反馈产生振荡，它能放大某种作用，同样也能放大某种涨落，使涨落力大于系统保持稳态的惯性力。非线性的相互作用在子系统或序参量之间表现为支配其他参量、同化其他参量的循环反馈过程。正是这种不断的循环的正负反馈的作用，系统才能得以不断更新。从物流企业资源系统内部各个子系统之间、诸要素之间、各层次要素和结构之间、结构和功能之间、功能和外部环境之间等的关联关系来看，它们之间是一种非线性关系，并且相互作用，产生正负反馈效应，引导物流企业资源系统使用效率不断提升或下降。因此，物流企业资源系统符合自组织的非线性特征。

5. 随机性

非线性正反馈能够迅速放大微弱的偏差或偶然涨落，使系统具有多种形态，使系统进化结果具有多样性和随机选择性，即系统自组织可能走向自组织更高级有序的状态，也可能退回无序混沌的状态。众多物流企业资源系统并购整合的成功和失败案例正是自组织随机性的例证。因此，物流企业资源系统并购整合具有自组织随机性的特征。

(二) 物流企业资源系统的社会经济范畴自组织特征

物流企业资源系统作为一个社会经济范畴的开放型系统，除具有与社会自组织系统相同的一般特征外，还具有自身独有的特征。

1. 自觉能动性

物流企业资源系统发生的涨落就不能看成是处于人的控制范围之外的纯"随机现象"，而是具有一种高度能动性和自觉性，不仅能对环境的变迁能做出积极反应，其行为要受到物流企业资源系统运行规则的支配。对物流企业资源系统而言，小的"涨落"也会引起物流企业资源系统管理模式的改变，而大的"涨落"或许会引起一场物流企业资源系统管理变革。认知物流企业资源系统自组织的自觉性，有助于我们更好运用和遵循协同演化的规律和原理，做好对物流企业资源系统的协同管理。

2. 物流企业资源系统的自组织程度取决于具有主观能动意识的人

物流企业资源系统中的"竞协"关系是以人为中心而展开的。人是整个物流企业资源系统活动的决定者和被决定者、组织者和被组织者。物流企业资源系统的序参量和控制参量都与人有关，都可以表现为人的行为方式。这就意味着，属于社会系统的物流企业资源系统不会像自然系统那样，以何种并购整合模式运行只能被动地取决于控制参量的自由组合而形成的"阈值"或"随机"的涨落。物流企业资源系统的运作模式取决于具有主观能动意识的人的默契合作下的"阈值"和"涨落"，从而能动地影响物流企业资源系统的自组织程度和相应的有序状态。

3. 物流企业资源系统具有对环境的"适应"和"选择"的能动性

物流企业资源系统中充满了人与人的活动。系统中各子系统的相互作用，既不具有"可叠加性"——总体效应只是部分效应的简单相加，也不具有"均匀性"——在不同条件下同一作用的效果一致，也不具有"对称性"——人与人的相互作用大小相等。在物流企业资源系统中，人可以运用自身的智慧，通过改变环境或改变自身的行为来增强对环境的适应能力。正是这种"改变"的能力扩大了"适应"的范围；反过来，"适应"又促进了"改变"的深度。物流企业资源系统中的这种"改变"和"适应"充满了非线性正负反馈的作用,这种作用使得一些不利的因素被衰减、抑制或同化一些有利因素得以增强、放大和发展。人改变环境或者改变自身的行为本身就意味着创新,但这种创新与自然界的自我更新不同,它带有价值的衡量和判断,因而本质上是一种自觉或自发的选择的行为。物流企业资源并购整合行为对环境的这种能动性的"适应"和"选择",推动物流企业资源系统不断创新,真正实现适应环境变迁的动态协同运作。

综上所述,物流企业资源系统是一种自组织,除具备自组织的开放性、"竞协"性、层次性、非线性、随机性等一般特征,同时也具备作为一个社会经济范畴的开放型系统应有的自觉性、能动性、适应性和选择性等自组织特性。因此,协同演化模型适用于物流企业资源系统的演化分析。

二、物流企业资源系统的自组织内涵

从上述物流企业资源系统自组织特征分析中我们可以得知,物流企业资源系统的自组织属于社会系统范畴的自组织行为和过程。作为一种行为,物流企业资源系统的自组织是在一定社会范围内和一定条件下,通过物流企业资源系统自我选择、"竞协"、改变和适应环境,从而达到新的有序状态的自组织行为;作为一种过程,物流企业资源系统的自组织是指物流企业资源系统在无外部特定干预的情况下,自我适应和更新的协同演化过程。其具有自组织的过程、自组织涨落为动力、序参量为决定因素和相变为协同演化进程标志四个内涵。

1. 自组织的过程

组织化方式可以分为"自组织"和"他组织"两种,自组织是无外界特定干预的自演化;而被组织是在外界特定干预下的演化,其实质性概念是"外界特定干预"。物流企业资源系统在其演化初期中需要经过各种程序,外界特定干预是十分明显的,具有明显的"他组织"性。而在其演化后期,物流企业资源系统可在没有"外界特定干预"的条件下,在其系统要素"人"的主观能动作用下,围绕产品或服务自发地形成了一个价值网链系统,并不断地向更高级的有序形态演化,这时物流企业资源具有自组织性。

无论在物流企业资源系统自身的协同演化过程还是要在其各阶段的具体并购整合过程中要实现资源的协同发展,都需要协调各个子系统。虽然整个自组织模式是子系统相互作用选择的模式,或者说物流企业资源系统应该是协同工作的,但对于具有独立经济利益的每一个子系统而言，并不意味着都是认同的模式。因此在整个物流企业资源系统并购整合过程中，存在着自组织和他组织的协调和相互作用，这就是物流企业资源系统的他组织性。对于物流企业资源系统及子系统而言，同样需要通过认识并遵循自组织的这个规律，以被组织方式逐步对其进行动态调节，使得物流企业资源系统朝着优化配置的方向发展。可见，在并购整合过程中物流企业资源系统整体具有自组织性，局部具有他组织性。

2. 自组织涨落为动力

涨落是物流企业资源系统具有把物质、能量和信息转化为维持自身存在，谋求自我发展的自组织能力的体现。自组织作为一种行为的任务是扶持、放大良性涨落或抑制、衰减恶性涨落。物流企业资源系统并购整合是一个自组织过程，即一个与外界发生物质、能量和信息交换的开放性过程。在并购整合过程中，物流企业资源系统与外界的交换并不是简单的输入和输出，而是物流企业资源系统从外界环境中吸收优化的外部资源。这种与外部交换的行为会引起物流企业资源系统的涨落。在物流企业资源系统属"人"要素的主观能动作用下，通过自组织行为扶持、放大良性涨落或抑制、衰减恶性涨落，促使物流企业资源系统不断自觉创新，并不断向新的有序结构发展。新的有序结构相应产生新的"游戏规则"，物流企业资源系统各子系统在相同的"游戏规则"约束下，决定自己的行为模式，但其行为必须与物流企业资源系统的运作目标相适应，当发生冲突时，现有的有序性又将被打破，出现局部非线性失稳的现象。在物流企业资源系统的自组织"双赢"原则的作用下，良性涨落则会发生消化作用，使得物流企业资源系统向着下一个有序方向演进。

新的有序只是一个时点，系统始终处在非平衡的有序状态中，"涨落"现象总是发生。正是由于物流企业资源系统有不断的"涨落"出现，系统有不断的"序参量"的产生，因此物流企业资源系统才能在并购整合过程中得以不断创新，才不至于在一个永恒的有序中消亡。

3. 序参量为决定因素

序参量是指那些在系统从无序向有序转化的临界区域中衰减较慢或几乎不衰减的参量（称为慢弛豫参量，可以是一个，也可以是多个），它们主宰系统最终结构和功能模式。

（1）序参量是物流企业资源系统协同演化过程中发生相变的决定因素。在物流企业资源协同演化过程中,各子系统的相互作用和外部环境的变化都会导致物流企业资源系统序参量的产生,并由序参量主导系统不断地向新的有序状态跃进。协同学把系统从无序到有序或者从有序到无序的动态过程称为"相变",决定系统相变的决定因素称为序参量。系统在相变点(相变临界值)处的内部变量分为快弛豫变量和慢弛豫变量两类。慢弛豫变量是决定系统相变进程的根本变量,即为系统的序参量,它的数量较少,衰减变化较慢;快弛豫变量数目相对较多,衰减变化较快,它服从于慢弛豫变量,对系统的结构、功能变化不起主导作用。慢弛豫变量主宰着整个系统演变的方向,它扮演着两种角色:一个方面支配其子系统;另一方面又为子系统所支持。系统由无序走向有序的关键在于系统内部序参量之间的协同作用,它们左右着系统相变的规律与原理。

这个过程就是序参量的形成过程。在这个过程中,有些影响因素越来越明显地主导着整个系统演变的方向,而有些因素的作用则随着时间的推移逐渐淡化。起主导作用因素的就是物流企业资源系统序参量,其他的因素是物流企业资源系统控制参量,二者都是物流企业资源系统演化和发展的影响因素。因此,在物流企业资源系统演化和发展过程中形成的序参量是物流企业资源系统演化和发展的主宰力量,但可以通过调整控制变量对其能动地施加影响。

(2)序参量通过涨落实现物流企业资源系统并购整合相变的主导作用。序参量的大小可以用来标识系统有序的程度。各子系统的相互作用和环境条件变化都可能造成全新的序参量或序参量系统。当系统动态变化到达临界点时,序参量增长到最大,此时出现了一种新的宏观有序的有组织的结构。系统自发地偏离某一平衡态(点)的现象,称为涨落。涨落对系统的重要作用在于:在控制参量的适当导向下,局域性的涨落在非线性正负反馈的作用下,会产生放大效应,它的行为将影响序参量支配原系统的一部分或全部行为,使其向新的有序结构发展。由于涨落的特殊作用,它被当作系统更新的根据或源泉。这就是说,系统的创新转换实际上是通过系统对涨落的调节控制来实现的,即通过涨落达到有序或高级有序。

影响序参量主导作用的因素或条件分为良性和非良性两种,即控制参量可分为良性控制参量和非良性控制参量两种。当良性的因素或条件(良性控制参量)的作用加强时,序参量就会支配物流企业资源系统及其子系统朝正向发展并产生协同效应,使物流企业资源系统整体处于有序状态或向有序状态发展。反之,当非良性的因素或条件（非良性控制参量）作用加强时，序参量则会役使物流企业资源系统及其子系统出现内部关系不协调、结构不合理、自组织水平低、整体功能差等现象，使物流企业资源系统处于混乱无序的状态甚至倒退发展。如果物流企业资源系统长期处于无序状态，就必然会导致整个物流企业资源的巨大浪费其至影响国民经济这个大系统的发展。

（3）物流企业资源系统的协同演化可能存在多个序参量的共同作用。协同学认为，系统可能不止受一个而是受几个序参量的共同控制。这一思想帮助我们更深入理解物流企业资源系统中的序参量。在当前的经济政治环境下，影响物流企业资源系统的关键因素可能不止一个而是多个，它们对物流企业资源系统的协同运作都起着"支配"作用。这些序参量的相互作用也是一种"竞协"的关系，存在三种表现形式：一是互不干扰，各行其是；二是一方支配另一方，同化对方；三是双方"协商"，按"约定"的方式相互适应。在现实社会中，第一种是理想化的，而第二种和第三种往往是互补的，物流企业资源系统就是第二种和第三种互补的形式。

4. 相变是协同演化进程标志

协同学中把构成系统的各个子系统之间所具有不同状态之间的转变，称为相变。其中系统或子系统所处的状态是相（Phase）。当系统相变突然发生时，就产生突变，这是一种临界现象，也是普遍存在的现象。①

从协同学的角度看，自组织概念作为一种组织有序化演化过程的概念抽象，包含着三个相变点：

（1）独立组织到他组织的相变。这次相变是组织的起源的阶段，标志着组织从混乱到有序，从非组织状态到组织状态，需要研究的是组织起点和临界问题。

（2）他组织到自组织的相变。这次相变是一个组织层次得以提升的过程，是由组织程度低到组织程度高的自组织过程演化的起点，主要是指系统在临界点附近通过涨落发生突变产生耗散结构，这种新结构新功能涌现的行为也常称为自组织行为。

（3）自组织到高级自组织的相变。这次相变是在相同组织层次上由简单到复杂的演化过程，标志着组织结构与功能在相同组织层次上从简单到复杂的水

---

① 吴彤. 自组织方法论研究 [M]. 北京：清华大学出版社，2001：17-28.

平增长。

物流企业资源系统的演化是一个协同演化的过程，其局部过程仍然存在着自组织和他组织相互并存、相互转化和相互作用的现象。这种现象是物流企业资源系统协同演化过程中正常的、常见的、局部的现象。物流企业资源系统既有社会系统的自组织共性，也有其独特的个性，是一个既有自组织也有被组织因素建立起来的组织，在形成组织的过程中，被组织方式多于自组织方式。但这并不能说明系统没有自组织性和自适应性。也不能说明被组织是不合理的、无法通过自组织方式达到其优化的目的。协调或消灭这种行为和现象是物流企业资源系统协同主要内容。

综上所述，物流企业资源系统具有自组织的属性和内涵，因此以自组织为研究对象的协同演化模型可分析其自身协同演化和并购整合的自组织过程及相变现象。

本章小结

本章在阐述本书的核心概念物流企业资源、物流企业资源系统并购整合内涵及分类的基础上，分析了物流企业资源系统的自组织属性，为下面章节展开物流企业资源系统自身协同演化及物流企业资源系统在并购整合过程中协同演化的定量和定性分析奠定理论概念基础。主要观点如下：

（1）物流企业资源是物流企业所拥有的内外部资源的集合，即以物流企业所拥有资源要素为基础，以物流需求和物流效率为导向，按一定的功能、结构和层次组合而成的企业资源体系，具有系统性、协同性和层次性的内涵。

（2）根据不同的划分标准，物流企业资源可以分为不同类型。按照物流企业结构层次划分，物流企业资源可分为战略层资源、协调层资源、运作层资源和支持层资源四类资源；按照构成关系划分，物流企业资源可分为内部资源、输入资源、输出资源和外部关系资源四类资源；按照资源形态划分，物流企业资源可分为有形资源和无形资源两类资源。

（3）物流企业资源系统并购整合就是通过并购整合的手段将分散的、由物流企业所控制的资源按一定方式进行重组，以期达到优化物流企业资源系统结构，提升物流企业资源系统功能，满足物流市场需求，提高客户满意度的目的。物流企业资源系统并购整合包括物流企业系统内外部资源整合，即内部资源、输入资源、输出资源和外部关系资源的并购整合。其直接动力无疑是急剧增大的物流需求量和日益增长的个性化、专业化的物流服务品质需求。物流企业资源系统并购整合是以资源的产权性质为基础的、动态的价值创造手段，其具有三个内涵：一是并购整合的目的是创造和增加价值；二是并购整合的过程是并购各方资源相互作用的过程；三是并购整合的过程风险与收益并存。物流企业资源系统并购整合，按范围可划分为局部并购整合与总体并购整合；按照资源的并购程度可划分为初步并购整合与完全并购整合；按照方向（或维度）划分，可分为横向并购整合、纵向并购整合和混合并购整合。

（4）物流企业资源系统的演化是一个协同演化的过程，其局部过程仍然存在着自组织和他组织相互并存、相互转化和相互作用的现象。协调或消灭这种行为和现象是物流企业资源系统协同演化的主要内容。因此，以自组织为研究对象的协同演化模型可分析其自身协同演化和并购整合的自组织过程及相变现象。

第四章　协同演化模型分析

协同学诞生于自然科学的研究当中，因此作为协同学最重要的数理工具——协同演化模型不仅适用于所有具有自组织特征的自然系统范畴的系统及其子系统，还广泛地运用于生物、物理、化学等自然科学领域。

第一节　协同演化模型构建的原则

协同演模型所揭示的原理和规律对社会经济系统范畴的系统及其子系统也具有一定的指导意义，尤其是系统发生质变的情况。

一、简化原则

显示系统的数据原型都是具有多变量、多因素、多层次结构的复杂的系统数据。因此，必须采用一定的方法对数据原型进行适当的定量简化，以便构建能够抓住主要矛盾的、简化的数学模型来分析系统的协同演化。

二、可推导原则

建立的数学模型就是要通过数学模型的推导获得一些有意义的、确定的分析结果。如果是数学模型无法推导，得不到确定的、可以应用的分析结果，那么这个数学模型就毫无意义。

三、反映性原则

数学模型的构建实际上是通过定量分析对客观世界的一种模拟反映。因此，数学模型必须与客观世界原型具有一定的定量上的相似程度，构建数学模型的关键性技巧就是能够抓住与客观世界原型相似的定量化数学表达式或能够反映其规律的数学理论工具。

四、真实完整原则

数学模型的构建与选择必须能够真实、系统、客观地反映事物的现象、本质和规律；数学模型的数学表达式和选取的数据必须具有代表性，能够真实模拟事物的现象、本质和规律。

五、简明实用原则

在构建数学模型过程中，面对繁杂巨量的定量和定性数据，要抓住能够反映本质属性的数据，摒弃那些非本质的、不能反映客观真实的数据，并选择合适的数理模型，在尽可能简化的前提下，保证数学模型达到一定的精确度和准确性。

第二节 协同演化一般模型分析

协同演化模型是协同学研究自组织相变现象的重要数理工具，构建协同演化模型的主要目的就是通过对模型的分析，揭示系统的自组织进程和相变的时点、条件等基本原理和规律，并解释系统如何通过自组织涨落引起正负反馈，淘汰系统其他状态参量产生序参量的方式，使人们能够更好地把握、控制和管理系统演化的方向和节奏，抓住关键因素因势利导，从而达到事半功倍的效果。

一、协同演化一般模型

系统动力学模型是一套具有独特的解决复杂系统问题的工具和技巧的方法，受系统条件所决定的决策函数的控制。

（一）建立系统动力学模型

若某个系统由几个子系统构成的一个复杂开放型系统，系统与子系统之间、各层次要素和结构之间、结构和功能之间、功能和环境之间、内部诸要素之间等都是一组对立统一的辩证关系且相互间存在着物质、能量、信息的交换和合作，则该系统可以通过构建如下动力学方程组来描述系统及其子系统的状态变化及它们之间的相互作用：

$$\begin{cases} \dfrac{dS}{dt} = -aS + bg(S, A_1, \cdots, A_n) + F(t) \\ \dfrac{dA_1}{dt} = -a_1 A_1 + b_1 g_1(S, A_1, \cdots, A_n) \\ \cdots \quad \cdots \quad \cdots \quad \cdots \quad \cdots \\ \dfrac{dA_n}{dt} = a_n A_n + b_n g_n(S, A_1, \cdots, A_n) \end{cases}$$

其中，S 表示系统控制参量组，是其子系统控制参量组的集合；$A_i(i=1, 2, \cdots, n)$ 表示第 i 个子系统控制参量组；g 表示系统与其子系统的相互作用（包括自反馈、正负反馈等作用）的影响程度的函数；$g_i(i=1, 2, \cdots, n)$ 表示第 i 个子系统与系统、其他三个子系统的相互作用（包括自反馈、正负反馈等作用）的影响程度的函数；a 表示 S 的变化率；a_i 表示 A_i $(i=1, 2, \cdots, n)$ 的变化率；b_i 表示 $g_i(i=1, 2, \cdots, n)$ 的变化率；F(t) 表示随机涨落；t 表示时间。

（二）模型求解

（1）对系统作线性稳定性分析，以确定稳定模和不稳定模，并根据绝热近似法解如下方程组消去快弛豫变量得到慢弛豫变量，得出系统的序变量方程。

$$\begin{cases} \dfrac{dA_1}{dt} = -a_1 A_1 + b_1 g_1(S, A_1, \cdots, A_n) = 0 \\ \dfrac{dA_2}{dt} = -a_2 A_2 + b_2 g_2(S, A_1, \cdots, A_n) = 0 \\ \cdots \quad \cdots \quad \cdots \quad \cdots \quad \cdots \\ \dfrac{dA_n}{dt} = -a_n A_n + b_n g_n(S, A_1, \cdots, A_n) = 0 \end{cases}$$

（2）求出序参量的势函数方程。

（3）把所得的势函数方程代入 $\dfrac{dS}{dt} = -as + bg(S, A_1, \cdots, A_n) + F(t)$ 后分析序参量如何通过控制和影响其他控制参量进而主导系统的相变。

二、协同演化一般模型改进思路

(一) 一般协同演化模型的局限性

社会经济系统或其子系统都是典型的自组织系统,协同学的理论和分析方法仍然可以作为社会经济系统或其子系统分析方法和理论工具。因此,通过研究系统形成自组织结构的最根本的内在动力学机制,建立动力学模型(协同演化模型),并运用绝热近似法消去快弛豫参量得到慢弛豫参量,确定系统发生相变的主导因素序参量,可以定量和定性地分析、刻画社会经济系统或其子系统的自组织过程。

然而,社会经济系统和自然系统最大的差异在于社会经济系统存在一个至关重要因素"人"。社会经济系统中的构成要素"人"和自然系统的构成要素如原子、分子等不同,社会经济系统中的"人"具有智能和主观能动性,而且人的行为不像自然系统中要素的运动具有比较严格规律性。因此,社会经济系统的复杂程度往往比自然系统更高。

另外,社会经济系统或其子系统的数据与自然系统相比较存在着以下特点:一是数据的复杂程度远大于自然系统的数据;二是虽然过程具有连续性但数据不具有连续的特点,呈离散分布;三是具有不完全随机性而具有人为的能动特征。显然应用绝热近似解法获取社会经济系统或其子系统的序参量难度很大,而且绝热近似法属于连续型变量解法,适合自然系统中具有连续型特征数据的应用,对社会经济领域中具有离散型特征的数据来说,在具体应用过程中存在运算量和难度相当大、很难把握的问题。

(二) 一般协同演化模型的改进思路

粗糙集是由波兰科学家 Z.Pawlak 于 1982 年提出的处理模糊和不确定信息的数据分析工具,应用于数据挖掘、模式识别等领域。其核心内容是对模糊和不确定信息的数据约简算法。由于粗糙集属性约简算法的基本思想是从已知的条件属性中找到重要的属性组成最小约简属性集,这与从大量系统状态参量中通过绝热近似法获取对系统有重要影响的慢弛豫参量作为序参量的思想不谋而合。

因此,可先通过粗糙集约简算法得到的系统最小属性约简集的变量可以近似作为主导社会系统或其子系统发生相变的序参量,在此基础上以 Langevin 方程作为主要的数模研究工具建立序参量已知情况下的自组织演化模型,分析序参量如何主导系统及其子系统发生相变。也就是说,协同演化模型由粗糙集约简算法模型和自组织演化模型两部分构成,前者选取序参量,后者用于分析自组织过程。

第三节 基于粗糙集的协同演化模型

具有离散型数据特点的社会经济系统或其子系统(或研究对象)可按下列步骤对其协同演化过程进行分析。

一、序参量的识别与选取

(一) 系统状态参量的选取原则

状态参量是系统在每一确定时点的状态变量,不仅用于描述系统在功能和结构方面的变化,而且要能刻画系统的运用程度和实现系统协同目标的能力。因此,选择系统的状态参量必须遵循科学性、可行性、层次性以及特殊性的原则。

1. 科学性

状态参量选择的科学性直接关系到分析的准确性和可靠性。系统的状态参量的选择要能够真实反映出系统及其子系统的运作现状和存在问题,科学地分析出系统及其子系统的协同情况。

2. 可行性

系统状态参量纷繁复杂,涉及很多方面,因此系统的状态参量的选择就必须抓住重要的方面、选取关键状态参量,同时要坚持简单的原则,又要确保有效性,状态参量应简单易懂,便于获取,要用最简单的状态参量体系反映最真实的状况内容简洁明晰,避免产生误解和歧义,要能够完整地反映系统及其子系统的特性。

3. 层次性

系统及其子系统状态参量的选择分清主次,在每个层次中选取必须科学、准确地评估系统及其子系统的状态参量,表征系统及其子系统的状态,提供有效的反馈信息,以便进行更好的分析和决策。

4. 特殊性

系统及其子系统运行中一个典型的特点是存在效益悖反关系，不同子系统之间可能在目标、运作上存在冲突。因此，在构建系统综合评价的状态参量体系时，应充分考虑系统协同的特殊性。

（二）序参量选取

设（U，E，V，f）是一个社会经济系统或其子系统，对象集 $U = \{u_1, u_2, \cdots, u_n\}$，其中 u_i 为 n 个相关案例；属性集 $E = \{X_1, X_2, \cdots, X_m, w_1, \cdots w_n\}$（m，l $\in$ Z^+），$E = X \cup W$，其中条件属性集 $X = \{X_1, X_2, \cdots, X_m\}$，决策属性集 $W = \{w_1, \cdots, w_l\}$，f 表示对象集与属性集的对应关系，即 f：U×E→V 的映射关系，其中 V 是函数 f 的值域。

1. 赋值

以系统的初始值的为标准确定在 f 条件下 V 的取值范围。如

$u_i \in U$，$X_j \in X$，$f(u_i, X_j) = 1, 2, 3, 4$

即对象集和条件集分为四个等级：1 表示低；2 表示持平；3 表示稍高；4 表示高。

$u_i \in U$，$w \in W$ 且 $F(u_i, w) = 1, 2, 3$

即案例结果分为三种情况：1 表示失败；2 表示达标；3 表示成功。

当然，可根据具体研究对象的不同进行不同的赋值。

2. 分析

分析对象集 $U = \{u_1, u_2, \cdots, u_n\}$ 中每个案例的具体情况，按 f：U×E→V 对每个 $f(u_i, X_i)$ 或 $f(u_i, w_i)$ 属性集进行赋值，建立指标数据模型表。

3. 属性约简运算

设属性集 E 等价关系 R_E 的频率分布为：

$$R_E : \begin{Bmatrix} U_1 & U_2 & \cdots & U_k \\ p_1 & p_2 & \cdots & p_k \end{Bmatrix}$$

可用信息熵来测度属性集 E 等价关系 R_E 的不确定性，即

$$H(R_E) = -\sum_{i=1}^{k} p_i \log_2(p_i)$$

如果分类不变，则信息熵就不变，因此变量的约简也就转换为寻找信息熵不变的最小变量子集过程。设有 k 维定性变量集 $T = (t_1, t_2, \cdots, t_k)$ 的 n 次观测

值,可利用信息熵找到分类不变的最小变量子集。先计算出由 k 维定性变量集 T 形成的等价关系 R_T 的信息 $H(R_T)$,然后分别计算 $H(R_{T-(t_1)})$,$H(R_{T-(t_2)})$,…,$H(R_{T-(T_i)})$ 的信息熵,如果 $H(R_E) = H(R_{T-(t_i)})$,则 $R_{T-(t_i)}$ 为分类不变的等价关系,可知变量 $t_i(1 \leq i \leq m)$ 是可被约简的,得到信息熵不变的变量子集。接下来再计算 $T' = (t_1, t_2, …, t_{i-1}, t_{i+1}, …, t_k)$,对于信息熵不变的等价关系,每去掉一个变量就计算其信息熵,直到找到使信息熵不变的最小变量集为止。

4. 结果

经过筛选的得到的最小属性约简集 $\{X_1, …, X_c\}(c \geq 1, c \in Z^+)$ 的变量可以近似作为系统的序参量。

二、自组织模型的构建与分析

本书以 Langevin 方程 $\frac{dX_i(t)}{dt} = -\gamma_i X_i(t) + g_i(X_i, t) + F(t)$ 作为主要的研究工具描述系统协同演化自组织模型,分析单序参量和双序参量的协同演化模型,三个及三个以上序参量的协同演化模型可以通过矢量分析法转化为单序参量或双序参量的协同演化模型进行分析。在 Langevin 方程中,$X_i(t)$ 表示系统中相互联系、相互协同的各子系统的状态变量,γ_i 表示阻尼系数,$g_i(X_i, t)$ 是协同作用函数,$F(t)$ 是随机涨落力,t 表示时间。

(一) 单序参量自组织模型分析

在单序参量的情况下,系统完全可以通过序参量来描述其相变现象。因此,单序参量协同演化模型就是系统的序参量运动方程。根据 Langevin 方程单序参量自组织模型构建如下:①

$$\frac{dX}{dt} = (\alpha - \gamma)X - \rho X^3$$

其中,X 表示序参量(关于时间 t 的函数),α 表示序参量系统协同演化的影响系数,γ 表示序参量的阻尼系数,ρ 表示序参量 x 的衰减系数,t 表示时间。

其势方程为

$$V(X) = \frac{1}{2}(\alpha - \gamma)X^2 - \frac{1}{4}\rho X^4$$

---

① 吴大进. 协同学原理和应用 [M]. 武汉: 华中理工大学出版社, 1990: 21-30.

由于 γ>0 且 ρ>0，因此

（1）当 α<γ 时，由 $\frac{dX}{dt}=0$ 得 X=0，由于 $\frac{d}{dt}(\frac{dX}{dt})\big|_{X=0}=0$，所以系统在 X=0 处平衡，即系统在 (0, 0) 存在相变点。当序参量 $\frac{dX}{dt}>0$ 即 X>0 时，此时系统在唯一的相变点即在 (0, 0) 处发生相变。这种系统是一种最简单的、只有单一控制参量（也是序参量）的系统，即系统的演化发展（包括相变）完全由序参量 X 决定。理论上存在，但在实际中却很难找到，特别是在经济社会系统或其子系统中更难发现。如图 4-1 所示。

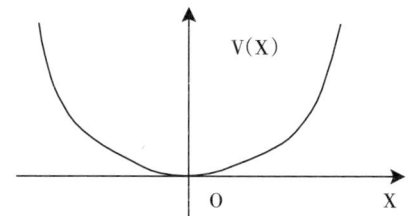

图 4-1　当 α<γ 时单序参量自组织演化模型

（2）当 α>γ 时，由得 $\frac{dX}{dt}=0$ 得 X=0，$\pm\sqrt{\frac{2(\alpha-\gamma)}{\rho}}$

由于 $\frac{d}{dX}(\frac{dX}{dt})\big|_{X=0,\pm\sqrt{\frac{2(\alpha-\gamma)}{\rho}}}<0$，因此系统在 X=0，$\pm\sqrt{\frac{2(\alpha-\gamma)}{\rho}}$ 处平衡，即系统存在三个相变点 $K_1(-\sqrt{\frac{2(\alpha-\gamma)}{\rho}}, -\frac{(\alpha-\gamma)^2+(\alpha-\gamma)^4}{\rho})$，(0, 0)，$K_2(\sqrt{\frac{2(\alpha-\gamma)}{\rho}}, -\frac{(\alpha-\gamma)^2+(\alpha-\gamma)^4}{\rho})$。其演化过程分为四个阶段，即 $(-\infty, -\sqrt{\frac{2(\alpha-\gamma)}{\rho}}]$，$(-\sqrt{\frac{2(\alpha-\gamma)}{\rho}}, 0]$，$(0, -\sqrt{\frac{2(\alpha-\gamma)}{\rho}}]$，$(\sqrt{\frac{2(\alpha-\gamma)}{\rho}}, +\infty)$ 四个区间所对应的阶段。

（二）双序参量自组织模型分析

在双序参量的情况下，由于系统与序参量之间、序参量之间存在着正负反馈作用等相互作用，单序参量的势函数一维二阶求导判断方法显然很难解释双序参量如何共同作用而主导系统发生相变。因此，本书从系统与序参量之间、序参量之间相互作用形成系数的角度进行相变分析，同样也能够解释和描述系统的相变现象。根据 Langevin 方程，双序参量自组织模型构建如下：

$$\begin{cases} \dfrac{dS}{dt} = \alpha S + \alpha_1 X_1 + \alpha_2 X_2 + \alpha_3 X_1 X_2 + F(t) \\ \dfrac{dX_1}{dt} = (\alpha_4 - \gamma_1) X_1 - \rho X_1^2 - \beta_1 X_1 X_2 \\ \dfrac{dX_2}{dt} = -\gamma_2 X_2 + \beta_2 X_1^2 \end{cases}$$

X_1 和 X_2 表示序参量；S 表示系统的状态参量，是关于序参量 X_1 和 X_2 的函数；α 表示系统的自反馈系数；α_1 表示序参量 X_1 对系统协同演化的影响系数，α_2 表示序参量 X_2 对系统协同演化的影响系数，α_3 表示序参量 X_1 和 X_2 的相互作用对于系统协同演化的影响系数，α_4 是序参量 X_1 和 X_2 共同的增益系数；γ_1 是序参量 X_1 阻尼系数，γ_2 是序参量 q_2 阻尼系数；ρ 表示序参量 X_1 的衰减系数；β_1 表示序参量 X_1 和 X_2 之间相互作用力系数，β_2 表示序参量 X_1 和 X_2 相关系数；$F(t)$ 表示系统的随机涨落；t 表示时间。

当系统处于稳定状态时，$\dfrac{dS}{dt} = \dfrac{dX_1}{dt} = \dfrac{dX_2}{dt} = 0$，是系统的初始解，即研究一种平衡跃迁为另一种平衡的演化过程的起点。若视方程组为关于 S、X_1、X_2 线性方程，可得特征矩阵：

$$\begin{bmatrix} \alpha & \alpha_1 + \dfrac{1}{2}\alpha_3 q_2 & \alpha_2 + \dfrac{1}{2}\alpha_3 q_2 \\ 0 & \alpha_4 - \gamma_1 - \rho q_1 - \dfrac{1}{2}\beta_1 q_2 & -\dfrac{1}{2}\beta_1 q_2 \\ 0 & \beta_1 q_2 & -\gamma_2 \end{bmatrix}$$

在平衡点 (S, X_1, X_2) = (0, 0, 0) 处的特征方程为：

$$\begin{bmatrix} \lambda - \alpha & -\alpha_1 & -\alpha_2 \\ 0 & \lambda - (\alpha_4 - \gamma_1) & 0 \\ 0 & 0 & \lambda - (-\gamma_2) \end{bmatrix} = 0$$

得特征根 $\lambda_1 = \alpha$，$\lambda_2 = \alpha_4 - \gamma_1$，$\lambda_3 = -\gamma_2$。

γ_2 是序参量 q_2 阻尼系数，根据方程的表示形式可知 $-\gamma_2$ 恒为负，$\lambda_3 < 0$ 即恒成立，系统的稳定性是由 α、α_4 和 γ_1 决定。因此：

(1) 当 $\alpha < 0$ 且 $\alpha_4 < \gamma_1$ 时，特征根均为负数，系统平衡点稳定，任何从 (0, 0, 0) 平衡点附近出发的轨线均收敛趋于零，即序参量 X_1 和 X_2 必随时间 t

衰减，不能形成合力或单独支配系统发生相变。方程组有唯一稳定解（S，X_1，X_2）=（0，0，0）。此时，即使随机涨落力存在，也不能引起解的振幅的波动，平衡点仍然具有"吸引性"。如图4-2所示。

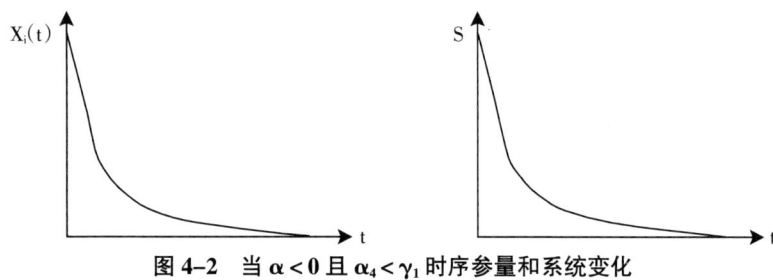

图4-2　当$\alpha < 0$且$\alpha_4 < \gamma_1$时序参量和系统变化

（2）当$\alpha < 0$且$\alpha = \gamma_1$时，系统出现相变点（稳定点或叫分岔点），即系统处于相变的临界状态。此时序参量X_1和X_2形成合力或单独支配（引导）系统的正向演化，在随机涨落的作用，并不断朝临界值（点）逼近，但由于X_1和X_2形成的合力或单独作用力小于或等于系统宏观向量的作用力，系统的状态没有出现突变，系统没有形成一种新的有序结构。当$\alpha < 0$且$\alpha_4 > \gamma_1$时，系统失去稳定并发生相变，形成一种新的、初级的紧密结构，系统进入了新的有序阶段。如图4-3所示。

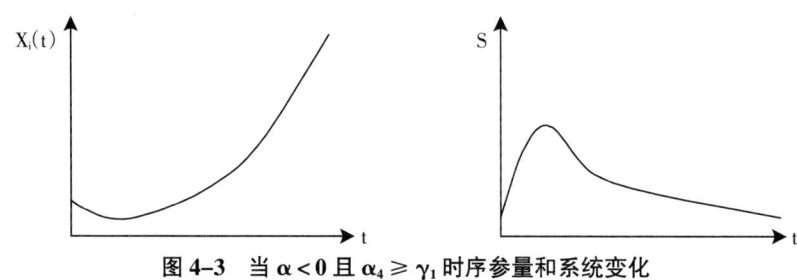

图4-3　当$\alpha < 0$且$\alpha_4 \geq \gamma_1$时序参量和系统变化

（3）当$\alpha = 0$且$\alpha_4 = \gamma_1$时，系统处于相对稳定平衡状态，系统达到一个新的、较高阶段的相变点。当$\alpha > 0$且$\alpha_4 < \gamma_1$时，系统失去原有稳定状态，在序参量X_1和X_2形成合力或单独作用力大于系统宏观向量的作用力，支配系统突破系统稳定临界点，在随机涨落力的作用下，系统发生相变，出现新的更紧密的结构，系统进入自组织的阶段。如图4-4所示。

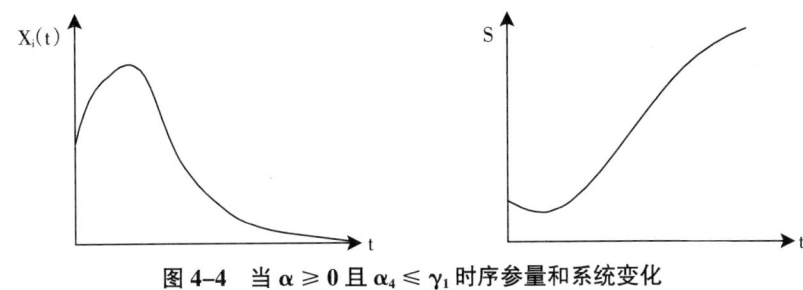

图 4-4 当 $\alpha \geqslant 0$ 且 $\alpha_4 \leqslant \gamma_1$ 时序参量和系统变化

（4）当 $\alpha > 0$ 且 $\alpha_4 = \gamma_1$ 时，系统处于相对稳定平衡状态，系统达到一个新的、更高阶段的相变点。当 $\alpha > 0$ 且 $\alpha_4 > \gamma_1$ 时，系统失去原有稳定状态，在序参量 X_1 和 X_2 形成合力大于系统宏观向量的作用力，小的随机涨落会引起内部极大的活动。此时，在随机涨落力的作用下，出现更加稳定的新结构，呈现出一种高级自组织的状态。如图 4-5 所示。相变结束后，序参量 X_1 和 X_2 逐渐退出，系统重新寻找新的序参量。

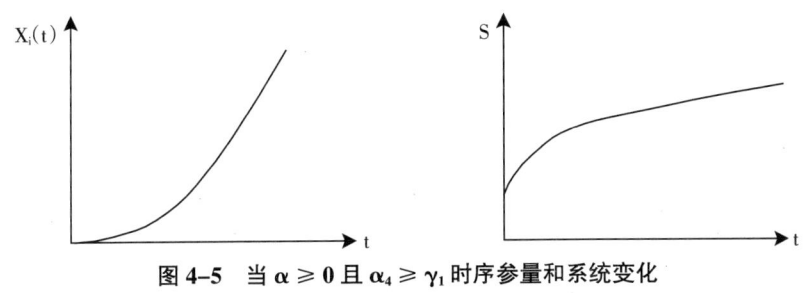

图 4-5 当 $\alpha \geqslant 0$ 且 $\alpha_4 \geqslant \gamma_1$ 时序参量和系统变化

综上所述，双序参量自组织模型可采用待定系数法讨论系统从低级到高级的演化过程和其相变点，也分为"四个阶段，三个相变"，可用其协同演化模型系数描述如表 4-1 所示。

表 4-1 系统"四个阶段，三个相变"特征

系数取值	$\alpha<0$ 且 $\alpha_4<\gamma_1$	$\alpha<0$ 且 $\alpha_4=\gamma_1$	$\alpha<0$ 且 $\alpha_4>\gamma_1$	$\alpha=0$ 且 $\alpha_4=\gamma_1$	$\alpha>0$ 且 $\alpha_4<\gamma_1$	$\alpha<0$ 且 $\alpha_4=\gamma_1$	$\alpha>0$ 且 $\alpha_4>\gamma_1$
有序状态	无序	相变临界点	总体无序局部有序	相变临界点	有序	相变临界点	高级有序
组织状态	独立组织	相变临界点	他组织	相变临界点	自组织	相变临界点	高级自组织

三、基于粗糙集的协同演化模型的适用性分析

针对社会经济系统数据具有复杂性、离散性、能动性等特点而改进的基于粗糙集的协同演化模型只是对一般协同演化模型的一种运算简化的改进，其适用对象仍然是具有自组织特征的开放式系统，而适用范围主要集中在社会经济系统及其子系统协同演化过程的各种自组织现象，目的就是简化复杂运算使其更便于揭示社会经济系统及其子系统的协同演化规律和原理，更便于把握、控制和管理系统协同演化的方向和节奏，抓住关键因素因势利导，从而达到事半功倍的效果。

根据第三章第三节所述可知，物流企业资源系统的自组织现象属于社会经济系统范畴的自组织行为和过程。作为一种行为，物流企业资源系统的自组织是在一定社会范围内和一定条件下，通过物流企业资源系统自我选择、"竞协"、改变和适应环境，从而达到新的有序状态的自组织行为；作为一种过程，物流企业资源系统的自组织是指物流企业资源系统在无外部特定干预的情况下，自我适应和更新的协同演化过程。

物流企业资源系统自身的协同演化是一种自组织的行为和过程。作为一种自组织行为，物流企业资源系统自身的协同演化体现在其逐步消化其系统内部他组织现象的各种活动中；作为一种自组织过程，物流企业资源系统自身协同演化表现出一个以"独立组织→他组织→自组织→高级自组织"为基本演化路线，从低级到高级，从"无序→有序→高级有序"的自组织过程。因此，基于粗糙集的协同演化模型适用于分析物流企业资源系统自身的协同演化过程，有助于揭示其协同演化的阶段、相变、关键因素（序参量）等的内涵和机理。

而作为物流企业资源系统实现协同演化目标的重要手段和片段过程，并购整合也是物流企业资源系统的自组织现象之一。其自组织行为体现在物流企业通过并购整合手段不断吸收和消化外部资源的各种活动中。其自组织过程则表现为并购整合并不是一个结果点，而是一个并购整合双方资源融合的过程，也是一个"独立组织→他组织→自组织→高级自组织"的协同演化过程。因此，基于粗糙集的协同演化模型也适用于分析物流企业资源系统并购整合过程的协同演化，有助于揭示物流企业资源系统并购整合过程协同演化的阶段、相变和协同管理等的内涵机理及序参量的作用等。

本章小结

协同学研究的对象是自组织，而协同演化模型是研究自组织的基本模型。本章在一般协同演化模型的基础上构建基于粗糙集的协同演化模型，主要观点如下：

（1）基于粗糙集的协同演化模型可由粗糙集约简算法模型和自组织演化模型两部分构成，前者选取序参量，后者用于分析自组织过程。基于粗糙集的协同演化模型主要应用于具有离散性、复杂性和人为特征的社会经济系统及其子系统。

（2）通过对协同演化模型分析，揭示了系统自组织"四阶段，三相变"的演化规律，为讨论物流企业资源系统自身的协同演化及其并购整合过程的协同提供基本数理模型。

第五章 物流企业资源系统生命周期的协同演化分析

世界上任何事物的发展都存在着生命周期，物流企业资源系统也不例外。生命周期如同一双无形的巨手，始终左右着物流企业资源系统发展的轨迹。因此，研究物流企业资源系统的自组织的行为和现象，应首先把握其生命周期的协同演化过程。

第一节 物流企业资源系统生命周期分析

物流企业资源系统是一个有生命力的有机体，发展是其所追求的永恒主题，任何一个物流企业资源系统从其诞生的那一刻起，就有追求发展的内在动力。

一、生命周期阶段分析

物流企业资源系统在发展过程中必定经历具有不同特点和"关口"的若干阶段，标准的生命周期分析认为任何事物的发展必然经历形成、成长、成熟、衰退四个阶段。如图5-1所示。这迫使物流企业资源系统要进行不断的变革和创新，以适应特定发展阶段的要求。

物流企业资源系统作为自组织，其协同演化是一个"独立组织→他组织→自组织→高级自组织"的过程，对应的物流企业资源系统生命周期阶段为：初创阶段、成长阶段、成熟阶段和衰退阶段。不论是资本注入型还是白手起家型的物流企业，其发展历程必然要经过"形成→成长→成熟→衰退"的过程。

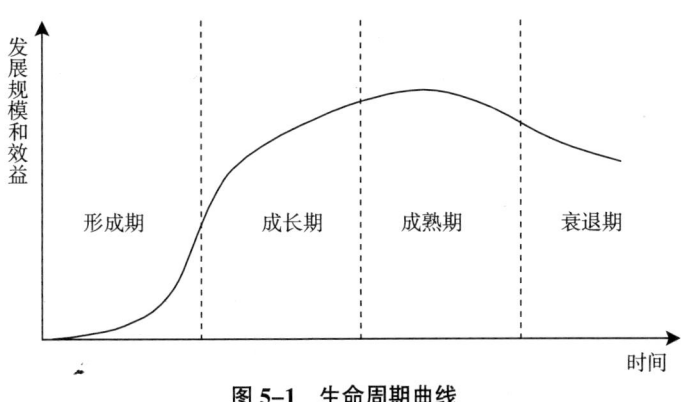

图 5-1 生命周期曲线

二、生命周期的阶段特征

物流企业资源系统的发展也是一个从弱到强的发展阶段，每个阶段内都有着自己的特征。可用下列四个变量来度量物流企业在不同的发展阶段特征：①企业利润——企业的平均盈利水平；②企业规模——物流企业平均发展规模；③技术成熟度——技术成熟状况；④企业行为——物流市场行为。如表 5-1 所示。

表 5-1 物流资源系统生命周期阶段的特征

特征＼阶段	形成阶段	成长阶段	成熟阶段	衰退阶段
盈利能力	利润空间较大，存在高额垄断利润	市场需求大但利润空间缩小	企业边际利润进一步递减	企业边际利润等于或者小于零
企业规模	物流企业规模小、功能单一。市场需求大，竞争压力大	物流企业规模逐渐开始壮大，价格竞争开始。出现真正的"意义"物流企业	产业规模达到最大，物流巨头与规模较小的企业共同抢占市场	企业规模开始退缩，仅剩下考虑退出壁垒高的物流巨头
技术成熟度	物流技术不成熟，物流设备落后	物流技术与设备发展逐步成熟	物流技术和设备发展日趋成熟	物流技术和设备研发放缓
企业行为	企业资源投入增大但有限，大肆抢占市场；融资活动加快	在技术、物流设备和人才等企业资源投入逐步加大；上市融资出现	企业资源投入稳定。为维持正常的物流企业运转，出现多种融资渠道	企业仅以少量资源投入或者撤销部分投入以寻求新的行业增长点

第二节 物流企业资源系统生命周期的协同演化模型

物流企业资源系统作为一个自组织，其生命周期的协同演化也是一个包含"四阶段，三相变"的过程。本节尝试从定量的角度构建物流企业资源系统生命周期的协同演化构建协同演化模型。

一、生命周期序参量的识别与选取

遵循物流企业资源系统状态参量的选取原则，根据系统结构、功能属性的特征，可从物流企业资源系统四个子系统中各选取能体现各子系统即系统状态的参量作为筛选对象。

（一）状态参量的选取

从上节的分析中可知，物流企业资源系统内部子系统包含了资产、核心竞争力、协同能力、企业文化、人力资源等资源，因此选择资产、核心竞争力、协同能力、企业文化作用力、人力资源管理水平作为内部子系统的状态参量；输入子系统包含了信息、资金和物资三种资源，在系统的功能和结构上主要体现为输入总价值和信息流、资金流、物资流的比例关系，因此选择输入总价值和输入"三流"比例关系作为输入子系统的状态参量；同理，输出子系统也包含了信息、资金和物资三种资源，在系统的功能和结构上主要体现为输出总价值和信息流、资金流、物资流的比例关系，因此选择输出总价值和输出"三流"比例关系作为输出子系统的状态参量；外部关系子系统包含了与监管部门、行业协会、配套服务企业、竞争者、替代者等之间的关系资源，在系统功能和结构上主要体现为外部关系和谐程度，因此外部关系和谐程度作为外部关系子系统的状态参量；物流企业资源系统的状态参量则是由其子系统状态参量的集合。如表5-2所示。

表5-2 物流企业资源系统状态参量选取说明

子系统		状态参量	说明
物流企业资源系统	内部子系统	X_1 核心竞争力	物流企业之所以存在而区别于其他主体的能力总和,是技术、管理等关于时间的函数
		X_2 协同能力	各种物流企业资源之间协同运作的能力,是信息流、资金流和物资流结构比例和使用效率关于时间的函数
		X_3 资产	物流企业资源的总价值关于时间的函数
		X_4 企业文化影响力	企业文化对物流企业资源系统发展的影响作用关于时间的函数
		X_5 人力资源管理水平	物流企业人力资源的使用水平即所创造的价值关于时间的函数
	输入子系统	X_6 输入总价值	在一定时间点累计的输入物资、信息、资金等的价值总和
		X_7 输入"三流"的比例关系	在一定时间点累计的信息、资金等的价值占输入总值的比例,显示输入资源结构变化
	输出子系统	X_8 输出总价值	在一定时间点累计的信息、资金等的价值占输入总值的比例,显示输出资源结构变化
		X_9 输出"三流"的比例关系	在一定时间点累计的输入信息、资金、货物等的价值比例关系,显示输入资源结构的变化
	外部关系资源子系统	X_{10} 外部关系和谐程度	显示外部关系主体间"和谐"关系的变化关于时间的函数

(二)序参量的模型

设 $S = (U, E, V, f)$ 是一个物流企业资源系统,对象集 $U = \{u_1, u_2, \cdots, u_{80}\}$,其中 u_i 为80家国内外物流企业成长案例;属性集 $E = \{X_1, X_2, \cdots, X_{10}, w\}$,$E = X \cup W$,其中条件属性集 $X = \{X_1, X_2, \cdots, X_{10}\}$,决策属性集 $W = \{w\}$,f 表示对象集与属性集的对应关系,即 $f: U \times E \to V$ 的映射关系,其中 V 是函数 f 的值域。

1. 赋值

以物流企业资源系统的状态参量的阶段末期算数加总值为初始值(标准),按第四章第三节介绍的方法对集合 U 中的元素进行赋值。

表5-3 物流企业资源系统状态参量赋值

	X_1	X_2	X_3	X_4	X_5	X_6	X_7	X_8	X_9	X_{10}	w
u_1	1	1	1	1	1	1	1	1	1	1	1
u_2	1	1	2	1	2	1	2	2	1	2	1
u_3	2	2	4	2	4	2	2	3	2	2	2
u_4	3	3	3	3	3	2	2	2	2	2	2

续表

	X_1	X_2	X_3	X_4	X_5	X_6	X_7	X_8	X_9	X_{10}	w
u_5	4	4	4	2	4	2	3	3	3	4	3
u_6	1	1	1	1	1	1	1	1	1	1	1
u_7	1	1	2	1	2	1	2	2	1	2	1
…	…	…	…	…	…	…	…	…	…	…	…
u_{78}	4	4	4	2	4	2	3	3			3
u_{79}	3	3	3	2	3	2	2	2	2	3	2
u_{80}	4	4	4	2	4	2	3	3	3	4	3

2. 建立指标数据模型表，如表 5-3 所示

3. 属性约简运算

如表 5-4 所示，对象集关于条件集 X 的划分 U/X = {U_1，U_2，U_3，U_4，U_5}，对象集关于决策集 W 的划分 U/W = {W_1，W_2，W_3}，其中 W_1 = $U_1 \cup U_2$，W_2 = $U_3 \cup$

表 5-4　物流企业资源系统状态参量数据属性约简

	X_1	X_2	X_3	X_4	X_5	X_6	X_7	X_8	X_9	X_{10}	w
U_1	1	1	1	1	1	1	1	1	1	1	1
U_2	1	1	2	1	2	1	2	2	1	2	1
U_3	2	2	4	2	4	2	2	3	2	2	2
U_4	3	3	3	2	3	2	2	2	2	3	2
U_5	4	4	4	2	4	2	3	3	3	4	3

U_4，W_3 = U_5。

∵ $POS_X(W) = U$，$k = \gamma_X = |POS_X(W)|/|W| = 1$，即 $P_X \subseteq R_W$

∴ (U，E，V，f) 协调集，是完全确定型判别

又 ∵ 信息熵 $H(W) = I(X, W) = H(X) + H(W) - H(XW) = 1.04$

且 $I(X_1, W) = I(X_2, W) = \max\{I(X_i, W)\} = 1.04$

∴ {X_1，X_2} 为简约集。

4. 结论

通过上述的简约运算，可以看到核心竞争力 X_1、协同能力 X_2 在物流企业资源系统协同演化中的重要性，而且这两个状态变量的变化波动一般保持在一定的区间内且变化缓慢，一旦跃进到一个新的波动区间，则系统将会进入一个新的发展阶段，符合序变量的特点。故选取核心竞争力 X_1、协同能力 X_2 为物流企业资

源系统协同演化相变的序参量。

二、生命周期的自组织模型

物流企业资源系统生命周期的自组织模型构建如下：

$$\begin{cases} \dfrac{dS}{dt} = \alpha_1 X_1 + \alpha_2 X_2 + \alpha_3 S + \alpha_4 X_1 X_2 + F(t) \\ \dfrac{dX_1}{dt} = (\alpha - \gamma_1)X_1 - \rho X_1^2 - \beta_1 X_1 X_2 \\ \dfrac{dX_2}{dt} = -\gamma_2 X_2 + \beta_2 X_1^2 \end{cases}$$

其中，S 表示物流企业资源系统的状态参量，是关于序参量核心竞争力 X_1 和协同能力 X_2 的函数；α 表示物流企业资源系统的自反馈系数，α_1 表示序参量核心竞争力 X_1 对物流企业资源系统协同演化的影响系数，α_2 表示序参量协同能力 X_2 对物流企业资源系统协同演化的影响系数，α_3 表示序参量 X_1 和协同能力 X_2 的相互作用对于物流企业资源系统协同演化的影响系数，α_4 是序参量 X_1 和 X_2 增益系数；γ_1 是序参量 X_1 阻尼系数，γ_2 是序参量 X_2 阻尼系数；ρ 表示序参量 X_1 的衰减系数；β_1 表示序参量核心竞争力 X_1 和协同能力 X_2 之间相互作用力系数，β_2 表示序参量 X_1 和协同能力 X_2 相关系数；F(t) 表示物流企业资源系统的随机涨落；t 表示时间。

三、模型的求解

当系统处于稳定状态时，$\dfrac{dS}{dt} = \dfrac{dX_1}{dt} = \dfrac{dX_2}{dt} = 0$，是系统的初始解，即研究一种平衡跃迁为另一种平衡的演化过程的起点。若视方程组为关于 S、X_1 和 X_2 的函数线性方程，可得特征矩阵：

$$\begin{bmatrix} \alpha & \alpha_1 + \dfrac{1}{2}\alpha_3 X_2 & \alpha_2 + \dfrac{1}{2}\alpha_3 X_2 \\ 0 & \alpha_4 - \gamma_1 - \rho X_1 - \dfrac{1}{2}\beta_1 q_2 & -\dfrac{1}{2}\beta_1 X_1 \\ 0 & \beta_1 X_1 & -\gamma_2 \end{bmatrix}$$

在平衡点 (S, X_1, X_2) = (0, 0, 0) 处的特征方程为：

$$\begin{bmatrix} \lambda - \alpha & -\alpha_1 & -\alpha_2 \\ 0 & \lambda - (\alpha_4 - \gamma_1) & 0 \\ 0 & 0 & \lambda - (-\gamma_2) \end{bmatrix} = 0$$

得特征根 $\lambda_1 = \alpha$，$\lambda_2 = \alpha_4 - \gamma_1$，$\lambda_3 = \gamma_2$。

γ_2 是序参量 X_2 阻尼系数，根据方程的表示形式可知 $-\gamma_2$ 恒为负，即 $\lambda_3 < 0$ 恒成立，物流企业资源系统的稳定性是由 α、α_4 和 γ_1 决定。

第三节 物流企业资源系统生命周期协同演化模型分析

本节结合演绎归纳的模型，从定量的角度出发，分析在双序参量情况下，物流企业资源系统协同演化的相变问题，有助于理解物流企业资源系统在生命周期"四阶段，三相变"的内涵。

一、生命周期协同演化的特征分析

物流企业资源系统协同演化的实质是按一定目的和要求将原来有序度低的、分散的物流企业资源通过并购整合的方式形成有序度高的、和谐的物流企业资源系统自组织功能和组织结构，使之能够发挥出强大的竞争优势，产生协同效应。其协同演化过程大致可分为四个阶段和三个相变，如表5-5、图5-2所示。

表5-5 物流企业资源系统生命周期的协同演化特征

系数取值	$\alpha<0$ 且 $\alpha_4<\gamma_1$	$\alpha<0$ 且 $\alpha=\gamma_1$	$\alpha<0$ 且 $\alpha_4>\gamma_1$	$\alpha=0$ 且 $\alpha_4=\gamma_1$	$\alpha>0$ 且 $\alpha_4<\gamma_1$	$\alpha<0$ 且 $\alpha_4=\gamma_1$	$\alpha>0$ 且 $\alpha_4>\gamma_1$
系统状态	无序	相变临界点	总体无序局部有序	相变临界点	有序	相变临界点	高级有序
组织状态	独立组织		他组织		自组织		高级自组织
阶段	形成阶段		成长阶段		成熟阶段		衰退阶段
序参量		核心竞争力		协同能力为主，核心竞争力为辅		协同能力为主，核心竞争力为辅	

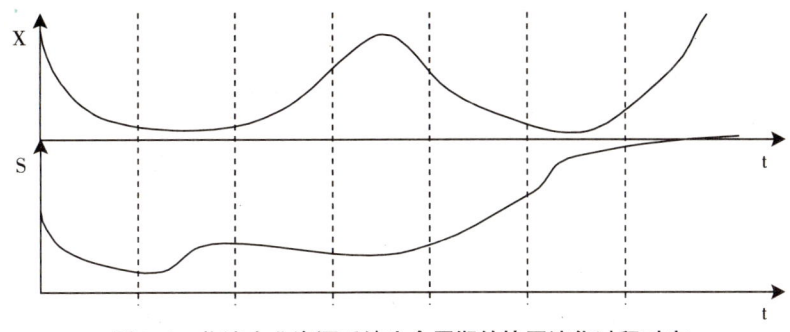

图 5-2 物流企业资源系统生命周期的协同演化过程对应

在这个过程中,序参量的特性决定物流企业资源系统的最终运动方向,但序参量并不是在整个协同演化过程都发挥决定作用,而只在相变点附近。在每个具体的阶段,在涨落的作用下产生的控制参量都可能成为物流企业资源系统某段时间内的决定因素。由内外部因素引起的涨落是物流企业资源系统协同演化的动力。

二、生命周期协同演化的阶段和相变分析

(一)"形成阶段→成长阶段"的相变

1. 形成阶段的状态分析

当 $\alpha < 0$ 且 $\alpha_4 < \gamma_1$ 时,特征根均为负数,说明物流企业资源系统的独立关系平衡稳定。任何从 (0,0,0) 平衡点附近出发的轨线均收敛趋于零,即序参量核心竞争力 X_1 和协同能力 X_2 必随时间 t 衰减,不能形成合力或单独支配物流企业资源系统发生相变。方程组有唯一稳定解 $(S, X_1, X_2) = (0, 0, 0)$,说明初创阶段物流企业资源系统处于独立状态,即物流企业相互间是一种竞争关系。此时,即使存在较大的随机涨落力如市场需求的剧烈变化,也不能引起竞争关系的实质性变化。

此时,物流企业资源系统既存在着各自独立的运动趋势,也存在相互联系相互影响的合作运动趋势,即同时存在竞争与合作的关系。物流企业资源系统协同演化动力的形成正是来自于这种竞争和合作这两种相互作用。当进行资源协同合作的收益小于自身的独立运作时,物流企业资源独立运动的趋势将大于相互关联的合作运动趋势,即物流企业资源之间更倾向于竞争,依靠自己的力量取得竞争优势。这时并购整合双方物流企业资源系统之间在宏观上表现为一种杂乱无章的

无序状态,是一种独立组织的状态。

2. 临界状态分析

当 $\alpha < 0$ 且 $\alpha_4 = \gamma_1$ 时,物流企业资源系统独立竞争状态达到稳定的临界值。也就是说,物流企业资源系统的资源数量、质量或是结构和功能已经达不到或不能满足物流企业运作和系统自身发展要求。

3. 相变分析

当 $\alpha < 0$ 且 $\alpha_4 > \gamma_1$ 时,增益系数 α_4 克服序参量 X_1(核心竞争力)的阻尼系数 γ_1,在涨落力(并购交易的达成)的作用下小背离平衡点,支配物流企业资源系统突破稳定临界点,并引导系统发生并购整合过程的第一次相变,出现新的有序,新的物流企业资源系统呈现出一种整体被组织为主的状态。而另外一个序参量 X_2(协同能力)却在其阻尼系数 γ_2 的作用下趋近于零,对系统的影响可以忽略不计,所以这次相变是由序参量 X_2(核心竞争力)主导的。此时,以并购为主的资本运作活动是物流企业资源系统的动力,即涨落力。在并购这个涨落力的推动下物流企业资源系统的独立运动的平衡状态受到破坏,物流企业资源系统开始吸收融合外部资源,并使物流企业资源系统的关系发生从"形成阶段→成长阶段"的相变。

(二)"成长阶段→成熟阶段"的相变

1. 成长阶段的状态分析

当 $\alpha < 0$ 且 $\alpha_4 > \gamma_1$ 时,物流企业资源系统在序参量 X_1(核心竞争力)和 X_2(协同能力)形成合力支配(引导)物流企业资源系统产生不断正负反馈,不断向新的有序演化,而且有随机涨落的作用,并不断朝临界值(点)逼近,但系统的运动方向可能会在正反馈的作用下倒退。

由于序参量 X_1(核心竞争力)和 X_2(协同能力)形成的合力小于系统宏观向量的作用力,物流企业资源系统的状态没有出现突变,系统没有形成一种新的有序结构。这个阶段,物流企业资源系统为实现做大做强和协同效应的目标,不断地制定和实施并购计划和方案,不断地吸收系统外部资源,不断调整物流企业资源系统的结构和功能,因此,整体处于被组织状态。此时,物流企业的涨落力主要还是来自物流企业资源系统的外部环境,并通过以并购整合为主的资本运作方式实现。

2. 临界状态分析

当 $\alpha = 0$ 且 $\alpha_4 = \gamma_1$ 时，物流企业资源系统出现系统分支（分岔）点，即物流企业资源系统处于向新的有序改变的临界状态，即物流企业资源系统在涨落力（并购行为）的作用下，不断消化局部被组织现象，在系统的结构和功能上将产生质的飞跃。

3. 相变状态分析

当 $\alpha > 0$ 且 $\alpha_4 < \gamma_1$ 时，序参量 X_1（核心竞争力）和 X_2（协同能力）形成的合力随即在涨落的作用下背离平衡点，支配物流企业资源系统突破稳定临界点，发生协同演化过程的第二次相变——"成长阶段→成熟阶段"的相变，出现新的有序，物流企业资源系统呈现出一种整体自组织局部被组织的状态。此次相变时序参量 X_2（协同能力）的作用大于 X_1（核心竞争力）的作用力，因此，此次相变序参量是以协同能力 X_2 为主、核心竞争力 X_1 为辅形成的合力，而涨落力主要来自内部的各子系统及其各层次资源要素之间，在消化和吸收外部并购资源过程中产生的相互作用。

（三）"成熟阶段→衰退阶段"的相变

1. 成熟阶段的状态分析

当 $\alpha > 0$ 且 $\alpha_4 < \gamma_1$ 时物流企业资源系统进入成熟阶段也即进入了自组织状态，此时物流企业资源系统一方面要与外界进行各种交换，另一方面也受系统内部各子系统"被组织"的规则、惯性等影响。整体处于自组织的有序状态，局部处于被组织的无序状态。

物流企业资源系统在序参量 X_1（核心竞争力）和 X_2（协同能力）形成合力支配（引导）物流企业资源系统产生不断正负反馈，不断向新的有序演化，而且在随机涨落的作用，并不断朝临界值（点）逼近，但系统的运动方向可能会在正反馈的作用下倒退。但序参量 X_1（核心竞争力）和 X_2（协同能力）形成的合力小于系统宏观向量的作用力，物流企业资源系统的状态没有出现突变，系统没有形成一种新的有序结构。物流企业的涨落力主要来自物流企业资源系统的内部结构和功能的调整并通过以并购为主的资本运作方式实现。

2. 临界状态分析

当 $\alpha > 0$ 且 $\alpha_4 = \gamma_1$ 时，物流企业资源系统出现系统分支（分岔点），即物流企业资源系统经过成熟阶段的结构和功能调整后处于向新的、更高级的、组织更紧密的有序状态突变的临界状态。

3. 相变状态分析

当 $\alpha > 0$ 且 $\alpha_4 > \gamma_1$ 时，物流企业资源系统失去原有自组织有序的状态，序参量核心竞争力 X_1 和协同能力 X_2 形成合力大于系统宏观向量的作用力，在随机涨落作用下，引导物流企业资源系统发生并购整合过程的第三次相变——"成熟阶段→衰退阶段"的相变，出现更加稳定的新结构，呈现出一种高级自组织的状态。在这次相变中，增益系数 α_4 克服序参量 X_1（核心竞争力）的阻尼系数 γ_1，使得核心竞争力 X_1 的衰减速度小于协同能力 X_2，因此，这次相变的序参量是以核心竞争力 X_1 为主、协同能力 X_2 为辅形成的合力，而涨落则是由物流企业资源系统各子系统、内部各资源要素之间的相互作用和外部环境（特别是市场环境）的变化等引起的。

4. 高级自组织状态分析

物流企业资源并购整合过程的第三次相变发生意味着物流企业资源系统已经产生协同效应。达到高级自组织阶段的物流企业资源系统，序参量的自组织使命已经结束，但物流企业资源系统仍然处于不断向高的有序状态发展或逐步衰退。序参量核心竞争力 X_1 和协同能力 X_2 随着有序程度的不断提高都逐渐趋近于零，即物流企业资源系统原有的序参量逐渐退出历史舞台，系统将继续寻找演化的新的序参量。

第四节 生命周期各阶段并购动因和模式分析

并购是企业快速发展最有效的手段之一，但不同的生命周期阶段其并购的动因和模式也各不相同。从物流企业资源系统演化模型的分析可知，物流企业资源系统的协同演化过程经历了"四阶段，三相变"，在不同的阶段和不同的相变点物流企业并购有着不同的动因和模式。因此，本章在总体分析物流企业并购动因的基础上，按照企业发展阶段对物流企业并购的动因进行相应归纳，为分析物流企业资源系统协同演化各阶段的并购模式。

一、并购动因分析

物流企业资源系统并购整合的动因一般可分为外部动因和内部动因两类。处在不同演化阶段的物流企业进行并购整合的动因各不相同。

(一) 外因分析

1. 物流服务全球化、集成化趋势的影响

为获取最廉价的原材料,最大限度地降低加工成本、获得最丰厚的销售利润,20世纪80年代跨国经营和本地化生产风靡全球,随即在90年代掀起了经济全球化的浪潮。随着经济全球化发展步伐的加快,物流服务范围逐渐扩展到地区、国家乃至整个世界,物流服务的种类及相关的增值服务项目也随之丰富起来,"经济全球化,物流无国界"的趋势越来越明显。信息技术的迅猛发展也大大增强了物流基本功能,使物流与资金流、信息流迅速融合为一体,极大地提高了物流的沟通能力与运作效率。这对刚起步的中国本土物流企业提出了更高的要求。[①]

2. 物流产业自身发展需求

物流产业是物流资源产业化而形成的一种复合型或聚合型产业,是一个具有区域覆盖广及规模效益的产业。随着经济全球化的发展和网络经济的兴起,全球物流服务产业本土化生产的趋势越来越明显,这既是社会分工的必然结果,也是市场经济的必然要求。物流产业是生产和制造企业节约物流的成本、提高物流效率的理想选择。因此,面对加入WTO后的激烈竞争,各类生产和制造企业提高竞争能力的需求是中国现代物流发展的强大动力,必然会带动物流产业的飞速发展。

3. 客户多样的需求

从物流服务需求上看,客户越来越希望得到"一体化"、"一站式"和"单点接触"的全程的、专业化的、个性化的物流服务。面对日益激烈的物流市场竞争和迅速变化的市场需求,简单的物流服务已经不能满足客户的需求。因此,中国本土物流企业生存与发展的关键在于能否通过物流企业资源的整合形成"一站式"集成化物流服务的能力。

---

① 刘睿. 物流企业资源整合的经济学分析 [D]. 上海: 上海海事大学, 2004: 6-7.

4. 物流企业竞争加剧

（1）竞争者数量庞大。随着中国经济的迅猛发展，物流行业所带来的巨大收益吸引了越来越多的新兴本土物流企业的参与竞争，特别是2005年中国遵循加入WTO的承诺，开放中国物流市场而导致大量外国大型物流企业进入中国物流市场，造成了中国本土物流产业竞争者数量空前庞大。

（2）竞争范围扩大。物流作为企业战略管理的一个组成部分已为大多数企业认同，生产企业、供应商、零售商、批发商等为了实现商流和物流等的合一而使物流竞争的范围越来越广，渗透到供应链的每个环节。如海尔集团在其产品供应链的基础上成功地把商流、物资流、信息流、资金流高效融合，也引发物流产业的范围从物流企业之间发展到供应链的每个环节。

（3）竞争程度加深。现代物流产业的竞争比任何时期都要激烈，中国本土物流企业更需要从战略上来整合现有物流企业资源，形成运作高效的物流企业资源系统，提升物流服务品质和功能，参与全球深度市场竞争。

（二）内部动因

1. 优化整合物流企业资源

物流企业资源系统本身是一个整体的概念，其内涵不仅涵盖包装、保管、运输、仓储等简单的物流活动或这些活动的叠加，而且包括了物资从生产者到消费者这一过程，物流企业资源系统是这些相关活动的集成。因此，优化整合物流资源是物流企业资源系统的内在需求，也是物流企业资源系统管理永恒的主题。

2. 形成物流企业资源系统的规模效应

通过并购整合形成的规模效应不仅可以降低物流成本、扩大物流规模、减少重复固定投资、节约人财物的消耗，而且也可以促进物流企业资源系统的运行机体和整体素质的提高与和谐，使物流企业资源系统更好地统一协调组织生产经营、行政管理、原料采购和产品营销等工作。① 如果能切实做好资产、人员、文化、管理、技术等的并购整合工作，那么并购整合所形成的规模效应不仅可以使物流企业资源系统产生"量"的增加，而且会给物流企业资源系统带来"质"的全面提高。

---

① 孙钦. 我国物流企业并购的动因研究[J]. 现代企业文化，2008（2）：3-4.

3. 提升物流企业核心竞争力的需要

对物流企业资源系统而言,由于自身拥有的资源的有限性和局限性,因此物流企业资源系统必须客观、充分地分析自身的企业资源现状,把握自身企业资源的优势和劣势,不断地吸收和利用各种外部资源,实现物流企业系统内外部资源优化配置,提升物流企业核心竞争力,以便更好地适应市场需求变化,为客户提供更好的物流服务,进而提高企业的核心竞争力。

4. 物流集成化、协同化管理需求

物流市场竞争实质上是供应链与供应链之间的竞争,供应链上任何一个成员企业物流的效率降低都会降低整个供应链的竞争力。因此,在现代物流产业集成化、协同化管理趋势的驱动下,物流企业资源系统的管理不能再从单个企业的角度进行分析,而应该从供应链整体角度出发,站在全局宏观的高度来规划整个供应链的物流活动。

5. 取得市场竞争优势

市场竞争优势通常取决于经营主体的市场占有率大小和核心竞争力强弱。因此,物流企业可以通过并购整合后获得更大的市场空间或拥有更强的核心竞争力,从而增强其市场竞争优势。

6. 避免过度竞争

采用并购整合手段可以提高物流产业的集中程度,减少竞争者数量,避免过度竞争或盲目竞争。同时也有利于物流产业通过提高运作主体的档次带动整个产业的发展层次。

(三) 生命周期各阶段动因分析

由于其所处的发展阶段的不同,因此,进行并购时所表现发展动因也各不相同。如表5-6所示。

表5-6 物流企业资源系统协同演化各阶段并购动因

发展历程	外部动因	内部动因
初创阶段	①市场竞争激烈; ②客户的需求; ③物流行业垄断现象严重	①规模经济效应; ②提升企业核心竞争力; ③追求超额利润; ④企业生存和发展空间的需求
成长阶段	①市场竞争激烈; ②需求量和质的变化; ③准入门槛与政府管制; ④物流市场外延和内涵的变化	①增强企业物流服务及相关功能; ②加大网络布局,构建物流服务供应链; ③提升企业核心竞争力; ④获取战略机会做大做强企业

续表

发展历程	外部动因	内部动因
成熟阶段	①集成化、专业化和协同化的物流需求; ②物流信息管理技术的革新; ③物流与供应链管理的革新需求; ④市场竞争激烈	①提升企业核心竞争力; ②规模经济效应; ③经营协同效应; ④财务协同效应; ⑤拓展物流服务供应链
衰退阶段	①日益增长的"一站式"物流需求; ②信息化程度日益加深; ③全球化电子商务的发展; ④全球物流市场竞争激烈; ⑤全球范围内3PL、4PL市场的成熟	①规模经济效应; ②完善物流服务供应链; ③整合业务流程并实现资源优化配置,实现经营协同效应; ④提升企业核心竞争力; ⑤打造集成化物流服务商

二、并购模式分析

物流企业资源系统必须在了解自身所处阶段特征的基础上对并购模式进行选择才不会导致并购失败的命运。

（一）形成阶段

在物流企业资源系统的形成阶段，物流企业资源系统的能力水平是比较低的，面对强大的市场竞争，企业最主要的任务是生存和发展。从并购效应来说，横向并购能在短时间内迅速扩大市场份额，同时通过并购竞争对手能消除市场竞争风险。因此，为抢占更大的市场以巩固自己的核心业务，物流企业大量采用横向并购。大量相同或相似的物流企业资源在并购后能得到迅速集中形成规模效应，有效地节约成本，使规模经济效应最大化。总之，在形成阶段并购呈现出三个特点：一是以横向并购为主导模式；二是并购数量小且规模小；三是并购内容主要集中在传统上的运输和仓储上。

（二）成长阶段

在物流企业资源系统的成长阶段，由于在形成阶段不断追加投资，加上不断推出新物流服务产品，在产品营销和配套服务的作用下，物流服务产品向多样、优质方向发展，物流企业资源系统获得前所未有的发展速度，物流企业资源系统的融资能力和渠道也得到了进一步拓展。但这个阶段物流企业竞争依然十分激烈，为提高市场占有率、扩大市场份额，物流企业资源系统进一步扩大横向并购的范围。再则，由于物流市场的竞争逐步转向供应链的竞争，单一物流企业资源系统所提供的物流服务已经无法满足市场的需求，在利润的驱动下，物流企业资源系统出现了少数纵向并购形式,但总体规模较偏小,基本局限于物流服务供应链上下游。另外,少数规模巨大的、已经获得稳定的市场和利润的、在服务与技术上也达到一定程度的物流企业资源系统,为实现战略发展,也提供流程再造等物流增值服务,为纵向并购的发展提供了有利的条件。这个阶段并购呈现出了新的特点:一是横向并购规模进一步扩大并占主导地位,大型跨国横向并购开始出现;二是纵向并购开始崭露头角,但总体规模较小,功能覆盖面比较窄,基本集中于多式联运、流通加工及配送等方面。

(三)成熟阶段

处在成熟阶段各物流企业资源系统规模较大、资金雄厚、利润稳定但增长率低。这一阶段的物流企业资源系统积极参与瓜分市场的运动。物流企业资源系统由价格竞争转向物流服务功能和质量的竞争。这一阶段,物流企业资源系统不断从各个维度拓展其物流服务供应链的范围。因此,纵向并购成为物流企业资源系统的主流并购形式。

少数规模庞大的物流企业资源系统一边采用横向并购扩大自己在传统优势功能上的垄断地位,一边开始选择混合并购来分散经营风险并取用多元化经营获取其他竞争优势来源来发展自己,因此出现了混合并购。这一阶段的物流企业并购呈现出以下特点:一是横向并购和纵向并购交织进行,纵向并购成为主流并购形式;二是横向并购规模达到空前,常常表现为大型物流企业资源系统之间的吞并,纵向并购主要表现在功能整合尤其是供应链环境下的并购;三是因面临巨大的经营风险和新利润产业的不确定性,混合并购的规模较小,但数量开始增多。

(四)衰退阶段

物流产业发展到衰退阶段,物流企业资源系统不论在功能服务上还是在技术成熟度上都已经几乎接近完善,并在市场上占据了比较固定的"势力范围"。因此,这个阶段市场竞争变得相对缓和,整个物流企业资源系统"和谐"运行。此时,物流企业资源系统虽然积累较多的资本,但考虑到不管是横向并购还是纵向并购都只能增大其规模,容易产生规模不经济效应,并购潜在风险巨大。因此,这个阶段物流企业资源系统处于转型升级状态,更多地选择寻找新的利润增长点,混合并购是主流的并购模式。

三、发展方向分析

物流企业资源系统并购整合是物流企业实现其发展战略的一种手段或工具，而不是物流企业发展的目的和方向。因此，物流企业资源系统并购整合方向实质上是并购整合战略方向，物流企业在并购整合开始之前必须明确为什么并购整合、并购整合什么资源（目标对象）等战略问题，即物流企业在并购整合开始之前首先应做好物流企业发展战略的制定及定位的基础上，并在客观分析物流企业自身资源状况和发展所需相关短缺资源，确定物流企业资源系统并购整合的战略目标和计划，解决物流企业资源系统并购整合的方向问题。

（一）集成化物流的内涵

集成化物流为物流企业提供一种发展的模式，也为物流企业资源系统并购整合的方向提供了理论依据和指导。

集成化物流是根据系统论、协同学和集成理论的基本规律和原理，在物流服务供应链的基础上提出的一个新的现代物流管理理念和方法。它是以满足物流服务需求为导向，追求协同效益和资源优化配置为目标，整合物流供应服务链上的节点企业及相关配套服务企业为手段，由物流供应服务链上的节点企业及相关配套企业按照战略层、协调层、运作层和支持层四个功能层次构成的物流服务供应链管理系统，[①]即将物流服务供应链上的所有节点企业及其相关配套企业作为一个整体，通过一定的制度安排，借助于现代信息技术和管理技术的支持，为提供集成化的物流服务而组成的集成化供应链管理体系。[②]其内涵包括如下四个方面：①它是基于共同的目标，通过一定的制度安排，而将物流服务链上的所有企业通过集成方式形成的物流系统；②它是以计算机网络技术和信息技术为支柱，以全球性物流资源为可选对象，综合各种先进的物流技术和管理技术，将节点企业内部供应链以及节点企业之间的供应链有机地集成起来进行管理；③它通过充分利用人员、流程、技术和绩效标准等共享资源，实现协同运作，从而高质量、低成本、快速、高效地提供市场所需的物流产品或服务；④它是一个由起领导作用的专业化资本或要素将物流系统所需要的其他专业化资本或要素，按一定方式进行

---

① 林晓伟，舒辉，陈明. 物流企业资源整合的协同框架分析 [J]. 经济管理，2011（2）：147-152.
② 舒辉. 集成化物流：理论与方法 [M]. 北京：经济管理出版社，2005：35-36.

构造和整合,形成要素紧密联系、协同运作的物流系统。

(二) 物流企业协同演化的集成化物流方向

集成化物流指明物流企业资源系统并购整合方向主要表现在以下四个方面:

(1) 明确物流企业资源系统并购整合的目的——为客户提供高质量、低成本,快速、高效的集成化的物流服务。

(2) 廓清物流企业资源系统并购整合的目标对象——以物流服务供应链节点企业为主线,包括提供物流服务链节点企业的配套服务企业,如保险、银行、信息技术公司等。

(3) 给出物流企业资源系统并购整合的框架模式——借助于现代信息技术和管理技术的支持,按照战略层、协调层、运作层和支持层四个功能层次构成的物流服务供应链管理系统。

(4) 突出物流企业资源系统并购整合中角色的作用——是一个由起领导作用的专业化资本或要素将物流系统所需要的其他专业化资本或要素,按一定方式进行构造和整合,形成要素紧密联系、协同运作的物流系统。

(三) 中国本土物流企业的并购模式分析

针对国内物流企业并购现状,国内物流企业必须站在战略层面考虑物流企业发展问题。国内物流企业如不再组建强大物流联盟或集团公司则难以实现长足发展,物流企业并购之路势在必行。从当前物流企业资源系统现状可以看到,我国物流发展处于初创阶段到成长阶段的过渡时期,根据这一特殊时期的发展特点,国内物流企业主要应采用横向并购模式,某些大型国内物流巨头适当考虑纵向并购。

本章小结

本章在构建物流企业资源系统协同演化模型的基础上对物流企业资源系统的协同演化过程进行定量、定性和应用分析,廓清了物流企业资源系统"四阶段,三相变"的协同演化构成。并在此基础上,针对我国物流企业发展和资源并购现状,提出了中国本土物流企业资源系统并购的模式,主要观点如下:

（1）物流企业资源系统的协同演化是一个自组织协同演化的过程，即"四阶段，三相变"的过程，对应物流企业资源系统生命周期发展阶段是"形成→成长→成熟→衰退"的过程。序参量核心竞争力 X_1、协同能力 X_2 在不同的相变点的作用和功能不同：在"形成→成长"相变点处，核心竞争力是唯一的序参量；在"成长→成熟"相变点处，是以协同能力为主，核心竞争力为辅形成的合力序参量；在"成熟→衰退"相变点处，是以核心竞争力为主，协同能力为辅形成的合力序参量。

（2）在物流企业资源系统生命周期的各阶段中，每个阶段都有着自己的特征，并对应着不同的并购动因和模式。在初创阶段并购模式呈现出三个特点：一是横向并购为主导模式；二是并购数量小且规模小；三是并购内容主要集中在传统上的运输和仓储上。在成长阶段并购模式呈现出三个特点：一是横向并购规模进一步扩大并占主导地位，大型跨国横向并购开始出现；二是纵向并购开始崭露头角，但总体规模较小，功能覆盖面比较窄，基本集中于多式联运、流通加工及配送等方面。在成熟阶段并购模式呈现出以下特点：一是横向并购和纵向并购交织进行，纵向并购成为主流并购形式；二是横向并购规模达到空前，常常表现为大型物流企业资源系统之间的吞并，纵向并购主要表现在功能整合尤其是供应链环境下的并购；三是因面临巨大的经营风险和新利润产业的不确定性，混合并购的规模较小，但数量开始增多。衰退阶段并购主要呈现以混合并购为主流并购形式的特点。

（3）从当前物流企业资源系统现状可以看到，我国物流企业资源系统处于形成期阶段到成长阶段的过渡时期，集成化物流是其并购的发展方向。因此，并购模式主要应采用横向并购模式，某些大型国内物流企业资源系统适当考虑纵向并购。

第六章 物流企业资源系统并购整合过程的协同演化分析

物流企业资源系统并购整合过程是一个自组织协同演化的过程,即物流企业资源系统是"独立组织→他组织→自组织→高级自组织"的协同演化的过程。因此,物流企业资源系统并购整合作为一种自组织过程也是一个包含"四阶段,三相变"的过程,协同演化模型也是其演化过程分析的数理工具。

第一节 物流企业资源系统并购整合过程的协同演化模型

物流企业资源系统的子系统分类方式不适合物流企业资源系统并购整合的协同演化的研究,本书鉴于物流企业资源系统并购整合的实践,结合物流企业资源系统可分为有形资源和无形资源的分类方式,把物流企业资源系统划分为无形资源子系统和有形资源子系统。

一、并购整合过程序参量的识别与选取

(一) 状态参量的选取

遵循状态参量的选取原则,根据系统结构、功能属性的特征,可从物流企业资源系统的无形资源子系统和有形资源子系统中各选取能体现各子系统即系统状态的参量作为筛选对象。如表6-1所示。

表 6-1　物流企业资源系统并购整合过程子系统状态参量选取说明

物流企业资源系统子系统	物流企业资源状态参量	状态参量的符号	内容
有形资源子系统	实物资源	Y_1	仓库、运输车辆、装卸搬运工具等固定资产
	财务资源	Y_2	资金和可融资资源
无形资源子系统	组织资源	Y_3	内部组织结构与采购、营销网络
	技术资源	Y_4	技术储备，如专利、商标、软件版权等知识资源
	人力资源	Y_5	员工及其培训、经验、洞察力、适应性、共识及忠诚
	企业文化	Y_6	宗旨、理念和价值观
	企业形象	Y_7	在顾客和社会观众等利益相关者中的形象

(二) 序参量的模型

设 (Z, E, V, f) 是一个物流企业资源系统，对象集 $Z = \{z_1, z_2, \cdots, z_{80}\}$，其中 u_i 为 80 家国内外物流企业并购整合案例；属性集 $E = \{Y_1, Y_2, \cdots, Y_7, w\}$，$E = Y \cup W$，其中条件属性集 $Y = \{Y_1, Y_2, \cdots, Y_7\}$，决策属性集 $W = \{w\}$，f 表示对象集与属性集的对应关系，即 $f: U \times E \to V$ 的映射关系，其中 V 是函数 f 的值域。

1. 赋值

以物流企业资源系统并购整合过程的状态参量的阶段末期算数加总值为初始值（标准），按上节介绍的方法对集合中的元素进行赋值。如表 6-2 所示。

表 6-2　物流企业资源系统并购整合过程状态参量数据

	Y_1	Y_2	Y_3	Y_4	Y_5	Y_6	Y_7	Y_8
z_1	1	1	1	1	1	1	1	1
z_2	1	1	2	1	2	1	2	2
z_3	3	3	4	2	4	3	2	3
z_4	1	1	1	1	1	1	1	1
…	…	…	…	…	…	…	…	…
z_{78}	3	3	4	2	4	3	2	3
z_{79}	3	3	3	2	3	4	2	2
z_{80}	3	3	4	2	4	3	2	3

2. 属性约简运算

对象集关于条件集 Y 的划分 $Z/Y = \{Z_1, Z_2, Z_3, Z_4\}$，对象集关于决策集 W 的划分 $Z/W = \{W_1, W_2, W_3\}$，其中 $W_1 = Z_1 \cup Z_2$，$W_2 = Z_3$，$W_3 = Z_4$。如表 6-3 所示。

表 6-3　物流企业资源系统并购整合过程状态参量数据属性约简

	Y_1	Y_2	Y_3	Y_4	Y_5	Y_6	Y_7	Y_8	Y_1
Z_1	1	1	1	1	1	1	1	1	1
Z_2	1	1	2	1	2	1	2	2	1
Z_3	3	3	4	2	4	3	2	3	3
Z_4	3	3	3	2	3	4	2	2	3

∵ $POS_Y(W) = U$，$k = \gamma_Y = |POS_Y(W)|/|W| = 1$，即 $P_Y \subseteq R_W$

∴ （U，E，V，f）协调集，是完全确定型判别。

又 ∵ 信息熵 $H(W) = I(Y, W) = HY + H(W) - H(YW) = 0.987$

且 $I(Y_6, W) = \max\{I(Y_i, W)\} = 0.987$

∴ $\{Y_6\}$ 为最小属性约简集。

3. 结论

通过上述的简约运算，可以看到企业文化 Y_6 在并购整合的重要性，而且企业文化作为状态变量的变化波动一般保持在一定的区间内且变化缓慢，一旦跃进到一个新的波动区间，则系统将会进入一个新的发展阶段，符合序变量的特点。故选取企业文化 Y_6 为物流企业资源系统并购整合相变的序参量。

二、并购整合过程的自组织模型

物流企业资源系统并购整合协同演化模型属于单序参量协同演化的情况，物流企业资源系统并购整合的协同演化可以通过序参量的势方程来描述其相变现象。因此，其协同演化模型就是系统的单序参量运动方程。根据 Langevin 方程，令 $X = Y_6$，则物流企业资源系统并购整合的单序参量协同演化模型可构建如下:[①]

$$\frac{dX}{dt} = (\alpha - \gamma)X - \rho X^3$$

其中，X 表示序参量企业文化（关于时间 t 的函数），α 表示序参量 X 对物流企业资源系统并购整合协同演化的影响系数，γ 表示序参量 X 的阻尼系数，ρ 表示序参量 X 的衰减系数，t 表示时间。

其势方程为：

---

① 吴大进. 协同学原理和应用 [M]. 武汉：华中理工大学出版社，1990：21-30.

$$V(X) = \frac{1}{2}(\alpha - \gamma)X^2 - \frac{1}{4}\rho X^4$$

由于 $\gamma > 0$ 且 $\rho > 0$，因此

（1）当 $\alpha < \gamma$ 时，这种情况只在理论上存在，在实际中很难找到，特别是在如物流企业资源系统这样的经济社会系统或其子系统中更难以发现。因此，本书对此种情况不展开讨论。

（2）当 $\alpha > \gamma$ 时，由 $\frac{dX}{dt} = 0$ 得 $X = 0, \pm\sqrt{\frac{2(\alpha-\gamma)}{\rho}}$ 且 $\frac{d}{dX}(\frac{dX}{dt})\Big|_{X=0,\pm\sqrt{\frac{2(\alpha-\gamma)}{\rho}}} \leq 0$，所以系统在 $X = 0, \pm\sqrt{\frac{2(\alpha-\gamma)}{\rho}}$ 处平衡，即系统存在三个相变点 K_1 $(-\sqrt{\frac{2(\alpha-\gamma)}{\rho}}, -\frac{(\alpha-\gamma)^2 + (\alpha-\gamma)^4}{\rho})$，$(0, 0)$，$K_2(\sqrt{\frac{2(\alpha-\gamma)}{\rho}}, -\frac{(\alpha-\gamma)^2 + (\alpha-\gamma)^4}{\rho})$。其演化过程分为四个阶段，即 $(-\infty, -\sqrt{\frac{2(\alpha-\gamma)}{\rho}}]$，$(-\sqrt{\frac{2(\alpha-\gamma)}{\rho}}, 0]$，$(0, \sqrt{\frac{2(\alpha-\gamma)}{\rho}}]$，$(\sqrt{\frac{2(\alpha-\gamma)}{\rho}}, +\infty)$ 四个区间所对应的阶段。如图 5-1 所示。

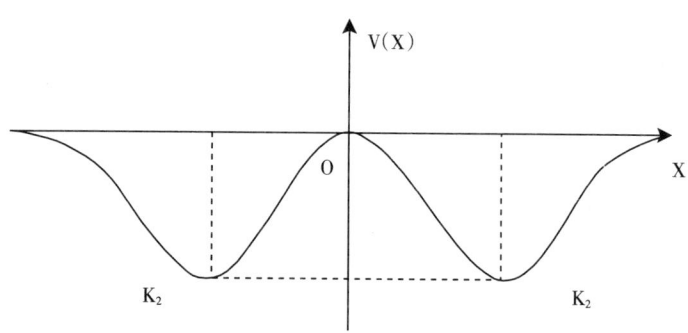

图 6-1 当 $\alpha > \gamma$ 时协同演化模型势方程曲线图

第二节 物流企业资源系统并购整合过程的协同演化模型分析

本节结合演绎归纳的模型，从定量的角度出发，分析在双序参量情况下，物

流企业资源系统并购整合过程协同演化的相变问题,不仅有助于理解物流企业资源系统在并购整合过程中"四阶段,三相变"的内涵,也有助于理解以单个物流企业为主的扩张型多企业并购或多个物流企业以物流服务供应链为主题的并购过程中"四阶段,三相变"的外延。

一、并购整合过程协同演化的特征分析

(一) 企业文化的内涵

1. 概念

企业文化作为一种组织文化,它包含着四种不同的文化形态。一是物质文化,是形成制度层和精神层的条件,其往往能折射出企业的经营思想、经营哲学、工作作风和审美意识,主要包括厂容厂貌、产品的外观及包装、企业技术工艺、设备特性等内容,这些内容往往能反映出企业文化的个性特征;二是制度文化,是指对企业员工和企业组织行为产生规范性、约束性的影响的规章制度,它规定了企业员工在共同的生产经营活动中所应当遵循的行为准则,包括企业的工作制度、责任制度和一些特殊制度等,集中体现了企业的物质文化、精神文化对员工和企业组织行为的要求;三是精神文化,是指企业在长期的生产实践中逐渐形成的基本信念、价值观念、道德标准和精神风貌等,主要包括企业的经营哲学、企业精神、企业风气、企业目标、企业道德等,是企业文化的核心和灵魂;四是行为文化,是指企业员工在生产经营、学习娱乐中产生的活动文化,包括企业经营、教育宣传、人际关系活动、文娱体育活动中产生的文化现象。企业文化是物质文化、制度文化、精神文化和行为文化按照一定的方式和层次组合而成的有机结构体。

2. 层次性

以上四种企业文化形态在物流企业资源系统中处在不同的层次和地位。物质文化着眼于企业中物质要素的存在方式,具有直观的物质形态,处于企业文化结构的表层,又称外显层或表层文化,主要体现物流企业资源系统的支持层;行为文化通过对企业和员工具体行为的约束和规范来实现,主要体现物流企业资源系统的运作层;制度文化是通过组织和制度规范将人与物连接组合起来的纽带,主要体现在物流企业资源系统的协调层;精神文化着眼于企业中人的存在方式,蕴含于企业领导与员工的心理及行为活动中,处于企业文化的核心层,因此主要体

现在物流企业资源系统的战略层。

3. 过程性

企业资源的并购整合过程中企业文化一般要经历以下四个阶段：探索期、碰撞期、磨合期、完善期。而推动并购整合过程中企业文化发展的动力是各种潜在的可以表现出来的冲突。这也是物流企业资源系统并购整合的主要涨落力。

(二) 协同演化过程

物流企业资源系统并购整合实质上是按一定目的和要求将原来有序度低的、分散的物流企业资源系统通过并购整合的方式形成有序度高的、和谐的物流企业资源系统自组织功能和组织结构，使之能够发挥出强大的竞争优势，产生协同效应。其协同演化过程大致可分为四个阶段和三个相变，如表6-4所示。

在这个过程中，序参量 $X = Y_6$ 企业文化的特性决定物流企业资源系统的最终运动方向，但序参量并不是在整个并购整合过程都发挥决定作用，而只在相变点附近。在每个具体的阶段，物流企业资源系统在涨落的作用下产生的控制参量都可能成为系统某段时间内的决定因素。由内外部因素引起的涨落是物流企业资源系统在并购整合中演化的动力。

二、并购整合过程协同演化的阶段与相变分析

(一) "竞争→协作"的相变

1. 并购交易达成前的状态分析

当 $X \in (-\infty, -\sqrt{\frac{2(\alpha-\gamma)}{\rho}}]$ 时，说明并购整合双方的资源系统的竞争关系平衡稳定。任何从 $(-\infty, -\sqrt{\frac{2(\alpha-\gamma)}{\rho}}]$ 平衡点附近出发的轨线均收敛趋于零，即序参量企业文化 X 不能单独支配并购整合双方的资源系统发生相变。方程组有唯一稳定解 $(-\sqrt{\frac{2(\alpha-\gamma)}{\rho}}, -\frac{(\alpha-\gamma)^2+(\alpha-\gamma)^4}{\rho})$，说明并购交易达成前双方资源系统处于独立状态，即这两个企业是竞争关系。此时，即使存在较大的随机涨落力如市场需求的剧烈变化，也不能引起竞争关系的实质性变化。

此时，并购整合双方的物流企业资源系统既存在着各自独立的运动趋势，也存在相互联系、相互影响的合作运动趋势，即同时存在竞争与合作的关系。物流企业资源系统的形成协同演化动力正是来自于竞争和合作这两种相互作用。当进

表 6-4 物流企业资源系统并购整合过程的协同演化特征表

序参量	$(-\infty, -\sqrt{\frac{2(\alpha-\gamma)}{\rho}}]$	$-\sqrt{\frac{2(\alpha-\gamma)}{\rho}}$	$(-\sqrt{\frac{2(\alpha-\gamma)}{\rho}}, 0]$	0	$(0, \sqrt{\frac{2(\alpha-\gamma)}{\rho}}]$	$\sqrt{\frac{2(\alpha-\gamma)}{\rho}}$	$(\sqrt{\frac{2(\alpha-\gamma)}{\rho}}, +\infty)$
系统状态	无序	相变临界点	总体无序局部有序	相变临界点	有序	相变临界点	高级有序
组织状态	独立组织		被组织		自组织		高级自组织
整合关系	竞争		协作		协调		协同
序参量	探索期		碰撞期		磨合期		完善期

行资源协同合作的收益小于自身的独立运作时,物流企业资源系统独立运动的趋势将大于相互关联的合作运动趋势,即物流企业资源系统之间更倾向于竞争,依靠自己的力量取得竞争优势。这时并购整合双方物流企业资源系统之间在宏观上表现为一种杂乱无章的无序状态,是一种独立组织的状态。

2. 临界状态分析

当序参量 $X = -\sqrt{\dfrac{2(\alpha-\gamma)}{\rho}}$ 时,也是并购交易达成之时,并购整合双方的物流企业资源系统独立状态达到稳定的临界值。

3. 并购交易达成后的相变分析

当 X 越过 $-\sqrt{\dfrac{2(\alpha-\gamma)}{\rho}}$ 时,在涨落力(并购交易的达成)的作用下小背离平衡点,支配新的物流企业资源系统突破原有的并购整合方物流企业资源系统稳定临界点,并引导物流企业资源系统发生并购整合过程的第一次相变,出现新的有序,新的物流企业资源系统呈现出一种整体被组织为主的状态。

即在并购交易完成后,并购整合双方的物流企业资源系统的独立运动的平衡状态受到破坏,并购整合双方的物流企业资源系统开始融合到一个新企业资源系统中,并购整合双方资源系统的关系发生从"独立组织→被组织"的相变。

(二)"协作→协调"的相变

1. 初步并购整合过程的状态分析

当 $X \in (-\sqrt{\dfrac{2(\alpha-\gamma)}{\rho}}, 0)$ 时,物流企业资源系统并购整合序参量企业文化 X 支配(引导)物流企业资源系统产生不断正负反馈,不断向新的有序演化,而且在随机涨落的作用,并不断朝临界值(点)逼近,但系统的运动方向可能会在正反馈的作用下倒退。

物流企业资源系统的状态没有出现突变,系统没有形成一种新的有序结构。这个阶段,新物流企业资源系统为实现并购整合双方"双赢"或"多赢"的共同目标,实施共同制定计划、运作方案,物流企业资源系统整体处于被组织状态。

2. 临界状态分析

当 X = 0 时,序参量企业文化 X 支配物流企业资源系统出现系统分支(分岔点),即物流企业资源系统处于向新的有序改变的临界状态。

3. 相变状态分析

当 X 越过 0 时，序参量企业文化 X 随即在涨落的作用下背离平衡点，支配物流企业资源系统突破稳定临界点，发生并购整合过程的第二次相变——"被组织→自组织"的相变，出现新的有序，物流企业资源系统呈现出一种整体自组织局部被组织的状态。这次相变的涨落力主要来自内部的各子系统及其各层次资源要素之间的相互作用。

物流企业资源系统进入自组织后，此时物流企业资源系统一方面要与外界进行各种交换，另一方面也受系统内部各子系统"被组织"的规则、惯性等影响。整体处于自组织的有序状态，局部处于被组织的无序状态。

（三）"协调→协同"的相变

1. 并购交易达成后的状态分析

当 $X \in (0, \sqrt{\frac{2(\alpha-\gamma)}{\rho}})$ 时，物流企业资源系统并购整合序参量企业文化 X 支配（引导）物流企业资源系统产生不断正负反馈，不断向新的有序演化，而且在随机涨落的作用，并不断朝临界值（点）逼近，但系统的运动方向可能会在正反馈的作用下倒退。

物流企业资源系统的状态没有出现突变，系统没有形成一种新的有序结构。这个阶段，物流企业资源系统总体呈现自组织状态局部呈现被组织状态，在涨落的作用下，物流企业资源系统并购整合序参量企业文化 X 支配物流企业资源系统不断地消化局部被组织现象，引导物流企业资源系统不断向更高的有序结构发展。

2. 临界状态分析

当 $X = \sqrt{\frac{2(\alpha-\gamma)}{\rho}}$ 时，物流企业资源系统出现系统分支（分岔点），即物流企业资源系统处于向新的有序突变的临界状态。

3. 相变状态分析

当 X 越过 $-\sqrt{\frac{2(\alpha-\gamma)}{\rho}}$ 时，物流企业资源系统失去原有自组织有序的状态，物流企业资源系统并购整合序参量企业文化 X 大于系统宏观向量的作用力，在随机涨落作用下，引导物流企业资源系统发生并购整合过程的第三次相变——"自组织→高级自组织"的相变，出现更加稳定的新结构，呈现出一种高级自组织的状态。

在这次相变中，涨落则是由物流企业资源系统各子系统、内部资源要素之间的相互作用和外部环境（特别是市场环境）的变化等引起的涨落。物流企业资源系统并购整合过程的第三次相变发生意味着并购整合的结束，物流企业资源系统已经产生协同效应。

4. 高级自组织状态分析

通过并购整合达到高级自组织阶段的物流企业资源系统后，并购整合的序参量使命已经结束，但物流企业资源系统仍然处于不断向高的有序状态发展。物流企业资源并购整合序参量企业文化 X 逐渐趋近于零，即物流企业资源系统在并购整合过程中的序参量逐渐退出历史舞台，继续寻找演化的新的序参量。

三、企业文化的主导作用分析

企业文化作为物流企业资源系统并购整合过程的序参量，在物流企业资源系统并购整合不同阶段所起的作用不同。

（一）探索期

在并购整合过程的竞争阶段，也是企业文化并购整合的探索期，是并购整合双方全面地考察并购整合双方原有的企业文化状况、差异、冲突的可能性以及根据考察的结果作出初步的并购整合方案的时期，一般发生在并购交易达成之前。并购整合双方要努力缓解文化冲突，就要敢于正视双方企业存在的文化差异，通过了解并购整合双方企业的经营历史、规章制度、领导风格、员工行为等较为显性企业文化来逐步认识并购整合双方的核心价值取向。

由于企业文化本身的复杂性，并购整合双方人员又深处自身的企业文化当中，常常不能以客观的眼光来审视对方企业文化，因此，这个过程需要借助的专业咨询公司来完成，因为他们置身中立的位置，加上丰富的行业经验和犀利的专家眼光，往往能够洞察到并购整合双方那些不易被人察觉的、隐藏的、深层次的企业文化问题，这种客观公正的评价可为下一步碰撞期的解决提供公正、可靠的参考。

通过对双方文化的细致分析，我们可以获得这样一些信息：①双方企业文化的关键要点及文化类型；②双方各自怎样看待自己的文化；③双方各自怎样看待对方的文化；④双方期望对方怎样看待他们的文化等。

(二) 碰撞期

企业文化并购整合的碰撞期对应发生在物流企业资源系统并购整合协作阶段，为企业文化整合开始执行的阶段。之所以叫碰撞期，是因为这一阶段往往伴随着较大的改革举措，如新的组织结构的建立、管理层的调整、人员的精简或启动较大的项目等，各种类型的冲突和矛盾是并购整合过程各个阶段最多的时期，而且由于并购整合双方的企业文化的正面接触而加大了其冲突的可能性，并且冲突和矛盾的频率与强度也是最高的时期。

在这个过程中十分重要的任务就是对那些给企业文化整合造成重大障碍的关键因素或某一关键人物、某个利益集团、原企业的某种制度等"障碍焦点"的监控。在企业文化整合的具体执行过程中，关键因素和"障碍焦点"将十分活跃。因此，在碰撞期，需要恰当把握企业文化整合的速度和强度，注意反馈信息，及时掌握员工的情绪、态度变化。

(三) 磨合期

企业文化磨合期对应的物流企业资源系统并购整合的协调阶段，是并购双方文化逐步达到共处、协调或融合的过程。这一阶段相比企业文化并购整合的探索期和碰撞期可能历时更长，主要任务通过寻找"中立点"来维护、调整企业文化整合过程中业已确定的新的管理制度和行为规范。所谓"中立点"，是指与双方文化都不矛盾的第三点。

为了使并购整合双方企业文化顺利度过磨合期而过渡到完善期，在这一阶段中的工作重点是：一是通过整合现状与预期目标的比较，判断文化整合的进程，实时调整整合速度；二是通过面谈、互动交流、研讨、企业内刊等渠道与员工充分沟通，肯定并巩固已经取得磨合期的阶段性成果，建立激励机制鼓励员工采取更为积极的态度和行为；三是预防文化整合中的倒退现象。

(四) 完善期

企业文化并购整合的完善期是指在企业文化趋向融合的基础上，不断对企业文化深入的挖掘、整合或创新的时期，发生在物流企业资源系统并购整合的协同阶段。这一时期的开始点相对于前面三个时期来说是比较模糊的，因为很可能企业文化的碰撞过程就是企业一个开拓和创新的过程。而且这一个过程的终结时点显然也是不可预期的，它可能随着物流企业资源系统的成长、成熟而不断进行下去。这一过程的最佳目标层次是：两种不同类型的企业文化通过并购整合，最终保留了各自的优秀文化基因同时摒弃了各自文化缺陷,形成一种新的更为优秀的适应物流企业资源系统协同演化的企业文化。

在实际整合过程中,并购整合双方在多大程度上要达到企业文化整合的最高境界的影响因素和制约条件有很多,但基本也很关键的一条就是能够找到并购整合双方企业文化的契合点。

第三节 物流企业资源系统并购整合过程的协同管理分析

从系统论和协同学的角度来看,协同管理就是通过对系统中各个子系统进行时间、空间、功能和结构的重组,产生一种具有"竞争—协作—协调—协同"的能力,使其效应远远大于各个子系统之和,并产生新的时间、空间、功能和结构的行为。[①] 这种在时间、空间、功能和结构等诸方面都发生根本性变化的新系统就是自组织,它将原来有序度低的分散组织成员变成有序度高的动态组织系统,使之在时间、空间、功能和结构上出现新的有序组合,发挥出更强大的竞争力,产生出倍增协同效应。协同管理就是为实现系统在整体有序状态下的良性循环,并在对系统的生存和发展模式扬弃的过程中使系统由无序向有序不断转换的作用力。

一、并购整合过程的协同管理内涵

物流企业资源系统并购整合的协同管理的实质上是对物流企业资源系统并购整合作为一种过程和行为的综合管理,其目的是使物流企业资源系统成为一个有序有机的整体,达到整体协同并发挥出最大的协同效应的行为。因此,只有通过协同管理才能使物流企业资源系统在并购整合的过程中同向合作、相互配合、克服或明显减少或避免各环节中的无效作业、浪费和内耗,调动各方面的积极性,提高相关要素和相关环节的工作效能,产生规模效应、互补效应而使物流企业资

[①] 舒辉. 试论集成化物流的协同管理[J]. 标准科学, 2009(10): 13-17.

源系统功能放大,产生增值效益,从而获得资源的最大效用,使系统内部资源与外部资源能够在统一的平台上高度共享、协同完成各种复杂的物流服务。

物流企业资源系统并购整合的协同管理过程是物流企业资源系统的并购整合各方之间的相互作用的过程。无论并购整合哪一方的行为变化,必然引起其他方的回应,发生相应的行为变化,反过来影响到该方的行为,形成复杂的动态互动网络关系。同样,物流企业资源系统的并购整合各方与其所处的外部环境(如客户需求环境、宏观政策环境)之间也存在动态互动网络关系,并购整合各方的每一变化都引起环境的反应,正是在这种内在和外在的互动互应过程中,物流企业资源系统的并购整合各方通过协同管理不断地探索、学习、自我评价、自我修正,寻找新的结构和行为模式,接受环境的评价和选择,推动着物流企业系统自组织程度不断地向着更高层次迈进,从而实现由"协作"向着"协调"最终达到"协同"的目标。

所以,物流企业资源系统并购整合的协同管理是运用协同论的基本思想和方法,研究物流企业资源系统并购整合的协同管理规律与原理,即在并购整合过程中,并购整合各方通过建立"竞争—协作—协调—协同"的协同运行机制,使物流企业资源系统各环节的主体产生和谐关系,形成一个紧密的"自组织"体系,从而将各主体资源、能力、技术、制度要素高效而紧密的协同起来,使之成为能够完成共同的物流服务目标而进行协同运作,消除在物流服务过程中产生的各种壁垒和障碍,实现物流企业资源系统利益最大化,达到协同效应之目的的行为。其协同管理的内涵主要集中体现在以下四个方面:

(1)物流企业资源系统并购整合的协同管理是主要是跨边界的资源协同管理。在市场经济趋于国际化、地域经济转向全球化、业务控制趋于数字化、消费需求趋于个性化的趋势对物流企业资源系统的功能和结构提出了更高的明确要求。这使得物流企业选择通过并购整合增强并购整合各方物流服务的创新能力,优化内部的工作流程,合理调配物流服务供应链上的资源,更好地实现并购整合各方的协同运作,提高整体的快速响应能力,从而提高整个物流企业资源系统的协同运作能力和物流企业整体物流服务水平。而这种并购整合针对的是物流企业资源系统的优化配置,是跨边界的资源协同管理,即企业与企业之间的企业资源的整合管理。它并不是一种短期行为,而是为适应和改变长期的外部环境(包括市场环境、政策环境等)而采取的"抱团取暖"的行为。

（2）追求协同效应的目的。物流企业资源系统并购整合的协同管理强调的是整个系统的协同演化，强调合作、互惠互利和共同发展，强调合作式竞争、优势互补的超系统综合。因此，物流企业资源系统并购整合的协同管理是以"多赢"和互利为前提条件，不仅要重视并购整合方的需要，而且要充分考虑被并购整合方的需求，使它们协同创造价值，协同创造效益。

（3）自组织行为的属性。物流企业资源系统并购整合的协同管理就是通过对并购整合过程中影响物流企业资源系统稳定性的控制参量的管理，使物流企业资源系统的主体形成非线性相互作用，最终实现自组织达到物流企业资源系统的新的有序状态。

（4）物流企业资源系统并购整合的协同管理是一个组织化的连续统一体。物流企业资源系统并购整合的过程是一个协同演化过程，在这个演化过程中，协同管理作为演化的主要作用力，贯穿整个演化进程，推动物流企业资源系统在并购整合后朝组织化程度越来越高的方向发展，并使演化进程的每个阶段、每个环节形成紧密关联、相互依存、互为因果的关系。

二、并购整合过程协同管理的核心内容

管理和控制事物正是协同学中所说的对系统"施加外部压力"，通过这种"被组织"的方式促使系统更好地实现"自组织"过程。因此可以说，物流企业资源系统协同管理就是在国家相关的法律法规框架下，通过管理和控制使系统有序程度得以提升，产生价值增值和管理创新。

（一）物流企业资源系统并购整合协同管理的基本内容

物流企业资源系统并购整合的协同管理主要针对物流企业资源系统主体间复杂的协同竞争关系进行管理，其主要内容包括以下五个方面：

1. 物流观念的协同管理

在物流企业资源系统中，被并购整合方有自身的发展目标，但这可能和整个物流企业资源系统唯一的目标——如何为客户提供个性化的、优质的、可持续发展的物流服务相冲突。并购整合方必须也只能将发展目标与物流企业资源系统运行目标相匹配。因此，并购整合过程中物流观念的协同管理是物流企业资源系统并购整合协同管理的基础，也是物流企业资源系统并购整合的协同管理的首要问题。

2. 物流信息的协同管理

物流信息的高度共享是物流企业资源系统的必然要求,但对被并购整合方来说并不一定是件好事,原因有二:一是可能导致泄露被并购整合方的相关商业机密;二是可能降低被并购整合方在物流企业资源系统的地位与功能层次性。因此,在并购整合过程中,对物流信息的协同管理就意味着为了使物流企业资源系统各子系统或要素能更好地产生协同并使系统发挥整体功能,就必须按照一定的层级和机密程度以权限授予的方式对物流信息资源进行协同管理,这不仅可以方便物流企业资源系统其他主体查到其所需要的相关信息以支持其事务的处理,而且也可以最大程度上避免泄露被并购整合方机密信息所带来的损失。

3. 物流能力的协同管理

物流企业资源系统的运转基础是物流能力,没有一定的物流能力,物流企业资源系统的运转也就无从谈起。但是如何将分散在被并购整合方的能力进行有效地发掘和利用,实现物流企业资源系统整体物流能力的提高和协同运作,是物流企业资源系统进行并购整合是必须面对的问题,也是协同管理的主要内容之一。

4. 物流技术的协同管理

物流资源的高效使用常常离不开现代物流技术的支持,而现有的物流技术五花八门,不同物流企业之间对物流技术的使用也存在很大的差距。因此,在并购整合过程中有必要对物流技术进行协同管理。对物流技术的协同管理可以采取如下方法:以一定物流技术标准为衡量标准,对被并购整合方的物流技术进行保留、改造、淘汰,在此基础上保留被并购整合方的物流技术研发能力,并将这种研发能力融入物流企业资源系统的研发能力体系中。

5. 物流流程的协同管理

为适应客户需求的个性化、专业化的物流服务需求,物流企业资源系统服务的流程不是一成不变的,常常需要根据客户的需求进行调整。由于物流企业资源系统的并购整合必然获得新的客户资源,需要面对新的物流服务需求,因此,物流企业资源系统也必须在并购整合各方原有的物流流程的基础上建立起新的、效率更高的物流流程,保证并购整合后客户资源的有效利用和物流服务品质的提升。对物流流程进行有效的协同管理也是物流企业资源系统并购整合协同管理的重要内容。

(二) 物流企业资源系统并购整合过程协同管理的核心范畴

要确保物流企业资源系统在并购整合之后能做到"要停则停，要流则流"的物流服务境界，就必须建立起被并购整合方与物流企业资源系统各个节点企业间"利益共享、责任共担"的和谐关系。这是因为：

（1）"关系"是人类社会普遍存在的一种社会资源，渗透于人类生活的方方面面，体现反映事物的本质联系，属于管理范畴的概念。良好的关系能创造出的效益，恶劣的关系将带来被动与损失。因此，物流企业资源系统在并购整合的过程中应正视"关系"的存在，有效调和各利益主体间的矛盾和冲突，避免矛盾和冲突进一步升级。

（2）"关系"是管理的对象之一。"关系"与人、财、物、信息、士气和方法等管理对象在时间和空间上一起构成了一个有机联系、相互作用的动态网状体系。在这个体系中，"关系"是其他管理对象发挥作用的前提和结果。物流企业资源系统并购整合各方都是基于共同的目标——通过信息共享、资金和物资等方面的协调与合作来优化组织，实现整体绩效而组成的一个实体与虚拟相结合组织。因此，在物流企业资源系统并购整合各方建立"和谐关系"必然成为物流企业资源系统并购整合过程中实施协同管理的核心内容。

（3）"关系"管理是动态的管理。"关系"的变化是必然存在的，也是动态不拘的，而"关系"的变化必定会影响物流企业资源系统在并购整合过程中的其系统的协同程度，作用于物流企业资源系统的资源配置，引起物流企业资源系统战略及计划的调整。因此，应该正确理解物流企业资源系统并购整合各方之间动态的"关系"，在并购整合过程中通过各种手段驾驭优化。

（4）协同管理的过程实质上就是形成"和谐关系"的过程，改善和改变"关系"的过程。世间万事万物只有产生联系、建立"关系"才能相互作用、彼此影响。并购整合的协同管理就是调整和控制在并购整合过程中存在的各种各样的"关系"，诸如权力关系、资源关系、利益关系、情感关系等方面的"关系"，其过程则是化解矛盾与纠纷、理顺关系与平衡、增进理解与信任的过程，目的就是在并购整合各方通过并购整合中能够形成统一的思想和行动。因此，对物流企业资源系统的并购整合过程实质上是理顺各种"复杂关系"的协同管理过程。

在物流企业资源系统并购整合活动中，"关系"是普遍存在的、动态的。因此，物流企业资源系统并购整合的协同管理过程就是在各种纷繁复杂的"关系"

体系中寻找"关系"、区分"关系"、把握"关系",并以不同的方式去处理不同的"关系",以改变、形成、改善"新关系"继而促进物流企业资源系统的整体"和谐关系",建立起物流企业资源系统的"关系"协同机制的过程。

物流企业资源系统的"关系"协同机制一般可从两个方面来构建:一是以"关系"终止成本、机会成本和福利条件为基点,围绕着"关系"作为一种资本或资源的信任与承诺的理性范畴来展开,这是基于理性认知角度的构建思路;二是以沟通和共享的价值观为基点,围绕着"关系资本"的感性范畴来进行,这是基于感性认知角度的构建思路。

所以,在并购整合过程中,物流企业资源系统各个子系统构建起"和谐关系",是物流企业资源系统实施协同管理的最高目标,也是物流企业资源系统协同管理的核心范畴。

第四节 物流企业资源系统并购整合过程的协同管理框架

物流企业资源系统并购整合是一个自组织协同演化的过程,即从"独立组织→他组织→自组织→高级自组织"的协同演化过程,包含四个阶段和三个相变。协同管理作为一种形成"和谐关系"的过程管理,也具有四个阶段和三个相变点,不同的阶段不同的相变点其协同管理的作用、模式和层次各不相同。鉴于物流企业资源系统并购整合过程的复杂性,其并购整合的协同管理必将是一种跨边界的活动,是一个优化资源配置的过程,目标是把物流企业资源系统中的各要素按价值链的要求形成一个紧密的"自组织"体系。因此,物流企业资源系统并购整合管理模式必须是协同管理模式,只有实施协同管理才在并购整合后真正地做到将物流企业资源系统中的要素紧密地连接起来,形成一个"无缝化"的动态、高效物流企业资源系统。

一、并购整合过程协同管理的层次

根据物流企业资源系统结构的层次性,物流企业资源系统并购整合的协同管理的层次主要由战略层、协调层、运作层和支持层四个层次组成,它们分别完成不同的并购整合协同管理功能。

(一) 战略层

在并购整合过程中,物流企业资源系统必须不断地充实和完善战略层功能和结构。并购整合方应该通盘考虑被并购整合方的资源现状,根据战略层的功能和结构需求,按被并购整合方所拥有股权(或资产)和核心能力的价值,进行重新组合,充实物流企业资源系统的战略层。除此之外还应该加强战略企业文化的整合力度,特别是企业的经营哲学、企业精神、企业风气、企业目标及企业道德等精神文化的建设,不断解决并购整合双方在精神文化方面的差异和冲突,为物流企业资源系统在并购整合过程中发生相变提供动力和条件。

(二) 协调层

在并购整合过程中,物流企业资源系统必须不断地吸收从被并购整合方用于协调行动及其推行协调规划的人力、财力、物力等资源,充实和优化其协调层的功能和结构。在企业文化整合方面,要加强制度文化方面的建设,在并购整合过程中建立物流企业资源系统沟通交流的平台和协调机制,为物流企业资源系统在并购整合过程中顺利解决各种冲突和矛盾提供平台和制度保障,从而为物流企业资源并购整合实现相变提供条件。

(三) 运作层

在并购整合过程中物流企业资源系统必须不断地吸收被并购整合方的运输能力、领先技术、关键人才等资源,充实、优化和完善运作层的功能和结构。在企业文化整合方面,应重点通过约束和规范企业经营行为、人际关系活动和教育宣传、文娱体育活动整合企业行为文化,改变企业经营行为,改善员工精神面貌和处理冲突的行为方式,为物流企业资源系统并购整合顺利进行提供保障。

(四) 支持层

在并购整合过程中,物流企业资源系统必须不断地吸收从被并购整合方的物流信息管理能力、领先电子技术、关键核心人才等资源,巩固和发展其支持层的信息和配套服务支持作用。在企业文化建设方面,应着力于物质文化的整合,即通过整合并购双方物流企业所提供的产品和服务以电子技术平台、生产环境、企业建筑、企业广告、产品包装和设计等,为物流企业资源系统并购整合顺利进行提供技术平台和和谐环境。

二、并购整合过程协同管理机制

物流企业资源系统并购整合的协同管理中,主要存在三大机制:一是形成机制;二是实现机制;三是动力机制。它们之间相互联系、相互作用、相互促进,能使整个物流企业资源系统并购整合过程流畅而有效地运转,达到协同管理目标——实现协同效应。

(一) 物流企业资源系统并购整合协同管理的形成机制

物流企业资源系统并购整合的形成机制主要是指使物流企业资源系统并购整合由无序形成有序组织的一系列机理及作用,即动态地评估物流企业资源系统并购整合管理现状与协同管理目标间差距,并从差距中识别机会,通过对机会的价值判定,确定进行协同管理的内容并将这种可能性转化为事实的机制。

物流企业资源系统并购整合的形成机制主要存在以下三个关键机制:

1. 物流企业资源系统并购整合协同管理的评估机制

物流企业资源系统并购整合协同管理的评估机制可以通过比较管理目标及管理现状间的差距,并结合相关外部环境进行对比分析,权衡二者差距之后采取行为的方式。因此,制定合理的协同管理目标与识别物流企业资源系统并购整合的协同管理现状显得尤为重要。在具体的实施中可以根据需要建立合理的评价标准进行比较、分析和评价。它是协同管理机制系统中基础性机制。

2. 物流企业资源系统并购整合协同管理的机会识别机制

从系统论的角度来看,系统处于不稳定状态是协同管理机会识别的前提条件。因此,物流企业资源系统并购整合协同管理的机会识别机制就是在定量和定性分析物流企业资源系统并购整合过程中制约因素和发展态势,采取合适的理论和方法(数学模型分析法、价值链及其拓展等方法),对能引导物流企业资源系统逐步实现协同管理目标的机会和条件进行识别。

3. 物流企业资源系统并购整合协同管理的价值识别机制

物流企业资源系统并购整合的价值识别机制主要就是通过比较由于资源协同产生的协同价值与由于协同带来的成本之间的大小关系,在过程中应当以协同价值最大化为原则,挖掘出协同资源产生的最大协同价值的机制。在协同管理机会识别过程中,可能会找到不止一种可以协同的机会,而对这些机会的价值进一步分析,不仅可以确定机会是否真的可以带来价值,同时还可以为如何处理各个机会和条件，分清这些机会和条件的主次关系，为进行协同管理提供解决方法或方案。

（二）物流企业资源系统并购整合协同管理的实现机制

物流企业资源系统并购整合协同管理的实现机制就是协同处理物流企业资源系统中各种资源形成的关系以实现协同管理目标——协同效应的机制。物流企业资源系统并购整合协同管理的形成机制主要是识别可能存在的协同机会和条件，获取协同机会和条件的价值，而物流企业资源系统并购整合协同管理的实现机制是更具体地讨论如何实现这些可能性的条件和因素的问题。其主要由沟通协调机制、重组机制、支配机制和检验反馈机制构成。

1. 物流企业资源系统并购整合协同管理的沟通协调机制

物流企业资源系统并购整合协同管理的沟通协调机制是指物流企业资源系统内外部关系在互相信任的前提下，构建有效沟通协调的渠道，形成互动型交流、沟通和协调平台，支持物流企业资源系统不断深入进行协同管理，实现协同管理目标的机制。相互信任有助于并购整合双方共同挖掘资源潜力，实现资源共享，理解彼此文化，更好地实现信息沟通，更好地达到相互配合，取长补短，协同发展。若并购整合双方利益相关者之间缺乏信任，往往很难实现真正意义上的协同管理。因此，建立有效的沟通协调机制是建立物流企业资源系统并购整合协同管理机制的关键，它可以使整个物流企业资源系统及其子系统的各种资源间更好地产生协同效应并使其更好地发挥整体功能。在物流企业资源系统并购整合过程中，应该加强并购整合双方利益相关者间的信任度，进而消除那些由于恶性冲突带来的各种障碍。

2. 物流企业资源系统并购整合协同管理的重组机制

物流企业资源系统并购整合协同管理的重组机制是在协同管理机会识别、价值评估、沟通协调的基础上，为了实现管理而对资源协同进行权衡、选择和协调的机制。它需要建立各个利益相关者间的协作桥梁，加强各子系统间的资源衔接和配合，并合理地配置资金、产品、技术等资源，加强外部关系主体的合作、学习和科研活动等。重组机制能使物流企业资源系统在并购整合过程中最大限度地挖掘各利益相关者内部资源，并利用与外界的合作弥补自身的不足，达到优势互补的整体效应。重组的模式和程度将直接影响物流企业资源系统在并购整合过程中协同管理的效应和协同要素的价值。

3. 物流企业资源系统并购整合协同管理的支配机制

物流企业资源系统并购整合协同管理的支配机制,主要是指物流企业资源系统在并购整合过程中的序参量对处于变革中的物流企业资源系统及其子系统的支配作用的机制。正确地识别和掌握物流企业资源系统在并购整合相变过程中的序参量的支配作用,对指导物流企业资源系统并购整合的协同管理,促进物流企业资源系统不断形成新的、有序的结构,不断向前发展具有核心的作用。

4. 物流企业资源系统并购整合协同管理的检验反馈机制

物流企业资源系统并购整合协同管理的反馈机制就是判断物流企业资源系统并购整合的阶段协同管理目标是否实现的机制。在物流企业资源系统并购整合的序参量作用下,物流企业资源系统一般会由无序转换为一种新的有序并产生了新的结构和功能,不断实现协同效应。但是,协同管理的效果如何,是否与追求的协同管理目标一致,就需要通过进一步的检验反馈,即将协同管理的阶段结果与协同管理的阶段目标相比较得出结论。如果结果与目标一致,则说明实现了协同管理,应该通过不断地自我评估、检验,及时发现问题,不断改进,保持协同管理的有效性和持续性。如果结果与目标不一致,则应该深入的分析协同管理过程,重新识别新的协同机会,进行机会的价值评估。

(三) 物流企业资源系统并购整合协同管理的动力机制

物流企业资源系统并购整合协同管理的动力机制是在并购整合过程中推进物流企业资源系统发展动力运行的动因、作用机理以及维持和改善这种作用机理的各种经济关系、组织制度等所构成的综合系统的总和。物流企业资源系统并购整合协同管理的动力机制分为内源动力机制和激发动力机制两种。

1. 物流企业资源系统并购整合协同管理的内源动力机制

物流企业资源系统并购整合协同管理内源动力机制主要是指一种自发的内在力量,推动前进的机制。它主要来自物流企业资源系统内部,产生于物流企业资源系统自组织运动。在物流企业资源系统并购整合协同管理中主要表现为资源的协调、共享、规模经济和创新等。因此,应该在物流企业资源系统并购整合的序参量指导下,建立起有序的物流企业资源系统的结构和功能,更大范围地发挥内源动力机制的作用。

2. 物流企业资源系统并购整合协同管理的激发动力机制

物流企业资源系统并购整合协同管理的激发动力机制主要来源于外部环境,

是外部环境对系统内部的推动作用。在物流企业资源系统并购整合协同管理的过程中主要表现为外部竞争、政策推动、市场支持等。因此，正确识别激发动力机制，并营造良好的外部环境氛围，既有利于这种激发机制的产生，又有利于这种机制的作用发挥，并对于物流企业资源系统并购整合协同管理的良性演化具有重要的推动作用。

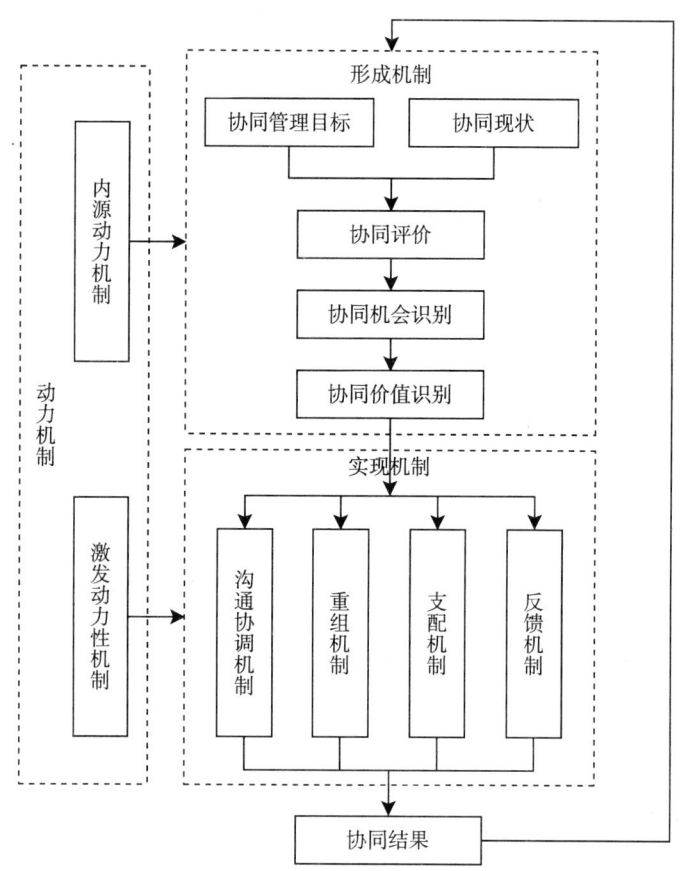

图 6-2 物流企业资源系统并购整合协同管理关系

（四）物流企业资源系统并购整合的协同管理三大机制的关系

协同管理三大机制：形成机制、实现机制、动力机制的作用关系如图 6-2 所示。

通过这三大机制的相互作用，可以对物流企业资源系统并购整合的协同管理内外部的机会和条件进行选择、控制、协调和引导，并在物流企业资源系统及其子系统的非线性作用下,以实现协同管理目标为方向,使物流企业资源系统并购整合协同发展。

三、并购整合过程相变的协同管理

物流企业的发展取向必然是通过努力成为一个集成物流服务商,拥有比较成熟的管理体制、企业文化、技术支持和众多较固定的客户资源等,其并购整合主要是为完善物流服务供应链功能和结构,追求协同效应和规模效应,实现资本价值链良性增值循环的目的。

并购整合最主要的原则是遵循"竞争→协作→协调→协同"的自组织协同演化过程规律和形成良好的"和谐关系"两个原则。而在物流企业并购整合的协同管理就是并购整合各方通过建立协同运行机制,使物流资源在物流各环节产生"和谐关系",形成一个高效而紧密的"自组织"协同体系,消除在物流服务过程中产生的各种壁垒和障碍,使之成为能够完成共同的物流服务目标而进行协同运作,实现并购整合各方利益最大化,达到协同效应目的的行为。因此,协同管理是物流企业资源系统并购整合最佳的管理模式之一。

根据协同学理论,物流企业在资源并购整合的"竞争→协作→协调→协同"演化过程中发生了三个相变,即从"竞争→协作"、"协作→协调"、"协调→协同"的相变。不同相变过程协同管理的内容和管理方式各不相同。而物流企业资源系统并购整合的协同管理分为战略、协调、运作和支持层四个管理层次。在并购整合的不同阶段,并购整合的协同管理的层次的着力点也不相同。

(一)"竞争→协作"相变的协同管理分析

"竞争→协作"的相变是并购整合各方从原有竞争关系向合作关系跃迁的过程,即并购整合各方通过谈判达成并购交易并形成整合方案的过程。在这个相变阶段,协同管理主要有两个内容:一是选择好并购整合的目标企业,即目标企业必须具备一定的市场潜力、经营毛利和发展前途等。二是在充分调查研究被并购整合方的财务、资产、企业文化、运行机制和核心竞争力等资源的基础上,根据并购整合方自身的特点制定并购整合协同管理方案。由于双方物流企业资源系统仍处在独立状态,因此协同管理重点放在支持层和运作层。

由于序参量企业文化也处在从"探索期→碰撞期"的相变处,且鉴于序参量对物流企业资源系统并购整合协同演化的主导作用,因此,在相变点出应对企业文化并购整合采取如下措施：①建立企业文化并购整合的形成机制，即建立并购整合双方的企业文化评价机制、机会识别机制和价值识别机制；②制定企业文化并购整合操作实施方案和具体应对冲突和矛盾的措施；③成立专门小组负责企业文化并购整合的具体事务。

（二）"协作→协调"的相变过程的协同管理分析

"协作→协调"的相变是通过对被并购整合方的各种资源的进行初步整合而形成相互协作关系的过程，是并购整合至关重要的一次整体或局部跃迁。协同管理的主要内容是从文化整合入手对人力资源、组织架构和财务资源进行整合，即将现代物流的服务供应链理念和价值链增值效应融合形成物流、资金流和信息流三流合一的企业文化思想和运作思路对并购企业的员工进行"洗脑"，整合其物流流程、组织架构、财务系统、信息系统等，留住企业的关键人才，配置合理的组织架构，发挥目标企业原有的能力或核心竞争力，实现有效的协调运作。这个阶段主要的内容是完善物流企业资源系统的功能和结构上，协同管理的重点放在运作层和协调层次上。

由于序参量企业文化也处在从"碰撞期→磨合期"的相变处，在这个相变点附近，企业已经成功地应对和处理各种企业文化的显性冲突与矛盾，最主要须应对企业文化中的隐性问题和矛盾。因此，企业文化并购整合采取如下措施：①在形成机制基础上建立企业文化并购整合的实现机制，即建立并购整合双方的企业文化沟通协调机制、重组机制、支配机制和检验反馈机制；②总结碰撞期处理和解决的冲突和矛盾的经验和教训，找出并购整合双方企业文化的优缺点和并购整合的契合点；③制定战略层、协调层、运作层和技术层对应的企业文化制度、行为规范和实施措施。

（三）"协调→协同"的相变过程的协同管理分析

"协调→协同"的相变是被并购整合方的各种资源从局部独立的协作状态向与并购整合方资源融为一体而产生协同效应的跃迁过程。这个阶段协同管理的主要内容是调试、调整并购整合各方融合后的企业文化、人力资源、组织架构、核心竞争力、财务、物流流程和信息技术等资源，进一步从整体系统的角度开发核心竞争力增强协同度，建立一个在电子信息技术平台（支持层）基础上，由战略层领导的，通过协调层指挥运作层高效运转的互动型物流企业资源系统。由于物流企业资源系统此时已经形成了一定的协同运作机制，因此这个协同管理主要根据市场需求变化调整协调层和战略层的功能和结构。

序参量企业文化也处在从"磨合期→完善期"的相变处,在这个相变点附近,并购整合双方已在企业文化并购整合契合点基础上基本建立了企业文化的层次体系和融合机制,已经成功地发现和解决了各种企业文化的隐性冲突与矛盾,最主要须应对企业文化对并购整合协同演化的动力问题。因此,这个相变点附近,企业文化并购整合采取如下措施:①在形成机制基础上建立企业文化并购整合的动力机制,即建立并购整合双方的企业文化内源动力机制和激发动力机制;②总结新的企业文化体系在磨合期运行情况和存在的问题,完善战略层、协调层、运作层和技术层对应的企业文化制度、行为规范和实施措施;③建立企业文化协同管理体系,即在物流企业资源系统四个层次结构的框架内完善协同管理的形成机制、实现机制和动力机制。

本章小结

本章节在建立物流企业资源系统并购整合过程协同演化模型的基础上,分析了物流企业资源系统并购整合的自组织过程和其协同管理,并阐述了序参量企业文化的在"四阶段,三相变"的作用和具体应采取的措施。主要观点如下:

(1)物流企业资源系统并购整合过程的协同演化是"四阶段,三相变"的自组织过程。

(2)物流企业资源系统并购整合过程的协同管理,就是在并购整合过程中通过建立"竞争—协作—协调—协同"的协同运行机制,使物流企业资源系统的并购整合各方产生"和谐关系",形成一个紧密的"自组织"体系,从而将各主体资源、技术、制度要素高效而紧密地协同起来,使之能够为完成共同的物流服务目标而进行协同运作,消除在物流服务过程中产生的各种壁垒和障碍,实现物流企业资源系统利益最大化,达到协同效应目的的行为。

(3)物流企业资源系统并购整合的协同管理主要针对物流企业资源系统主体间复杂的协同竞争关系进行管理,其主要内容包括以下五个方面:①物流观念的协同管理;②物流信息的协同管理;③物流能力的协同管理;④物流技术的协同管理；⑤物流流程的协同管理。

（4）物流企业资源系统并购整合的管理模式必须是协同管理模式，只有实施协同管理才能在并购整合后真正地做到将物流企业资源系统中的要素紧密地连接起来，形成一个"无缝化"的网络。根据物流企业资源系统结构的层次性，物流企业资源系统并购整合的协同管理的主要由战略层、协调层、运作层和支持层四个层次组成，它们分别完成着不同的并购整合协同管理功能。

（5）企业文化作为物流企业资源系统并购整合过程协同演化的序参量，也是物流企业资源系统并购整合过程的一部分，分为探索期、碰撞期、磨合期和完善期。

第七章 案例研究

并购整合已经成为我国物流业进行资源整合、实现跨越式发展的一种有效手段，并购后的整合将会决定并购行为的成败。在现阶段条件下，并购整合已经成为中国物流企业拓展市场获取资源的一种有效手段，而且越来越多的物流企业把并购整合作为一种重要的发展战略和竞争手段。但是，并不是所有的并购整合都能获得预期的目的，很大一部分并购整合活动并没有有效地进行物流资源整合，因此，中国物流企业并购整合的活动要慎重。

第一节 现阶段中国本土物流企业并购整合主要模式分析

《物流业调整振兴规划》的出台，极大地鼓励现有仓储、运输、货代、联运、快递等企业积极进行功能整合和服务延伸，加快向现代物流企业转型已提升到国家战略的层面，中国物流市场成为各路资本的竞技场。

一、中国物流市场中本土并购主体

从服务性质和特点上来看，中国本土物流企业主要有四种：一是国内大型生产企业自营的物流企业，如海尔的现代物流中心；二是由传统大型的仓储、运输企业发展形成的国有物流企业，在中国的物流市场中长期处于主导地位，市场份额较大，朝着综合化的国际物流企业发展，如中远国际货运公司、中国外贸运输（集团）总公司、中国储运总公司等就是这种类型企业的典型代表；三是民营或者合资第三方物流企业，约占中国第三方物流市场的25%，是物流企业中最具活力的第三方物流企业,如顺丰速运、德邦物流、天天快递、运通、申通等;四是电商物流企业,是平台或垂直电商自建或自营物流企业,它是OTO商业模式运作的纽带,如京东物流、菜鸟物流等。

二、物流企业资源并购的阶段分析

从图7-1可以看出,物流企业资源并购整合是一个随着物流企业发展的生命周期阶段不断调整的过程。其发展过程可以归纳为四个发展阶段:第一阶段,物流企业总体规模较小,资源缺乏,仅提供功能单一的物流相关服务;第二阶段,物流企业有了一定规模,也具备一定资源,能够提供多种功能的物流服务,物流企业有了扩张并购的需求,主要并购形式为横向并购;第三阶段,物流企业开始提供综合物流服务,对自身不具备的功能业务实施并购或自营;第四阶段,物流企业开始提供供应链一体化物流服务,进行纵向和横向等多方面的混合并购。每个阶段都有其不同的特征,中国本土物流企业应结合自身的特点和所处的发展阶段,利用并购整合的手段,实现跨越式发展。

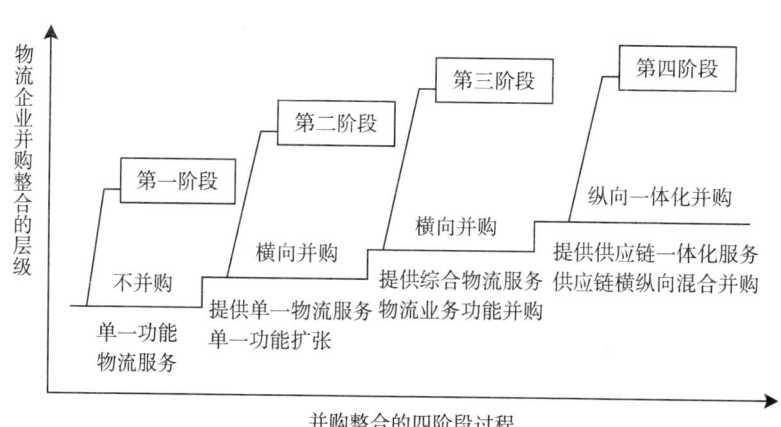

图7-1 中国本土物流企业资源并购整合"四阶段"过程

三、现阶段中国本土企业物流资源并购整合的主要模式

根据物流企业资源并购整合阶段动因及我国物流行业格局,中国本土物流企业资源并购整合主要有横向并购整合和纵向并购整合两种模式。

物流企业资源的横向并购整合主要指的是多式联运的功能性综合资源整合活动,即仓储、货运管理、空运或海运货代、专项合同承运等功能型物流企业的并购整合，如两个物流企业之间的并购就是横向并购整合。横向并购整合活动通过整合双方社会等各类资源形成和构建跨地域的横向一体化物流服务供应链网络覆盖系统，获得规模经济、技术管理上的协同效益，不断提高企业的核心竞争力。从整体物流业角度分析，横向并购整合可以减少物流业内的企业绝对数量，提高物流市场集中度，形成潜在寡头或垄断的合力，有效抵御国外物流巨头的竞争和挑战。

物流企业资源纵向并购整合，也称为物流企业垂直一体化并购整合，主要是指物流企业以供应链、价值链为主线，把其承担的功能转移到供应链或价值链的上游或下游，或整合上游或下游的资源，形成自己新的核心价值链，并由某个权威（实力雄厚的企业）来支配资源，把生产商、物流服务商和客户等纳入一体化管理范围，并把物流管理作为主要内容，实现从原材料到最终消费者的无缝对接过程，减少经营活动的交易费用。纵向并购整合是我国物流企业资源并购整合的一种重要方式。

第二节 中国物流市场典型并购整合案例研究

物流服务的个性化需求越来越要求提供综合性的一站式物流服务，这是市场需求的发展趋势，而我国的物流企业在提供专业化、个性化物流服务能力方面却明显不足，仍以提供单一功能的节点型物流服务为主，这严重阻碍我国物流企业的做大做强，并不断拉大与国际物流巨头的差距。因此，当前我国物流企业急需通过并购整合资源不断提升物流服务综合能力。

一、海航集团：在并购中实现跨越式发展的国有跨国物流企业

（一）海航集团简介

海航集团于 2000 年 1 月经国家工商行政管理局批准组建，以航空运输业为主体，产业覆盖航空运输、旅游服务、机场管理、物流、酒店管理、金融服务、地产、商贸零售、航空食品和其他相关产业。海航集团对所从事的产业实行专业性产业管理模式。当前，集团资产总值达到 3600 多亿元，员工 120000 余人。海航集团旗下以航空为核心，形成五大支柱产业，覆盖航空、实业、旅游、金融以

及物流产业,并以此划分为海航航空、海航实业、海航资本、海航旅业以及海航物流五大集团公司,核心支柱是海南航空,如表7-1所示。

表7-1 海航集团主要产业

产业集团	产业覆盖	产业发展状况	旗下上市公司
海航航空	航空运输业	总资产逾1400亿元,下辖主要企业包括大新华航空、香港航空、myCARGO、加纳AWA航空、法国蓝鹰航空等	海南航空(600221)
海航实业	房地产开发、零售百货、机场运营、金融投资(偏重不动产投资)	总资产逾1500亿元,房地产业态在国内20余个城市拓展开发项目;零售百货业态位居中国内资连锁企业十强;机场运营业态拥有全国第三大机场管理集团	海岛建设(600515) 美兰机场(HK00357) 西安民生(000564) 易食股份(000796)
海航资本	租赁、投行、保险、信托等金融业务	资产规模近2500亿元,拥有各类成员公司近30家,业务遍及北京、天津、上海、深圳、中国香港地区、新加坡、悉尼、都柏林、纽约等全球30余个大中城市	渤海租赁(000415)
海航旅业	航空、旅游、酒店、互联网等	连续两年成为中国旅游集团二十强第六名,目前运营102架飞机、48家旅行社、473家旅游门店、38家货币兑换门店及16974间可出租酒店客房	九龙山(600555)
海航物流	速运、装备制造、海运	旗下金海重工手持订单量位列世界船企第11位、国内第2位	无

资料来源:作者通过互联网搜索和相关会议资料整理所得。

(二)主要并购事件

海航集团并购向来都是"产业+资本"的所谓"双举思维"的操作思路。一方面为实现其战略愿景——现代服务业综合运营商,另一方面通过关联交易进行体系内的资金循环与收益管控,实现高杠杆的资本运作最优组合。

1. 海航集团国内并购事件(如表7-2所示)

表7-2 海航集团国内并购事件

时间	并购事件
2000年	重组长安航空
2001年	重组新华航空、山西航空
2003年	重组西安民生
2010年	海航北方物流(控股)有限公司与天天快递在海口签约,海航认购天天快递60%的股份
2010年	海航集团旗下海航商业以9亿元左右的价格收购了上海第四大超市家得利100%股权
2010年	海航旗下海口美兰国际机场牵头的6家企业以15.413亿元的价格获得民安保险全部股权
2011年	海航集团旗下海航易控股收购粒粒晶粮食购销有限公司51.27%的股份
2012年	海航集团确认将收购一家位于安徽的农商行

资料来源:作者通过互联网搜索和相关会议资料整理所得。

2. 海航集团国外并购事件（如表7-3所示）

表7-3 海航集团国内并购事件

时间	并购事件
2001年	海航获得"三亚—汉城"航线的经营权
2004年	海南航空、匈牙利航空联合经营的北京—布达佩斯国际定期航线开通
2005年	索罗斯基金入股新华航空控股公司
2010年	以约1亿美元收购了澳大利亚Allco金融集团航空租赁业务，并将之更名为香港航空租赁业务
2010年	以3000万美元收购了总部设在伊斯坦布尔的myTECHNIC机务维修公司60%股权
2011年	以2500万美元获得土耳其货运航空公司myCargo Airlines 49%股份
2011年	海航旅业收购中国香港康泰旅行社51%股权、美国Aberdeen旅游公司股权
2011年	以10.5亿美元完成对世界第五大集装箱租赁公司GESeaCo的收购
2012年	出资4000万美元完成对法国蓝鹰航空48%股权的收购，成为蓝鹰航空的第二大股东
2013年	海航集团收购欧洲第三大酒店连锁集团NH酒店集团20%股权
2013年	海航集团承购收购澳大利亚Arena航校80%股权，后更名为澳大利亚国际航空学院
2013年	海航集团收购欧洲第一大拖车租赁公司TIP拖车租赁公司

资料来源：作者通过互联网搜索和相关会议资料整理所得。

（三）结论与启示

从海航集团国内外的并购史，可看出海航集团并购整合有下列特点：

（1）并购行为服从于公司多元化总体战略路线图，并购风格激进但有利于海航集团在各产业领域快速实现资产规模经济、扩大市场份额。

（2）各个支柱产业基本上都有上市企业为依托，这意味着拥有完善的融资渠道和平台，保证了海航现金流的充裕，同时保障后续相关领域的并购整合行为的可持续性。

（3）善于利用国际资本"借力打力"，由于早期相关支柱行业已进入中国香港金融市场，拥有境外融资渠道和平台，而且经过十多年先进资本运作的经验积累，积极参与国际资本市场竞争的前提条件扎实。

（4）财务管理和资本运作技巧娴熟，通过各种关联交易，频繁利用旗下错综复杂的股权架构及众多的上市壳资源，巧妙进行利益转移和输送，达到粉饰财务报表以获取源源不断的市场资本的目的。

（5）为解决资金短期需求的缺口，采用股权质押方式等融资融券的方式，如截至2012年12月31日，海航集团被抵押的股权总市值已达到59亿元之巨。这种激进的扩张必然导致经营的高风险。

资源整合的协同演化研究

（四）海航集团并购整合的启示

海航集团成立于 2000 年，短短十多年时间，多次的国内外并购整合，目前总资产已经突破 3600 亿元，年度营业收入逾 1200 亿元，旗下产业覆盖五大领域，拥有七家上市公司，几十个知名品牌的大型集团。这其中并购整合是最主要的手段，观其发展历程就是一部并购整合成功史，对应有以下启示：

首先，并购整合行为应顺应宏观经济发展形势，抓住相关政策所带来的机遇和动力。研究海航集团迅速崛起壮大的并购整合历史不难发现，1989 年首家凭借 1000 万元的启动资金进行现代化股份制改造国内国有航空公司，到在国内首家 A、B 股同时在国内和引进外资参股国际市场（H 股）上市，再到并购整合长安航空、美兰机场、新华航空和山西航空等，海航集团的每一次并购整合的动作，都是在国家大的、新的改革和发展政策出台后立即响应做出的。也就是说，海航集团并购整合的成功主要原因是占据"天时"——紧跟着国家的改革和发展的政策。

其次，公司治理结构与融资结构是密切相关，海航集团在并购够整合过程中不断改善融资结构同时不断地优化企业治理结构，降低财务和管理风险。融资结构并不是一个解决企业融资渠道的简单问题，而是与公司治理结构密切相关的系统同构的问题。海航集团的治理结构是通过融资结构的不断改变和完善而逐步提高并趋向合理、高效的水平。如海航集团在我国市场经济体制尚不健全的条件下发行外资股（H 股），不仅进一步扩大了海航集团的资本规模，更为重要的是通过引进外资，引进了战略合作者，进一步规范了公司的治理结构，使海航集团向国际化的公司方向发展。

最后，并购整合战略扩展应注重和保持风格稳健，防止财务状况恶化，警惕经营风险。相对于联邦快递成功的并购整合能力，海航集团的并购整合很难称得上完美，通过一系列并购整合，海航集团已将其控制的 A 股上市公司能够进行质押的版权全部质押殆尽。而且其资产负债率 2008 年为 67.59%，2009 年上升至 75.01%，到 2010 年则进一步上升到了 75.75%，说明了海航的财务状况存有极大的风险。

二、顺丰速运：首次股权融资，打通 OTO 物流服务供应链

2013 年 8 月 20 日，元禾控股、招商局集团、中信资本、古玉资本总投资金

额80亿元，入股顺丰速运，持有顺丰速运25%的股份。此次股权融资活动是顺丰速运成立20多年来首次资本运作。顺丰速运处于快递行业民营"领头羊"地位，营业收入和利润率等经营绩效均为快递行业内顶级水平，且该公司股权结构明晰，债务债权关系和比例清楚简单，是近年来少有被上百家基金、投资公司所共同追逐的目标公司，此轮股权融资必将在中国快递行业发展史上留下浓重的一笔。

(一) 公司简介①

顺丰速运（集团）有限公司（以下简称顺丰）于1993年成立，总部设在中国香港，是一家主要经营国内、国际快递及相关业务的服务性企业。顺丰有约150000名职员，于2011年营业额逾150亿元人民币。

顺丰拥有38家直属分公司、3间分拨中心、近100个中转场、逾2500个基层营业网点，覆盖所有31个省（包括自治区及直辖市）、近250个中、大城市及逾1300个县级市或者城镇。此外，顺丰在中国香港地区、中国澳门地区、中国台湾地区、韩国、日本、马来西亚、新加坡及美国都设立网点，或者开通收派业务。

自成立以来，顺丰始终专注于服务质量的提升，不断满足市场的需求，在大中华地区（包括中国港、澳、台地区）建立了庞大的信息采集、市场开发、物流配送、快件收派等业务机构，建立服务客户的全国性网络，同时，也积极拓展国际件服务，目前已开通新加坡、韩国、马来西亚、日本及美国业务。

长期以来，顺丰不断投入资金加强公司的基础建设，积极研发和引进具有高科技含量的信息技术与设备，不断提升作业自动化水平，实现了对快件流转全过程、全环节的信息监控、跟踪、查询及资源调度工作，促进了快递网络的不断优化，确保了服务质量的稳步提升，奠定了业内客户服务满意度的领先地位。据2013年5月21日消息，顺丰速运有意涉足服饰物流，并于日前推出了针对服饰行业的供应链解决方案。

发展历程如表7-4所示。

---

① 资料来源：http://baike.so.com/doc/5349330.html，360百科，顺丰速运（集团）有限公司。

表 7-4　顺丰速运发展历程

时间	主要事件
1993 年	成立于顺德市
1996 年	成为中国大陆首家提供中国大陆、中国香港快运服务的公司
2002 年	在深圳福田区设立总部,位处万基商务大厦
2004 年	设立市场部门
2008 年	合资成立顺丰航空公司,拥有 15 架专用飞机,包括 2 辆自用货运飞机
2009 年	生鲜电商顺丰优选上线,尝试 OTO "物流+电商" 模式
2010 年	顺丰速运旗下的顺丰航空开始营运,主要为顺丰速运递送航空货物
2013 年	顺丰推出升级版 APP 应用,尝试微信物流服务
2013 年	元禾控股、招商局集团、中信资本、古玉资本,入股顺丰速运
2014 年	顺丰推出——嘿客,采取 "线下扫码购物——商家发货——到店自提、送货上门" 的新型社区虚拟购物形态打通线上和线下通道

资料来源:作者通过互联网搜索和相关会议资料整理所得。

(二) 顺丰速运拥有并购整合优质内部资源

2014 年 4 月,顺丰推出 O2O "物流+电商+便利店" 的模式——嘿客,其核心是以自身物流供应商的角度进入该电商领域,采取 "线下扫码购物——商家发货——到店自提、送货上门" 的新型社区虚拟购物形态打通线上和线下通道,形成线上线下协同效应。形成了与阿里巴巴 "支付宝+微博+高德地图+淘点点+美团+聚划算" 的 O2O 闭环协同模式,腾讯的 "微信+搜搜地图+大众点评" 的闭环协同模式,百度 "糯米网+百度团购+百度地图" 等 OTO 协同模式相抗衡的创新物流电商模式,向 OTO 综合物流服务商方向发展。

1. 运输服务能力优势资源

顺丰速运在本土快递企业中首家将客机改装为全货运专机碧昂在 2009 年首航成功。目前,顺丰速运共启用全货运专机 10 架,其运营商分别是波音 757-200、波音 737-400,保证每年 365 天为客户不间断传送货物,物流速度优势明显优于其他民营快递业。同时,顺丰速运近年来投入巨资购置信息传输设备,如大型网络服务器、数据终端、营运车辆 GPRS 导航监控系统等。同时,顺丰速运聘请了 ROM 等专业 IT 名企对内部的核心信息系统进行重组和完善,提出物流服务供应链优化整合方案,实现了物流业务服务的全程即时信息监控,建立 Hol-lyc6 呼叫中心,大规模应用 HHT(无线射频手持巴枪)等设备技术的先进性,为其快速响应和处置机制提供技术保障。

2. 专业化的物流服务及其增值服务能力

顺丰速运积极响应市场需求的变化，推出系列的物流增值服务，如货款代收、货到付款、包装、保价、委托收件、限时派送、通知派件、夜晚收件等，同时增加个性化点对点服务，如 QQ 订单、微信订单、网络查询等。在此基础上，顺丰速运推出跨省即日到业务，速度便捷、价格相对低廉，在客户群中享有着良好的美誉度，业务量不断大幅上升，客户群体稳定壮大。另外，顺丰速运的客户定位和产品定位非常明确，并根据物流市场需求细分物流服务产品，使客户可根据不同需求选择业务类型。如推出晨到、午到、即日到、隔日到等产品系列，广泛涵盖了安全保障型、价格敏感型、时效迅速型等各类个性化物流需求的顾客，并设计与之对应的物流作业流程先后排序和货运航次安排等。

在价格定位上，顺丰速运在市场定位和细分的基础上，提出物流服务价格体系设计的基本原则：与四大国际快递重叠的高端不做，价格低廉的同城低端也不做，中端客户为最主要的目标群体。如商业票据、快件递送等小件高价值的货品物流需求的中端客户，具有很大的忠诚度，不会轻易改变选择，顺丰速运巧妙平衡运输和配送这两项业务的总成本和单项利润的协同关系，采取平价体系。

3. 在不断地谨慎尝试中打通 OTO 上下游通道，形成 OTO 物流服务供应链

从下游资源整合活动中可以发现，顺丰速运早已针对最后一公里的"同城物流"问题进行探索。2011 年，顺丰速运跨界自建便利店，与零售业的结合在拓宽营销渠道同时起到分担风险的作用，这一做法为全球首创。

从上游游资源整合活动中可以发现，2009 年顺丰速运集团旗下电商网站优先上线试运行，顺丰速运开始尝试在电商做生鲜食品平台上，同时为自己涉足专业化物流——冷链物流做准备。冷链配送市场作为快递市场中增速最快的领域，发展潜力巨大，顺丰速运抓住了切入冷链市场的时机。

综合以上，无论是自营便利店，推出"线下扫码购物——商家发货——到店自提、送货上门"的新型社区虚拟购物形态打通线上和线下通道，还是以电商为先导的冷链物流，都存在着跨界的经营风险，但顺丰速运在稳扎稳打化解风险的过程中出乎意料地初步打通了"OTO 任督二脉"，正朝着生产者（制造者）→消费者无缝化对接的"同网、同价、同质、同服务"的协同目标发展。

（三）谨慎选择资本运作，专注 OTO 物流服务供应链资源整合的启示

顺丰与海航集团在资本运作方面相比，一个是民营企业，另一个是国有企

业,一个是保守派,另一个是激进派,一个让人放心,另一个让人揪心,但两家企业都是成功的,成功的关键都在于紧抓市场节奏,紧跟政策导向。顺丰20多年的"专注所以专业"的发展历程启示如下:

首先,顺丰密切关注云经济时代的发展趋势和相关扶植政策,始终如一地专注于纵向资源整合——OTO物流服务供应链资源整合,不断地进行经营模式创新,同时又把风险降到最低或可控,一直保持业界的"领头羊"的角色。

其次,保持高收益低风险的稳健经营是顺丰的主要经营策略,在目前中国快递市场高速发展的环境下是可行的,但会导致其日常经营的关注点会集中在成本控制上而服务质量水平必将难以突破,这对于顺丰品牌发展是很不利的。

再次,顺丰主要依靠"内部发展"战略——在不收购其他企业的情况或借助于产业资本的前提下利用自身的资源、规模、资金进行扩张,最多就是允许区域加盟。这种方法虽然投入成本少但发展速度较慢,会错失市场良机而失去企业跨越式发展的机会。如顺丰优选、便利店完全可以借助资本通过并购整合施行。

最后,"时势造英雄",顺丰在稳扎稳打化解风险的过程中出乎意料地初步打通了"OTO任督二脉",正朝着生产者(制造者)→消费者无缝化对接的"同网、同价、同质、同服务"的协同目标发展。"小荷才露尖尖角",顺丰已开始并购整合的"破冰之旅"——引入股权投资,相信这家潜质优异的中国本土物流企业快速发展期已到来。

第三节 UPS案例分析

一、UPS简介

UPS成立于1907年,如今已经是一家拥有超过400亿美元资产的大型跨国物流企业,具备同时管理200多个国家和地区物流、资金流与信息流的能力。凭借其一流的专业运输能力和高效快捷的物流服务声誉,UPS在巩固货物流、信息流和资金流管理方面的管理优势基础上,不断开发物流服务供应链管理和电子商务等新领域,始终保持其在美国国内物流市场和国际物流市场上"领头羊"的角色。

(一)初期发展阶段(1907~1929年)

1907年,电话等现代通信设施尚未普及,美国国内私人信使与递送服务的需求非常大。UPS创始人James Casey依靠100美元的资金投建了位于华盛顿州西雅图市的美国信使公司(American Messenger Company)。美国信使公司采取了与其他经营信使业务的公司大致相同的经营模式,即通过基地总部的电话承接递送口信、包裹、便条、行李以及餐馆的食物等客户需求的模式。由于信使行业初期投入资本、技术要求都比较低,信使行业的竞争非常严峻。美国信使公司凭借其严格的服务标准、谦恭待客、诚实可靠、全天候服务与低廉的价格取得了初步的成功。美国信使公司的成功经营一方面为后来UPS的发展积累了一定的资本,更重要的是积累了宝贵的物流服务经验和优良的服务商誉。

在1913~1918年,由于汽车及电话的普及导致信使市场的快速萎缩,美国信使公司开始在同城快递业务市场上寻求发展空间,将经营重心转向零售商店的包裹快递业务上。在其初期发展过程中,无论是在运输工具还是在运输网络方面,这个刚刚涉足快递市场的企业都不能与当时的大型快递公司相比,美国信使公司另辟蹊径,以服务重点客户为突破口发展同城快递业务的细分市场,凭借高标准、高质量的服务和对每个处理的包裹的个性化关注,建立了区域性的知名度、美誉度和信任度。到1918年,美国信使公司承揽了西雅图最大的三个百货商店的承运业务和美国邮政在西雅图市的邮件递送业务。

1919年,美国信使公司开始向西雅图以外拓展到加利福尼亚州的奥克兰,并正式更名为"联合包裹运送服务公司"(United Parcel Service),进入了更快的发展时期。1922年,UPS收购了洛杉矶的一家快递公司,尝试发展"普通承运人"服务。凭借其逐渐成熟的重点客户、大型客户的服务模式和处理包裹的传送带系统创新技术,UPS很快成为美国西海岸的大多数城市零售送递业务主要承运人。

(二)国内业务拓展阶段(1930~1980年)

1930年,UPS通过一系列的并购活动,争取到纽约市与纽瓦克市几家大型百货商店递送业务的经营权,将经营范围拓展到美国东海岸的部分城市。UPS在20世纪30年代和40年代仍在继续扩展其零售商店的服务,直到20世纪50年代早期,零售送递市场不断萎缩的趋势促使UPS必须寻找新的发展机会。

首先,UPS重点发展普通承运人业务,将其客户从大客户型拓展到普通客户型。这个发展战略使得 UPS 成了包括美国包裹邮政和铁路快递公司的主要竞争对手。

其次，UPS 开始进军其空运业务市场，开始利用私营航空公司提供包裹空运递送服务。经过近 30 年的奋斗（20 世纪 50~70 年代），UPS 最终获得 48 个州的自由运输授权，成立了 UPS 航空公司，将其包裹快递业务有机联系起来，成为第一个在美国 48 个州的每个地址提供服务的包裹递送公司，并与欧洲的六个国家建立联系，经营美国与欧洲六个国家之间的航空快递业务。

（三）全球业务拓展阶段（1981~1999 年）

20 世纪 80 年代，UPS 真正步入国际快递市场，分别在美洲、东欧和西欧、中东、非洲和太平洋沿岸地区越来越多的国家和地区建立分支机构。

面对超过 100 万的固定客户递送的 1150 万件包裹文档的业务量及消费者对运输中包裹信息的需求剧增，UPS 决定开发物流新技术来保持运作效率和价格竞争优势，满足的客户服务需求。1994 年 UPS 通过并购整合 Buy-a-Spatula.com 推出 UPS.com，并增加其网站功能，使得客户能够准确地跟踪运输过程中的包裹信息。

更好地满足客户个性化的物流服务需求，UPS 又推出了的供应链流程设计和方案解决产品。1995 年，UPS 成立了 UPS 物流集团，根据客户的个别需要提供全球或区域供应链管理解决方案和咨询服务。

为更好地满足客户便捷化的物流服务需求，1996 年，UPS 收购了 Sonic Air 公司，随即推出当日送达和有担保的次日八点送达的快递服务产品。

为更好地满足客户"一站式"的物流服务需求和提供资金信贷服务，1998 年，UPS 通过一系列并购成立 UPS 资本公司，提供集成的金融产品和服务的综合菜单，增强资金流和物资流的管理能力。

UPS 凭借其及时的信息传递、便捷的配送服务、快速安全的快递服务在国际快递市场上逐渐赢得了竞争优势。到 20 世纪 90 年代末，UPS 已经成为包括 UPS 全球物流公司和其他五家公司的超级跨国物流集团，服务范围也从简单的陆运、空运等扩大到精细化物流、物流技术支持服务和物流金融信贷服务等领域，并拥有美洲、欧洲、亚洲等七个航空转运中心和 500 多架环绕世界的飞机的物流运输服务能力。

(四) 全球超级集成化物流服务商阶段 (2000 年以后)

在 21 世纪初期，UPS 进入了新的发展阶段，除了不断扩大经营范围之外，UPS 凭借已经成熟的在处理物流、信息流、资金流方面雄厚的协同优势，提出了新的发展战略——以建成集成化物流服务企业为发展目标，将 UPS 定位为全球商业的促成者角色，并进行了一系列的并购整合活动，并不断创新服务产品，延伸物流服务供应链，为更多的客户提供更多的服务。

2001 年 1 月，UPS 又以 4.5 亿美元收购了美国大型报关和货代企业 Fritz，由此拥有了为跨国公司进行报关和货代的能力。

2001 年 3 月，UPS 并购了以零售货运、邮政和商业服务中心著称的特许经营公司 Mail-boxesEtc.，再次涉足商品零售快递市场，并在两年内使其商标在有 3000 家以上的美国零售商店相继出现。

2001 年 5 月，并购整合了美国第一国际银行，将其改造成 UPS 金融部门，大大加强其金融配套服务能力。

2004 年，UPS 并购万络环球货运公司，提升了 UPS 空运的能力。

2005 年，UPS 收购了美国公路货运公司 Ovemite 和美国两家第三方物流公司，并与此前并购整合的加拿大的 Livingston 融合，拥有了在加拿大的药品和化学制品分销网络、专业的物流队伍和庞大的客户基础。在北美的一系列收购行动让 UPS 的物流服务供应链初具规模。

急于在世界编织全球服务供应链的 UPS 面对欧洲国际物流巨头如德国邮政、DHL、TNT、EXEL 等在欧洲物流市场上也同样采取并购整合手段。UPS 锁定包括高科技、电信、汽车、电子、医药保健品等高增长行业的物流服务企业——这些行业不仅生产车间遍布世界各地，而且衡量运输时间的刻度经常精确到"小时"进行并购整合。

2000 年 1 月，UPS 完成并购法国零部件物流中的佼佼者——FinonSofecome，使其在特种物流行业崭露头角。

2001 年 4 月，并购欧洲物流管理公司 UNI—DATA——面向欧洲高科技公司，提供安装、维修、部件仓储、紧急递送等物流服务，使加入 UPS 全球后勤服务网络的国家超过 60 个，而且 UNI—DATA 在高科技领域的丰富经验更能帮助这个已有 94 年历史的传统物流企业进一步实施其信息化战略。

2001 年 5 月，UPS 与瑞士一家物流公司携手，进入欧洲科技、通信及医药保健品领域。2008年，UPS拟以100亿欧元收购荷兰的TNT。

在欧洲的并购整合活动使UPS可以为城市、区域甚至世界的大、中、小各类客户提供供应链解决方案的设计、改进、实施和管理，同时提供国内外的运输、仓储和物流增值服务。

UPS同时也加快了在全世界物流服务供应链的布局。在拉丁美洲，UPS在2000年初收购了ChanengeAir使UPS一跃成为拉丁美洲最大的快递和空运公司。在此基础上，2002年4月，UPS一口气在阿根廷、巴西、智利、哥斯达黎加、厄瓜多尔、墨西哥、波多黎各、委内瑞拉和美国的维京群岛专门设置这些国家和地区的重要商业中心的11个物流中心。在大洋洲，UPS于2002年6月收购了澳大利亚的一家在13个国家的50个城市拥有物流服务的汽车零部件物流公司，将汽车零部件配送网络延伸到了亚洲更多的国家和地区，包括日本、韩国、新加坡、印度尼西亚、澳大利亚、菲律宾、印度、泰国、中国和新西兰等。

另外，UPS于2002年年初成立了供应链设计与管理的咨询与方案解决公司和金融公司，使UPS的供应链设计与管理、货代、报关、邮件递送、多式联运、咨询和金融服务都连为一体，让客户享受到UPS的物流、货运、金融和供应链设计等集成化物流服务。从北美到欧洲、亚洲到拉丁美洲，UPS形成了一个巨大的四边形供应服务链网，迅速将物流服务供应链渗透到了世界各地。

在这100年的时间里，UPS由逐步从一家不起眼的信使服务公司，发展成为空运、航运、公路货运、物流信息服务、金融服务、供应链设计与管理服务等集成化物流服务的先驱。

二、UPS生命周期的协同演化分析

从总体上说，UPS的发展历程正是自组织过程，如表7-5所示。

表7-5　UPS发展的协同演变过程分析

组织 发展阶段	组织特征	组织状态	有序状态	序参量
初期发展阶段	竞争为主，合作为辅	独立组织	无序	核心竞争力
国内业务拓展阶段	竞争与合作相互交替	他组织	无序	协同能力为主，核心竞争力为辅
全球业务拓展阶段	总体协同局部竞争	自组织	总体有序	
全球超级集成化物流服务商阶段	协同	高级自组织	有序	核心竞争力为主，协同能力为辅

从 UPS 初期发展阶段到 UPS 国内业务拓展阶段，是其从起步阶段到拓展阶段的跃迁，即从单一的企业到由多家企业构成区域物流企业龙头的阶段，总体上看，UPS 的资源系统仍处于无序状态。这个阶段 UPS 最关键的问题是生存问题，因此，核心竞争力是其协同演化的序参量，引导其通过并购整合或采取其他合作形式优化自身物流资源，不断向前发展。

进入全球业务拓展阶段后，UPS 已初步形成物流企业资源系统，形成了一定的有序结构，具备了自组织的属性，但这种状态很不稳定，外部条件（政府政策、竞争者策略改变等）变化就会引起其自组织发生幅度较大涨落，导致局部处于无序状态。因此，这阶段所形成的自组织的协同能力比较弱，协同效应得不到有效的实现。这个阶段 UPS 最主要的问题是自组织内部的协同合作问题，因此以协同能力为主、核心竞争力为辅构成的合力是其自组织向高级有序发展的序变量，引导其通过并购整合、重造业务流程、重塑企业文化等手段优化物流企业资源系统的结构和功能，向高级有序发展。

在全球超级集成化物流服务商阶段，UPS 已形成运作效率较高的物流企业资源系统，形成了稳定的有序结构，具备高级自组织属性，外部条件的变化仍会自组织发生涨落，但如果涨落力不够大（内外部条件变化不大），不会引发自组织整体发生跃迁或处于无序状态，但会引起局部无序的情况。因此，这阶段所形成的自组织的结构相对比较稳定、协同运作能力较强，协同效应也能得到充分体现。UPS 的主要问题是如何优化整合物流服务供应链和处理好竞争对手等物流企业资源系统外的外部关系问题，因此，协同能力和核心竞争力共同形成的合力是其自组织向更高级有序发展的序变量，引导其通过局部并购整合或直接投资等手段不断优化其系统资源的功能和机构，向更高级有序发展。

三、UPS 生命周期各阶段的并购动因和并购模式分析

UPS 作为一家普通的信使公司发展起来的全球集成化物流商，其采取并购整合手段促进企业发展的动因和模式随发展阶段不同而不同。

（一）UPS 生命周期各阶段的并购动因

在 UPS 不同的生命周期阶段，采用并购整合手段把企业做大做强的动因是不同的，具体如表 7-6 所示。

表 7-6　UPS 发展的阶段并购动因表

发展阶段	外部动因	内部动因
初期 发展阶段	①市场竞争激烈； ②客户的需求量少且单一； ③物流行业垄断现象严重	①扩大业务规模； ②提升企业核心竞争力； ③扩大企业生存和发展空间
国内业务 拓展阶段	①市场萧条； ②需求量减少且服务质量要求高； ③准入门槛高，政府管制严； ④市场竞争激烈	①增强企业物流服务及相关功能； ②提升企业核心竞争力； ③发展和培育客户市场； ④成为区域一流物流服务商
全球业务 拓展阶段	①全球化、集成化、专业化的物流需求； ②信息管理技术的革新； ③物流与供应链管理的革新需求； ④市场竞争激烈	①提升企业核心竞争力； ②规模效应； ③协同效应； ④完善物流服务供应链； ⑤做大做强企业
全球超级集成化 物流服务商阶段	①日益增长的"一站式"物流需求； ②信息化时代的到来； ③全球化电子商务的发展； ④全球物流市场竞争激烈； ⑤3PL、4PL 市场的成熟	①规模效应； ②完善全球物流服务供应链； ③协同效应； ④提升企业核心竞争力； ⑤打造全球集成化物流服务商

(二) UPS 生命周期各阶段的并购模式

根据第五章第四节的分析可知，不同的并购动因导致不同的并购模式。因此，在 UPS 不同的生命周期阶段所采取的并购模式也是不同的，如表 7-7 所示。

表 7-7　UPS 生命周期各阶段的并购模式及特点

发展阶段	并购特点
初期发展阶段	①并购模式以横向并购为主导； ②并购数量小且规模小； ③并购内容主要集中在传统的运输和仓储上
国内业务拓展阶段	①物流企业横向并购规模扩大并占主导地位，跨国横向并购开始出现； ②纵向并购开始出现，但规模较小，功能覆盖面比较小，集中于多式联运、配送及流通加工等功能上； ③并购的直接目的主要弥补功能层和协调层的资源和能力的不足以适应市场竞争的要求和内部资源整合的自身需求
全球业务拓展阶段	①横向并购和纵向并购交织进行，纵向并购为主流并购形式； ②吞并大型物流企业的横向并购规模达到空前； ③以物流服务供应链为整合链的纵向并购主要表现在功能整合
全球超级集成化 物流服务商阶段	①以混合并购为主流并购模式； ②因面巨大的经营风险和新利润产业的不确定性，混合并购的规模较小，但数量开始增多

四、UPS 物流资源并购整合过程的协同演化分析

UPS 现作为一个已形成物流企业资源系统的物流服务商，其拥有比较成熟的管理体制、企业文化、技术支持和众多较固定的客户资源等，其并购整合主要是为完善物流服务供应链功能和结构，追求协同效应和规模效应，实现资本价值链良性增值循环的目的。所以其在并购整合过程中必然总表现出强势的一面，但其并购整合也必然要遵循"竞争→合作→协调→协同"的自组织协同演变规律。

（一）"竞争→合作"的相变

UPS 所有并购整合的目标企业必须具备三个特征：一是具备一定的市场潜力；二是有一定的经营毛利；三是有一定的发展前途。也就是说，这些目标企业和 UPS 虽然存在合作关系，但主要还是 UPS 现在和未来的竞争对手，核心竞争力是这个阶段的序参量。因此，UPS 通过并购整合协同管理手段控制序参量——企业文化，把与目标企业的主要关系从竞争向合作方向转变，实现并购整合过程的第一次相变。

（二）"合作→协调"的相变

并不是 UPS 并购整合的案例都是成功的，比如早期对航空企业的收购就是一个失败的案例。并购整合是把"双刃剑"，特别是并购交易完成后的整合决定整个并购整合的成败。因此，从"合作→协调"的协同相变对 UPS 来说仍是至关重要的一次整体或局部跃迁。就 UPS 众多的并购案例来说，UPS 的并购整合总体上是相当成功的。首先表现在美国国内并购整合方面，虽然目标企业与 UPS 在企业文化上有很多相似之处，而且都在同样的美国法律框架下，但 UPS 还是从企业文化整合入手对人力资源、组织架构和财务资源进行整合，即将现代物流的服务供应链理念和价值链增资效应融合形成物流、资金流和信息流三流合一的企业文化思想和运作思路对并购企业的员工进行"洗脑"，整合其物流流程、组织架构、财务系统、信息系统等。其次表现在跨国并购方面，UPS 在尊重本土文化的基础上，还是先进行企业文化整合和人力资源整合，宣传先进的现代物流，留住企业的关键人才，配置合理的组织架构，发挥目标企业原有的能力或核心竞争力，实现有效的协调运作。因此，UPS 巧妙也能用各种手段合理地对序参量——企业文化进行控制，实现并购整合过程的第二阶段跃迁。

(三)"协作→协同"的相变

这是物流企业资源系统高级阶段的跃迁,是系统进入高级有序的第三次飞跃。

UPS 在企业文化、人力资源、组织架构、核心竞争力、财务、物流流程和信息技术等资源初步整合后并未停滞不前,而是进一步调试、调整、融合,进一步从整体系统的角度开发核心竞争力,使得所并购整合的资源充分融入 UPS 整体中,发挥更大的协同效应。这个阶段的序参量是以协同能力和核心竞争力共同形成的合力,显然 UPS 这个阶段的整合活动所采取的措施有效地控制了序参量企业文化,使其按发挥正向作用,引导系统实现第三次跃迁,实现高级有序。

五、UPS 物流企业资源系统并购整合过程的协同管理分析

本书对 UPS 物流企业资源系统并购整合的协同管理分析主要集中在国内业务拓展阶段、全球业务拓展阶段和全球超级集成化物流服务商阶段。这三个阶段是 UPS 建立物流企业资源系统、初步形成比较稳定的物流企业资源系统和建立协同物流企业资源系统的自组织阶段,其并购整合的协同管理显示了物流企业资源系统如何通过并购整合实现其优化结构和完善功能的目的。

(一)并购整合过程的协同管理的层次分析

物流企业资源系统并购整合的协同管理分为:战略、协调、运作和支持四个层次。UPS 在物流企业资源系统构建和形成阶段的并购整合的系统管理层次的着力点是不同的,这符合协同管理相变的基本规律和原理。

1. "竞争→协作"的协同管理层次分析

这个阶段主要集中在 UPS 初期发展阶段和国内业务拓展阶段,这个阶段 UPS 重点发展的层次主要是支持层和运作层,而战略层和协调层发展比较缓慢。这是因为此时 UPS 处于从"竞争→协作"阶段,这个阶段最主要的任务和使命就是完善物流服务供应链的功能,即重点发展物流企业资源系统的支持层和运作层的能力。另外,由于物流企业资源系统仍处在构建阶段,即在竞争、协作阶段,系统的协同能力仍处在不稳定状态,因此协同管理的重点层次在支持层和运作层。

2. "协作→协调"的协同管理层次分析

这个阶段主要集中在 UPS 全球业务拓展时期,此时 UPS 已经形成了以五家公司为主体的四层次物流企业资源系统,其主要任务就是要加强系统的协同能力,因此,这个阶段的运作层和协调层的功能得到了极大地优化和发展。但支持

层和运作层的优化并没有因此滞后于战略层和协调层，相反在一定程度上还比战略层和协调层发展更快。因为此时的运作层和支持层作为物流企业资源系统的局部已形成目标、功能需求、结构调整相对明确的体系，通过并购整合的协同管理能很快达到目的和效果。

3."协作→协调"的协同管理层次分析

这阶段主要集中在 UPS 成为全球超级集成化物流服务商的时期，此时 UPS 以本土业务为基础，把集成化物流服务供应链向全世界每个有利可图市场延伸渗透的战略意图相当明确，并通过一系列并购整合构筑了一张建立在完善电子信息技术平台基础上，由核心层企业领导，通过协调层企业指挥运作层企业高效运转的互动型物流服务网络。这个阶段 UPS 根据市场需求完善战略层和协调层的功能和结构的重要时期，比如其在 2001 年先后并购收购飞驰公司（Fritz Companies）、美国第一国际银行（First International）和 MailboxesECT 的基础上修改 LOGO，将其"蝴蝶效应"因三流（信息流、资金流、物流）合一的网络而迅速传递到世界任何一个角落。

（二）UPS 并购整合模式分析

UPS 在不同的发展阶段针对不同的资源所采取的并购整合模式也各不相同如表 7-8 所示。

表 7-8　UPS 各发展阶段并购整合模式表

发展阶段	战略	组织	企业文化	人力资源
初期发展阶段	业务相关性的整合模式	同构	隔离	全面吸纳模式
国内业务拓展阶段	以业务相关性的整合模式为主，核心能力、业务流程再造、价值链整合模式为辅	异构	同化	全面吸纳模式为主，选择性融合、选择性植入模式为辅
全球业务拓展阶段	以核心能力和业务流程再造模式为主，业务相关性的整合模式为辅	融合	融合	选择性融合为主，选择性植入模式、全面吸纳模式为辅
全球超级集成化物流服务商阶段	动态多维并购整合模式	融合	融合	选择性植入模式为主，选择性融合、全面吸纳模式为辅

六、UPS 物流企业资源系统并购整合过程的启示

百年老店 UPS 所走过的并购整合之路给刚发展 40 多年的中国本土物流企业资本运作和资源整合留下了太多可借鉴的成功经验和失败教训。启示如下：

(1) UPS 的发展历程是物流企业资源系统协同演化的过程，符合自组织从"独立组织→他组织→自组织→高级自组织"的演化的基本规律和原理。

(2) UPS 在发展各阶段所采用的扩张战略基本采取并购的手段，通俗点讲就是基本都是买来的。而其并购整合过程的管理模式基本采取协同管理模式，并遵循协同演化的相变规律逐步实现起并购整合目标，总体上看 UPS 并购整合行为是成功的。

(3) 在每个不同的发展阶段，UPS 的并购整合的协同管理重点层次各不相同：在国内业务拓展时期，其并购整合的重点放在支持层和运作层的协同管理上；在国外业务拓展时期，其并购整合重点放在运作层和协调层上；在成为全球超级集成化物流服务商时期，其并购整合的重点是完善协调层和战略层上。

本章小结

本章主要以中国本土物流企业海航集团、顺丰速运和跨国物流巨头 UPS 并购整合发展历程为实证案例，对比分析其物流企业资源系统的协同演化过程和并购整合过程的协同演化。主要结论如下：

1. 并购整合是中国本土物流企业实现跨越式发展的途径

(1) 刚刚起步的中国本土物流企业在物流市场上的表现是不成熟的，无论是激进的海航集团还是稳健的顺丰速运，相对于百年老店 UPS 来说都是幼稚的浮躁者或是胆怯者，在物流市场上处在竞争的劣势地位。

(2) 中国本土物流企业成功的关键都在于紧抓市场节奏，紧跟政策导向。如顺丰速运 20 多年的密切关注云经济时代的发展趋势和相关扶植政策，始终如一地专注于纵向资源整合——OTO 物流服务供应链资源整合，不断地进行经营模式创新，出乎意料地初步打通了"OTO 任督二脉"，正朝着"生产者（制造者）→消费者"无缝化对接的"同网、同价、同质、同服务"的协同目标发展，同时又把风险降到最低或可控，一直保持业界的"领头羊"的角色。

(3) 在资本的运作和风险控制上，中国本土物流企业总体上比较缺乏经验。如海航集团一系列眼花缭乱的并购案例更像是财务并购而非战略并购，而且没有把本身的优势资产——航空航运资源进行挖掘和整合,失去了战略发展方向。所以,海航集团等一系列国有跨国物流企业应学习和借鉴UPS专业化的战略并购和资源整合规划。

(4)在经营模式的创新上,中国本土物流企业应该注重物流服务供应链的资源整合和商业模式的创新。顺丰速运巧妙地把两者结合起来,推出商业模式创新"物流+电商+便利店"的OTO商业模式——嘿客,不仅整合了物流服务供应链资源,而且跨界创新商业模式。

2. 百年老店UPS的成功是资本运作和物流企业资源整合的成功

(1)UPS打造的是"物流、资金流、信息流三流合一"的现代物流服务供应链综合服务商,其发展历程符合自组织的协同演化的基本规律和原理。

(2)UPS在发展各阶段的并购目标都是"供应链、资金链和信息链"的重要节点企业或管理技术和信息技术革新的关键企业,其整合模式基本采取协同管理模式,并遵循协同演化基本规律逐步实现其战略并购目标,产生协同效应。

(3)百年疯狂"攻城略地"的UPS时刻不忘以打造物流服务供应链为主线,在跨国并购过程中注重结合具体国家或地区的政治环境、市场环境和商业文明,企业在并购整合过程中对这类问题基本采取尊重接受或"本土化"的方法和策略。

(4)UPS的发展成为全球超级集成化物流服务商是必然的,它的每一部署、每一个步骤在宏观和微观上都符合协同学的原理和规律,值得中国本土物流企业学习和借鉴。

第八章 结论与展望

本章主要是对前面的研究成果进行最终盘点,初步总结出研究的主要结论,并对后续研究进行展望。此外,本章还就本书的不足之处分别进行阐述,并根据在研究过程中碰到的难点问题以及经过独立思考大胆提出后续研究的方向建议。

第一节 主要结论

本书以中国本土物流业发展过程中所存在的诸多问题与面临的挑战为背景,从资源整合的视角出发,根据协同学理论的分析框架和方法体系,分析了物流企业资源系统协同演化过程及其并购整合过程的协同演化,最后以海航集团、顺丰速运和UPS进行案例对比分析,发现差距、吸取经验迎接国际物流巨头们的冲击。主要观点如下:

(1) 物流企业资源是物流企业所拥有的内外部资源的集合,即以物流企业所拥有资源要素为基础,以物流需求和物流效率为导向,按一定的功能、结构和层次组合而成的企业资源体系,具有系统性、协同性和层次性的内涵。根据不同的划分标准物流企业资源可以分为不同类型。按照物流企业结构层次划分,物流企业资源可分为战略层资源、协调层资源、运作层资源和支持层资源四类资源;按照构成关系划分,物流企业资源可分为内部资源、输入资源、输出资源和外部关系资源四类资源;按照资源形态划分,物流企业资源可分为有形资源和无形资源两类资源。

(2) 物流企业资源系统并购整合就是通过并购整合的手段将分散的、由物流企业所控制的资源按一定方式进行重组,以期达到优化物流企业资源系统的系统结构，提升物流企业资源系统功能，满足物流市场需求，提高客户满意度的自组织行为和过程。

（3）基于粗糙集的协同演化模型可由粗糙集约简算法模型和自组织演化模型两部分构成，前者用于选取序参量，后者用于分析自组织过程。基于粗糙集的协同演化模型主要应用于具有离散性、复杂性和人为特征的社会经济系统及其子系统，揭示了系统自组织"四阶段，三相变"的演化规律。

（4）物流企业资源系统生命周期的协同演化是一个协同演化的过程，即"四阶段，三相变"的过程，对应物流企业资源系统生命周期发展阶段是"形成→成长→成熟→衰退"的过程。序参量核心竞争力和协同能力在不同的相变点的作用和功能不同：在"形成→成长"相变点处，核心竞争力是唯一的序参量；在"成长→成熟"相变点处，是以协同能力为主，核心竞争力为辅形成的合力序参量；在"成熟→衰退"相变点处，是以核心竞争力为主，协同能力为辅形成的合力序参量。在物流企业资源系统生命周期的各阶段中，每个阶段都有着自己的特征，并对应着不同的并购动因和模式。

（5）物流企业资源系统并购整合过程的协同演化也是"四阶段，三相变"的自组织过程。企业文化作为物流企业资源系统并购整合过程协同演化的序参量也是物流企业资源系统并购整合过程的一部分，分为探索期、碰撞期、磨合期和完善期。

（6）物流企业资源系统并购整合的管理模式必须是协同管理模式，只有实施协同管理才能在并购整合后真正地做到将物流企业资源系统中的要素紧密地连接起来，形成一个"无缝化"的网络。根据物流企业资源系统结构的层次性，物流企业资源系统并购整合的协同管理的主要由战略层、协调层、运作层和支持层四个层次组成，它们分别完成着不同的并购整合协同管理功能。

（7）刚刚起步的中国本土物流企业在物流市场上的表现是不成熟的，无论是激进的海航集团还是稳健的顺丰速运，相对于百年老店 UPS 来说都是幼稚的浮躁者或是胆怯者，在物流市场上处在竞争的劣势地位。中国本土物流企业成功的关键都在于紧抓市场节奏，紧跟政策导向。如顺丰速运 20 多年的密切关注云经济时代的发展趋势和相关扶植政策，始终如一地专注于纵向资源整合——OTO 物流服务供应链资源整合，不断地进行经营模式创新，出乎意料地初步打通了"OTO 任督二脉"，正朝着"生产者（制造者）→消费者"无缝化对接的"同网、同价、同质、同服务"的协同目标发展，同时又把风险降到最低或可控，一直保持业界的"领头羊"的角色。在资本的运作和风险控制上，中国本土物流企业总体上比较缺乏经验。如海航集团一系列眼花缭乱的并购案例更像是财务并购而非战略并购，而且没有把本身的优势资产——航空航运资源进行挖掘和整合，失去了战略发展方向。所以，海航集团等一系列国有跨国物流企业应学习和借鉴UPS专业化的战略并购和资源整合规划。

(8) UPS打造的是"物流、资金流、信息流三流合一"的现代物流服务供应链综合服务商的角色，其发展历程是物流企业资源系统协同演化的过程，符合自组织从"独立组织→他组织→自组织→高级自组织"的演化的基本规律和原理。UPS在发展各阶段所采用的扩张战略基本采取并购的手段，通俗点讲就是基本都是买来的，其所并购整合的都是"供应链、资金链和信息链"的重要节点企业或管理技术和信息技术革新的节点企业，并购整合过程的管理模式基本采取协同管理模式，并遵循协同演化的相变规律逐步实现起并购整合目标，总体上看UPS并购整合行为是成功的，发展成为全球超级集成化物流服务商是必然的，它的每一部署、每一个步骤在宏观和微观上都符合协同学的原理和规律，值得中国本土物流企业学习和借鉴。

第二节 研究的不足之处

本书研究主要定位于物流企业资源系统协同研究，并从并购整合的角度分析物流企业资源系统生命周期的协同演化过程和并购整合过程的协同演化过程，但由于人力、物力、财力及各方面能力的限制，仍存在很多不足之处：

第一，研究结果协同演化序参量的简约算法主要对物流企业的实际应用来说更具有代表性，但是目前物流企业资源协同演化是一个较新事物，序参量更是一个很获取的变量，相关实证数据更无法获取，直接影响到本研究的实际应用价值。因此，本书的研究结果主要理论性和方向性的结论，不具备很高的实际应用价值。

第二，对于生命周期的协同演化过程和并购整合过程的协同演化过程部分系统的划分、控制变量的分类和选取可能不够科学。因此，对于序参量的筛选存在影响，有待进一步商榷和完善。

第三，本书采用案例研究，选取了海航集团、顺丰速运和 UPS 三家中国本土和跨国物流企业进行案例分析，在案例选择上可能有些主观成分，没有过多地考虑到中国本土物流企业与国外物流企业的发展、地域分布、服务类型等多方面的差异，选择更多更具特色的代表性企业，有待日后加以改进。

第四，本书尝试对物流企业协同管理的实现机制的构建和实施策略等方面展开研究，但对动力机制、协调机制、评价机制等方面研究还不深入，也有待后续研究进一步加强。

总之，本书通过对现有理论和实践进行搜集、分析和归纳，提出了物流企业资源系统生命周期的协同演化过程和并购整合过程的协同演化过程动力学模型并进行案例分析，但该研究才刚刚开始，未来的路还很长，虽然具有以上的不足，但对后续研究提供了理论探讨基础和依据。

第三节　展望研究

在本书研究的基础上，可以从尝试以下三个角度进行协同管理的研究：

一、物流服务供应链协同管理研究

可以尝试从组织、环境、技术三大角度，通过因子分析法探究在战略层、策略层、作业层、技术层四个层次影响物流服务供应链协同的各类要素；进而运用粗糙集理论及方法近似筛选物流服务供应链协同管理在不同演化阶段、不同管理层次的关键影响要素（序参量）；利用协同学理论与方法构建起物流服务供应链协同管理的三个相变过程（协作相变过程、协调相变过程和协同相变过程）与四个层次（战略层、策略层、作业层、技术层）的互动交替对应关系的协同机制模型。借助于协同机制模型，从分析形成机制、运行机制和激励约束机制及它们之间的逻辑与功能关系入手，以诠释物流服务供应链协同管理的实现机制。并以此为基础，运用自组织理论与他组织理论探讨促进物流服务供应链协同管理实现的策略。

二、供应链协调研究

传统的供应链契约的研究文献都是假定参与者是理性的和利己主义的,即参与者只考虑经济收益而不考虑参与者之间的关系。最近一些学者在运作管理与营销决策的交互过程中引入了行为因素,基于经济学、心理学和社会学的研究表明,企业不仅关注经济收益,同时也会关注供应链各个成员的一般性社会偏好,同时在当今的市场环境中,商业信用扮演着非常重要的角色,因此从更为现实的角度出发,将行为因素与商业信用结合起来对供应链协调进行研究,并挖掘出行为因素给供应链运行带来的影响及原因,从而为提高供应链运作效率带来新的思路,这是后续研究的一个重要方向。

三、结合云经济或云平台研究物流服务供应链协同管理

可以以系统理论、协同学为理论依据,在借鉴和利用云计算思想和技术的基础上,从内涵、自组织属性、协同演化、协同管理机制、协同管理绩效评价、协同管理策略六个方面系统构建物流云服务供应链的协同管理系统。一方面分析物流云服务供应链主体(如政府、物流企业、云服务提供商等)在"四阶段,三相变"的协同演化生命周期各阶段及相变点的协同管理动因、协同管理模式和整合路径等;另一方面以协同绩效评价为具体导向目标,从协同演化过程、四层次系统结构和协同管理机制三维构建物流云服务供应链协同演化过程各阶段及相变点处物流云服务供应链主体相应的协同管理策略,包括基本策略、辅助策略和应急策略。

参考文献

[1] 邹翔. 并购——物流业发展趋势 [J]. 中国水运, 2006 (9): 40-41.

[2] 肖红, 朱艳玲. 我国中小型物流企业发展分析 [J]. 当代财经, 2007 (9): 74-79.

[3] 余兴源, 徐丽, 谭小平. 外资进入我国物流市场后的格局分析及对策 [J]. 综合运输, 2009 (3): 44-48.

[4] 范颖华, 黄君发. 商务的未来: 鼠标+物流 [J]. 深交所, 2009 (12): 52-55.

[5] 崔刚. 我国中小物流企业所处的市场背景及发展探析 [J]. 黑龙江交通科技, 2010 (12): 116-117.

[6] 高江虹. 丹马士收购百昌国际 [N]. 21世纪经济报道, 2012-10-12.

[7] 王宇楠. 跨国物流公司在华并购影响研究 [J]. 物流工程与管理, 2011 (1): 10-11, 22.

[8] Alexandra Reed Lajoux. The Art of M&A integration [M]. New York: Mc Graw-Hill Press, 1998: 11-15.

[9] 王长征. 企业并购整合基于企业能力论的一个综合性理论分析框架 [M]. 武汉: 武汉大学出版社, 2002: 47-48.

[10] 郑海龙, 李树丞. 基于企业并购的整合管理研究 [J]. 中国管理科学, 2002 (4): 65-70.

[11] 周建中. 系统概念的起源、发展和含义 [J]. 浙江万里学院学报, 2001 (2): 91-94.

[12] 贝塔朗菲. 一般系统论 [M]. 秋同, 袁嘉新译. 北京: 社会科学文献出版社, 1987: 3-4.

[13] 钱学森. 创建系统学 [M]. 太原: 山西科学技术出版社, 2001: 11-23.

[14] 钱学森. 论系统工程 [M]. 长沙：湖南科学技术出版社，1982：11-17.

[15] 苗东升. 系统科学精要 [M]. 北京：中国人民大学出版社，2006：20-27.

[16] 魏宏森，曾国屏. 系统论——系统科学哲学 [M]. 北京：清华大学出版社，1995：77-78.

[17] 舒辉. 集成化物流研究 [D]. 南昌：江西财经大学，2004：32-34.

[18] 刘永振. 论系统科学与管理 [M]. 大连：理工大学出版社，1997：23-26.

[19] 何明柯. 物流系统论 [M]. 北京：中国审计出版社，2001：55-60.

[20] 王雨田. 控制论、信息论、系统科学与哲学 [M]. 北京：中国人民大学出版社，1986：11-13.

[21] 王贵友. 从混沌到有序——协同学简介 [M]. 武汉：湖北人民出版社，1987：17-18.

[22] H.哈肯著. 协同学——引论物理学、化学和生物学中的非平衡相变和自组织 [M]. 徐锡申等译. 北京：原子能出版社，1984：22-24.

[23] H.哈肯. 协同学 [M]. 徐锡申，陈式刚，陈雅琛等译. 北京：原子能出版社，1984：17-23.

[24] H.哈肯著. 高等协同学 [M]. 郭治安译. 北京：北京科学出版社，1989：7-8.

[25] 项保华，殷瑾. 购并后整合模式选择和对策研究 [J]. 中国软科学，2001（4）：56-59.

[26] 魏江. 企业购并战略新思维：基于核心能力的企业购并与整合管理模式 [M]. 北京：科学出版社，2002：181.

[27] 王玉国，崔永梅，陈刚. 基于价值链的并购后整合的研究. 并购重组国际高峰论坛论文集 [C]. 北京：中国国务院国有资产监督管理委员会、联合国工业发展组织编，2003：209-211.

[28] 吴颖. 并购后的整合模式与策略研究 [D]. 上海：华东师范大学，2004.

[29] 苏勇，杨戟勇. 资产重组与文化整合 [J]. 经济管理，1998（7）：37-38.

[30] 鞠谧璐. 并购后企业人力资源整合模式研究 [D]. 南京：南京师范大学，2007：63-77.

[31] 刘小平. 企业并购中的人力资源整合 [D]. 沈阳：沈阳大学，2007：41-43.

[32] 范霄文. 基于粗糙集的定性数据分析方法研究 [D]. 厦门：厦门大学，2008：37-38.

[33] 刘清. Rough 集及 Rough 推理 [M]. 北京：科学出版社，2001：11-22.

[34] 周志太. 基于经济学视角的协同创新网络研究 [D]. 长春：吉林大学，2013.

[35] 吴金南，刘林. 国外企业资源基础理论研究综述 [J]. 安徽工业大学学报（社会科学版），2011（6）：28-31.

[36] 胡杰武，张秋生. 并购背景下企业资源的分类与转移 [J]. 企业管理，2007（2）：109-117.

[37] 沈波，徐升华. 企业信息资源配置、组织变革与企业绩效——基于结构方程模型的实证研究 [J]. 信息系统学报，2008（2）：48-58.

[38] 朱向梅，李彦华. 产学研知识创新网络研究 [M]. 北京：兵器工业出版社，2009（3）.

[39] 陈静静. 小微企业资源交互机制与服务创新关系研究 [J]. 企业改革与管理，2014（2）：106-107.

[40] 宋海燕，曾琳希. 企业资源观视角下的盈利模式创新 [J]. 统计与决策，2014（7）：172-174.

[41] 张昊，王世权. 企业资源视角下突破式创新的内部驱动因素研究进展与未来展望 [J]. 商业经济与管理，2014（4）：42-48.

[42] 张玲，刘艳彬. 环境约束条件下企业资源配置对绩效的影响 [J]. 软科学，2014（2）：66，69，73.

[43] 张雄辉. 电子商务企业资源竞争风险的评估与控制研究 [J]. 电子商务，2013（2）：18-19.

[44] 勾丽，周翼翔. 产业集群情境下企业资源整合过程研究 [J]. 改革与战略，2013（9）：106，108，124.

[45] 姜晨，谢富纪，刘汉民. 间断性平衡中的企业能力观 [J]. 工业工程与管理，2007（6）：30-34.

[46] Grant R. M. The Resource-based Theory of Competitive Advantage：Impli-

cations for Strategy Formulation [J]. California Management Review, 1991, 33 (3): 114-135.

[47] Barney J. B.. Firm Resources and Sustained Competitive advantage [J]. Journal of Management, 1991 (17): 99-120.

[48] Teece D. J., G. Pisano and Shuen, A. Dynamic Capabilities and Strategies Management [J]. Strategies Management Journal, 1997, 18 (7): 509-533.

[49] Prahalad C. K. and G. Hamel. The Core Competence of the Corporation [J]. Harvard Business Review, 1990 (May-June): 79-91.

[50] 赵炜. 动态能力战略观下企业战略转型的思考 [J]. 科协论坛（下半月）, 2011 (6): 140-141.

[51] 马鸿佳, 董保宝, 葛宝山. 创业能力、动态能力与企业竞争优势的关系研究 [J]. 科学学研究, 2014 (3): 431-440.

[52] 高德华, 邓修权, 白冰. 复杂动态环境下的企业能力系统研究：一个基于主体的仿真分析框架 [J]. 系统科学学报, 2013 (2): 78-81.

[53] 杨卓尔, 高山行, 高宇. 分维度企业社会网络对企业能力作用机制研究——基于异质性探讨 [J]. 科学学研究, 2013 (10): 1553-156.3.

[54] 孔霞. 企业资源学派与企业能力学派的分歧 [J]. 合作经济与科技, 2013 (7): 28-29.

[55] 陈艳艳, 颜红桂. 知识密集型服务企业网络位置、组织学习与企业能力的关系研究 [J]. 科技管理研究, 2013 (19): 106-110.

[56] 李英, 夏芳, 金鑫. 企业能力对新产品成功的影响 [J]. 中国集体经济, 2013 (28): 41-42.

[57] 林一帆. 基于知识视角的企业能力理论 [J]. 科技创业月刊, 2013 (12): 183-185.

[58] 芮明杰, 刘明宇, 任江波. 论产业链的整合 [M]. 上海：复旦大学出版社, 2006年4月.

[59] Das T. K., Teng Bing-sheng.A Resource-Based Theory of Strategic Alliances [J]. Journal of Management, 2000, 26 (1): 31-61.

[60] Grant R. M.. The knowledge-based view of the firm: implications for management practice [J]. Long Range Planning, 1997, 30 (3): 450-454.

［61］周全，顾新.企业知识观演进研究［J］.情报理论与实践，2014（2）：27，30，22.

［62］李柏洲，徐广玉，苏屹.基于扎根理论的企业知识转移风险识别研究［J］.科学学与科学技术管理，2014（4）：57-65.

［63］陈素鹃.知识型企业知识状态系统演化的外部动力分析［J］.当代经济，2014（2）：150-151.

［64］贺楠楠.基于企业知识基础论视角的企业创新能力研究［J］.商业经济，2014（3）：45，46，97.

［65］党兴华，刘立.技术创新网络中企业知识权力测度研究［J］.管理评论，2014（6）：67-73.

［66］周可，徐玉梅.基于仿生学视角的科技型新创企业知识转化影响因素研究［J］.情报科学，2014（4）：63-67.

［67］何玉荣，张鑫.基于数据挖掘的企业知识共享激励模型与求解［J］.湖南社会科学，2014（2）：163-167.

［68］苏世彬.企业知识创新策略选择研究［J］.中国管理科学，2013（S1）：177-182.

［69］Dierickx L. and K. Cool. Asset stock accumulation and sustainability of competitive advantage［J］. Management Science，1989（35）：1504-1510.

［70］Amit R., P. J. H. Schoemaker. Strategic assets and organizational rent［J］. Strategic Management Journal，1993（120）：34-45.

［71］张金鑫.并购双方资源匹配战略分析［M］.北京：中国经济出版社，2006：29-37.

［72］苏敬勤，王鹤春.企业资源分类框架的讨论与界定［J］.企业管理，2010（2）：158-161.

［73］董千里，国强，江红.第三方物流发展的问题与对策研究［J］.交通运输系统工程与信息，2002，2（3）：61-65.

［74］成耀荣.浅论物流资源整合［J］.物流技术，2004（3）：14-15.

［75］舒辉.论现代物流的资源整合［J］.郑州航空工业管理学院学报（管理科学版），2004，22（4）：86-88.

［76］江红.物流企业资源整合方向研究［D］.西安：长安大学，2004.

[77] 梁娟. 传统储运企业向现代物流企业转型的策略研究——基于资源整合和核心能力 [J]. 物流科技, 2006, 29 (3): 1-3.

[78] 鲍务英, 应明幼. 供应链一体化时代的物流资源整合 [J]. 北方经济, 2006 (10): 60-61.

[79] 李明文. 第三方物流企业的资源整合 [J]. 商场现代化, 2007 (7): 106-107.

[80] 王丹, 赵旭, 杨赞. 交通运输系统资源整合效果评价. 大连海事大学学报 (社会科学版), 2007, 6 (3): 62-65.

[81] 李光峰. 基于虚拟经营物流企业资源整合研究 [D]. 北京: 北京信息科技大学, 2008.

[82] 王玉勤. 论物流资源聚集 [J]. 物流科技, 2009 (12): 6-8.

[83] 顾福珍, 李岩. 物流企业资源整合模糊综合评价研究 [J]. 黑龙江工程学院学报 (自然科学版), 2009, 23 (1).

[84] 王晓立, 马士华. 多级供应链服务时间窗下物流资源整合优化 [J]. 系统工程, 2010 (12): 1-5.

[85] 余朋林, 梅巧萍. 第三方物流企业资源并购整合研究 [J]. 中国市场, 2012 (15): 44, 46, 80.

[86] 林晓伟, 舒辉, 周熙登. 物流企业资源并购整合的协同管理研究 [J]. 湖南工业大学学报 (社会科学版), 2013 (6): 32-36.

[87] 郑骏川. 企业并购整合研究综述 [J]. 科协论坛, 2009 (8): 154-155.

[88] P.普里切特, D.鲁宾逊. 购并之后: 如何整合被收购公司 [M]. 凌晓萍译. 北京: 中信出版社, 1999: 7.

[89] Edith, T. Penrose. The Theory of Growth of the Firm [M]. New York: Oxford University Press, 1995.

[90] Singh H & Montgomcry CA.. Corporate Acquisition Strategies and Economic Performance [J]. Strategic Management Journal, 1987 (8): 377-386.

[91] David, K. and Singh, H. Acquisition Regimes: Managing Cultural Risk and Relative Deprivation in Corporate Acquisitions [J]. International Review of Strategic management, 1993 (4): 227-276.

[92] Malekzadeh, Ali R. & Nahavandi, Afsaneh, Making Mergers Work by-

Managing Cultures [J]. Journal of Business Strategy, 1990 (5): 55–57.

[93] 萨缪尔·韦弗, 佛雷德·维斯通. 兼并与收购 [M]. 周绍民, 张秋生译. 北京: 中国财政经济出版社, 2003: 78.

[94] 李田香. 上市公司资产重组模式及其绩效的分析 [J]. 全国商情 (经济理论研究), 2006 (12): 72-74.

[95] 郝彧. 我国上市公司资产重组影响因素探究 [J]. 全国商情·经济理论研究, 2009 (14): 41-42.

[96] 吴振球. 我国零售企业并购研究: 动因、问题及对策 [J]. 宏观经济研究, 2012 (4): 48-53.

[97] 杨超, 刘淑莲, 李宏伟, 李井林. 上市公司并购动因的比较分析 [J]. 中国管理信息化, 2013 (10): 2-3.

[98] 符蕾. 价值损毁视角下的我国并购动因研究 [J]. 新东方, 2013 (5): 62-66.

[99] 徐一千. 我国国有企业资产重组的障碍及对策研究 [D]. 长春: 吉林大学, 2006.

[100] 尚丹丹. 公司并购与重组的特点及趋势 [J]. 时代经贸, 2007, 2 (5).

[101] 汉鼎咨询. 现代服务业并购发展趋势 [J]. 国际融资, 2014 (3): 13-17.

[102] 安青松. 我国企业并购趋势分析 [J]. 经济研究参考, 2013 (71): 28.

[103] 王讯. 中国海外并购趋势与展望 [N]. 中国有色金属报, 2013-10-29.

[104] 刘培培. 国际国内产业企业并购重组的趋势及特征 [J]. 广东经济, 2011 (7): 28-30.

[105] 马金辉. 企业资产重组运作的风险研究 [J]. 经济师, 2008 (5): 199-200.

[106] 朱义令. 从评估程序谈资产评估操作风险控制 [J]. 财会学习, 2010 (5): 60-62.

[107] 陈文. 论我国国有企业的并购动因与并购过程中的财务风险防范 [J]. 中国内部审计, 2014 (2): 96-99.

[108] 邵倩. 我国企业并购风险及防范 [J]. 时代金融, 2014 (6): 30-34.

[109] 郭玲. 我国企业并购风险及防范对策分析 [J]. 中国证券期货, 2013

(5)：108.

[110] 赵雷刚. 对企业并购风险的几点思考 [J]. 经济研究导刊, 2013 (23)：37-38.

[111] 刘文煌. 理性动机下的并购风险研究 [J]. 财会月刊, 2013 (6)：14-15.

[112] 李宜静, 牛成喆. 中小型国有企业资产重组的绩效分析 [J]. 财会研究, 2008 (1)：65-67.

[113] 魏学谦. 上市公司资产重组的财务绩效评价 [J]. 中国外资, 2010 (22)：131.

[114] 汪莹, 王光岐. 杠杆收购对收购企业财务效益的影响分析 [J]. 吉林工商学院学报, 2014 (2)：40-43.

[115] 宋希亮. 支付方式影响并购绩效的机理分析 [J]. 经济与管理评论, 2014 (3)：77-81.

[116] 王宏利, 周县华. 企业并购中的经营协同效应与其价值的评估 [J]. 当代经济研究, 2003 (7)：45-50.

[117] 吴芹. 我国中小股份制商业银行并购的规模经济效应分析——以平安并购深发展为例 [J]. 特区经济, 2011 (7)：80-81.

[118] 刘介明. 供应链协同管理的内容与具体实施 [J]. 科技创业月刊, 2009 (1)：62-64.

[119] 舒辉. 试论集成化物流的协同管理 [J]. 标准科学, 2010 (10)：13-17.

[120] 徐浩鸣, 康妹丽, 徐建中. 面向客户的中国企业供应链纵向协同研究 [J]. 工业技术经济, 2003 (3)：67-72.

[121] 范明, 汤学俊. 企业可持续成长的自组织研究——一个一般框架及其对中国企业可持续增长的应用分析 [J]. 管理世界, 2004 (10)：107-113.

[122] 刘建波, 李柏洲. 企业进化系统的序参量探讨 [J]. 中国科技论坛, 2005 (4)：85-87.

[123] 舒辉. 试论集成化物流的协同管理 [J]. 标准科学, 2009 (10)：13-17.

[124] 劳健, 廖雪清. 基于 Supply-Hub 物流协同管理浅析 [J]. 山东工业技术, 2013 (13)：190.

[125] 鄢飞. 关于物流链、供应链及价值链的研究辨析及协同管理的思考

[A]. Information Engineering Research Institute, USA. Proceedings of 2013 3rd International Conference on Education and Education Management (EEM 2013) Volume 29 [C]. Information Engineering Research Institute, USA: 2013: 6.

[126] 李朝霞. 企业进化机制 [M]. 北京: 书目文献出版社, 2001.

[127] 秦荪涛, 李承娟. 基于多智能体的供应链协同机制研究 [J]. 科学管理研究, 2004 (6): 60-62.

[128] 潘开灵, 白列湖. 管理协同机制研究 [J]. 系统科学学报, 2006 (1): 45-48.

[129] 郝海, 仲从友, 时洪浩. 不对称信息下两阶段供应链的协同机制 [J]. 物流科技, 2007 (12): 94-96.

[130] 吴先金, 梁培植. 供应链协同机制设计探讨 [J]. 供应链, 2008 (2): 126-128.

[131] 余力, 左美云. 协同管理模式理论框架研究 [J]. 中国人民大学学报, 2006 (3): 68-73.

[132] 付蓬勃, 吕永波, 任远, 王永明. 供应链协同管理模式下的信息共享机制研究 [J]. 物流技术, 2007 (6): 88-93.

[133] 舒辉, 何旭兰. 集成化物流的协同管理模式研究 [J]. 科技管理研究, 2008 (9): 44-49.

[134] 侯玉梅, 顾浩, 王莉, 薛文红, 林梦楠, 杨海江. 基于物流协同的河北省现代粮食物流的管理信息系统构建 [A]. 河北省社会科学界联合会. 第七届河北省社会科学学术年会论文专辑 [C]. 河北省社会科学界联合会, 2012: 1.

[135] 邱国栋, 白景坤. 价值生成分析: 一个协同效应的理论框架 [J]. 中国工业经济, 2007, 24 (6): 88-95.

[136] 郑红玲, 鲁丽丽. 协同物流的内涵及效应研究 [J]. 合作经济与科技, 2010 (6): 94-96.

[137] 鄢飞, 董千里. 物流网络的协同效应分析 [J]. 北京交通大学学报, 2009 (1): 29-32.

[138] 孟庆丽. 并购的协同效应计量及实证检验 [J]. 统计与决策, 2013 (24): 173-175.

[139] 李宏贵. 中国企业借鉴协同战略理论研究 [J]. 现代经济, 2007, 6

(5)：71-73.

[140] 张翠华，任金玉.新一代的供应链战略：协同供应链[J].东北大学学报，2005（11）：57-60.

[141] 李勇，杨秀苔，张昇，张旭梅.论供应链管理中的战略协同[J].经济与管理，2004（4）：57-60.

[142] 陈钦兰.供应链中企业合作协同的战略因素研究[J].山西财经大学学报，2007（3）：83-88.

[143] 贾广敏.企业战略协同应用研究[J].价值工程，2013（8）：164-166.

[144] Chen Frank, Drezner Zvi, Ryan K Jennifer.Quantifying the bullwhip effect in a simple supply chain：the impact of forecasting, lead times, and information [J]. Management Science, 2000 (46)：123-129.

[145] H. G. Johnson. Comparative Cost and Commercial Policy Theory for a Developing World Economy, Wicksell Lectuers [M]. Stockholm：Almqvist & Wisksell, 1968.

[146] 孙永军，郑水英，潘晓弘等.协同生产管理中生产资源集成化建模方法[J].中国机械工程，2003（12）：2102-2105.

[147] 但斌，张旭梅.面向供应链的合作计划、预测与补给[J].工业工程，2000，3（1）：35-37.

[148] 陈淮莉，张洁，马登哲.基于成本和时间平衡优化的供应链协同计划研究[J].计算机集成制造系统，2004（11）：1518-1522.

[149] Yonghui Fu, Rajesh Piplani. Supply-Side Collaboration and Its Value in Supply Chains [J]. European Journal of Operational Research, 2004 (152)：281-288.

[150] 周金宏，汪定伟.分布式多工厂、多分销商的供应链生产计划模型[J].信息与控制，2001，30（2）：169-172.

[151] 于海斌，朱云龙.协同制造[M].北京：清华大学出版社，2004：45-131.

[152] 葛亮，张翠华.供应链协同技术与方法的发展[J].企业管理，2005（6）：151-156.

[153] 王琦峰.区域港口物流产业技术协同创新平台构建研究[J].物流科技，

2013（7）：25-26+34.

[154] 王玉勤. 论物流资源聚集[J]. 物流科技，2009（12）：6-8.

[155] 舒辉，何旭兰. 集成化物流的协同管理模式研究[J]. 科技管理研究，2008（9）：43-49.

[156] 郭培民. 基于企业资源论的母子公司性质及管理策略研究[D]. 杭州：浙江大学，2001.

[157] 谢获宝，陈玲，王岩. 企业并购的内涵及整合要素分析[J]. 今日工程机械，2008（11）：89-91.

[158] 晋美华，陈队永，王利军. 物流企业整合模式探讨[J]. 物流研究，2005，28（8）：8-10.

[159] 杨洁. 企业并购整合研究[D]. 长春：吉林大学，2004：78-79.

[160] 邹辉霞. 基于协同理论的供应链协同管理模型及方法研究[D]. 武汉：华中科技大学图书馆，2005.

[161] 吴彤. 自组织方法论研究[M]. 北京：清华大学出版社，2001：17-28.

[162] 吴大进. 协同学原理和应用[M]. 武汉：华中理工大学出版社，1990：21-30.

[163] 刘睿. 物流企业资源整合的经济学分析[D]. 上海：上海海事大学，2004：6-7.

[164] 孙钦. 我国物流企业并购的动因研究[J]. 现代企业文化，2008（2）：3-4.

[165] 林晓伟，舒辉，陈明. 物流企业资源整合的协同框架分析[J]. 经济管理，2011（2）：147-152.

[166] 舒辉. 集成化物流：理论与方法[M]. 北京：经济管理出版社，2005：35-36.

[167] 吴大进. 协同学原理和应用[M]. 武汉：华中理工大学出版社，1990：21-30.

[168] 舒辉. 试论集成化物流的协同管理[J]. 标准科学，2009（10）：13-17.

后 记

目前，很多学科领域都在研究"协同"（Synergy），主要集中在自组织属性（Self-organizing Properties）、协同演化（Synergetic Evolution）、协同机制（Synergetic Mechanism）、协同策略（Synergetic Strategy）和协同评价（Synergetic Evaluation）五方面。自然科学领域的研究主要集中在自组织属性、协同演化和协同评价三个方面，研究方法主要是博弈论（Game Theory）和系统动力学（System Dynamics）等。其中，协同演化的模型主要是 Logistic 方程、Langevin 方程、Agent 模型等，协同评价的模型主要是系统协同度（Synergy degree）、熵（Entropy）等。在社会科学领域，关于"协同"的研究主要集中在以序参量（Order Parameter）为核心的协同机制、协同策略和协同评价方面，研究方法主要以定性分析方法为主。运用定量方法的研究主要通过计量分析和实证分析，所使用的数理模型主要还是套用 Logistic 方程、Langevin 方程、Agent 模型、协同度、熵等公式和模型，虽然也是个研究热点，涉及经济、管理、哲学等学科，但总体来说定性研究的成果较多，且内容杂乱分散，甚至出现协调（Coordination）=协同（Synergy）、错误理解序参量等概念或相关概念混淆的情况。

自然科学的研究成果转化为社会科学的指导理论和应用方法是学术发展的一种趋势。把哈肯创立的协同学理论作为自组织理论的一个重要分支引入管理学学科，成为自组织管理理论的重要补充，是顺应自组织管理理论发展的一种必然结果。因此，以自组织理论、协同学理论和管理学为主要理论指导的"协同管理"（Synergetic Management）理论的产生也只是个时间问题。协同管理理论的形成发展可分为以下三个阶段：一是协同管理理论体系的构建阶段，主要在信息技术、数理工具和自组织理论、协同学、管理学等理论的基础上构建协同管理的指导理论和实务模型；二是应用阶段，主要目标编制和完善协同管理信息系统，为企业实现高效管理的经营策略提供服务；三是拓展阶段，实现理论和技术从管理学科向经济学科的迁移。因此，本书基于此脉络，以形成系统的协同管理理论为目标，结合具体产业，从协同管理的基础模块——协同演化入手，阐述了以下观点：

（1）在协同管理理论体系中，协同管理的核心范畴是关系（Relationship），包括系统内部的子系统、结构、功能、元素之间复杂的多元关系和系统间的外部关系。协同管理的核心内容是协同管理机制、协同管理策略和协同管理评价。

（2）自组织属性是研究对象的内涵，包括一般属性和特性，是归纳研究对象的内生变量（Endogenous Variables）和外生变量（Exogenous Variables）的前提。序参量是外生变量，它通过决定内生变量对系统起决定作用。

（3）协同演化是认识研究对象的基础，是对研究对象的发展或运动生命周期（Life Cycle）、阶段内涨落（Fluctuation）、相变（Phase Transition）、临界点（Critical Point）状态和序参量在系统相变方面起决定性作用的规律性研究，用于对研究对象发展方向和过程的研究判断、预测和控制。

（4）协同管理机制包含动力机制（Dynamic Mechanism）、形成机制（Formation Mechanism）和实现机制（Realization Mechanism），用于描述研究对象的系统运作机理和相互作用，是认识研究对象自组织行为和过程的关键，是研究对象进行资源优化整合的依据，是技术标准与技术创新协同发展的动力，也是研究对象实现协同管理的概念与原理体系。

（5）协同管理策略是在协同管理机制的基础上产生的相应方法，包括基本策略、辅助（配套）策略和应急策略，是一个三维的策略库：横向（"四阶段，三相变"协同演化过程）、纵向（战略层、策略层、作业层、技术层四层系统结构）和竖向（协同机制的动力机制、形成机制和实现机制三组成部分），是研究对象实现协同管理的方法体系和研究路径，必须与云计算、物联网等计算机技术紧密结合。

（6）协同管理评价是协同管理的绩效考核体系，是协同管理机制和协同管理策略能够即时、动态地进行修正的前提和依据，其核心是协同度和协同效应。通过建立具有诊断和预测功能的动态管理协同绩效评价模型和指标库，超前诊断和预测出研究对象在协同管理机制和协同管理策略方面的问题，在协同演化过程中引导研究对象毫无偏差地达到预期的协同效应。

本书是在笔者博士论文基础上经过三年不断地增补、修正撰写而成的。这段历程可以分为上下两部，上部博士三年，下部是博士"后"三年。

回首前后三年紧张而又艰苦的博士生和博士"后"学习生活，我心中充满着无限感慨。在这前后三年求索的道路上得到许多前辈和朋友的大力支持和帮助，让我深入地领悟到管理学的博大精深，也使我更快地迈入学科研究的前沿，我对他们的支持和帮助充满着无比的感激。

首先，我要对我的导师舒辉教授表示我最衷心的感谢。在从师的三年时间里，舒导不仅教给我广袤深邃的理论知识，把我领入管理学研究的前沿，而且他渊博的学识、严谨的治学作风、兢兢业业的工作态度深深地影响着我，让我终生受益。在博士论文的写作过程中，我始终得到了舒导的悉心指导，从论文的选题、开题、撰写、修改到定稿的全过程，每一步都浸透着舒导的心血。在此，我对导师这三年来的心血和汗水表示由衷的感激。

其次，我要对徐升华、陈明、余来文教授表示我深深的敬意和感激。笔者作为由企业转型攻读博士的高龄学生，他们"不抛弃，不放弃"，时常给予我点拨，让我对本领域的学科前沿有较好的了解。在此，我对他们的帮助和指点表示深深的谢意。

最后，感谢我的家人在这前后三年读书求索期间给予我的默默支持和帮助，特别是我的妈妈郑益花。2011年，我的女儿林昕诺是和我的博士论文一起诞生的，此时的我面临着事业转型、家庭新生命的到来和夫人继续攻读博士学位的重重压力，其中的清苦和艰辛无以言表！我的妈妈在这时候挺着病躯成为了我的大后方，如此深恩我只能再次向我的母亲深深鞠躬。

书山有路，路漫修远。学海无涯，上下求索。严师慈母，激启奋进。寸草之心，三春辉映！

林晓伟

2014年10月